Daniela Tausch-Flammer / Lis Bickel

Wenn ein Mensch gestorben ist – wie gehen wir mit dem Toten um?

Daniela Tausch-Flammer
Lis Bickel

Wenn ein Mensch gestorben ist – wie gehen wir mit dem Toten um?

Anregungen und Hilfen

Herder
Freiburg · Basel · Wien

Gedruckt auf umweltfreundlichem,
chlorfrei gebleichtem Papier

2. Auflage

Satz: Fotosetzerei G. Scheydecker, Freiburg im Breisgau
Druck und Bindung: Freiburger Graphische Betriebe 1996
ISBN 3-451-23693-1

Im
Gedenken
und
in Dankbarkeit
für
Ernesto
und
Haide

Inhalt

1. Vom würdigen Umgang mit den Verstorbenen
Einleitung

Du sagtest leben laut und sterben leise
und wiederholtest immer wieder: Sein.
(Rainer Maria Rilke, *Gedichte*)

Es sind in den letzten Jahren viele Bücher zu Sterben, Tod und Trauer erschienen. Vielen Menschen ist die Bedeutung und die Wichtigkeit der Begleitung Sterbender und Trauernder deutlich geworden. Wir lernen langsam die Endlichkeit unseres Lebens hier auf der Erde wieder in unser Leben mit hineinzunehmen, lernen dadurch auch, das Leben bewußter zu leben. Aber der Umgang mit dem Toten, wie wir ihn pflegen, wie wir einen Toten begleiten können, ist tabu geblieben. Der tote Mensch ist tabu. Viele Menschen haben heute bis zur Mitte ihres Lebens noch keinen Toten gesehen. Kaum einmal sprechen Menschen miteinander über Erlebnisse, die sie im Umgang mit einem Verstorbenen hatten, noch seltener ist es, daß ein Mensch einem anderen nahe stehenden Menschen mitteilt, wie er sich den Umgang mit seinem toten Körper vorstellt oder wünscht.

In den USA, aber auch hier in Deutschland, besteht die Tendenz, den Toten so wie einen Lebenden herzurichten, z. B. ihn zu schminken, damit man keine Spuren von Krankheit und Leiden sehen kann, so daß uns nichts an den Tod erinnert. Manche nahen Angehörigen sind sehr betroffen, wenn sie ihren Verstorbenen dann sehen. So erzählte uns eine junge Frau vom Tod der Oma: *„Das war ganz schrecklich. Ich habe meine Oma gar nicht mehr wiedererkannt. Sie war im Leben eine ganz natürliche und bodenständige Frau. In der Zeit ihrer Erkrankung magerte sie dann sehr ab, aber ihr Gesicht wurde irgendwie immer schöner, ja so viel weicher, durchsichtiger. Als sie starb, war ich dann nicht dabei. Ich konnte erst kommen, als sie aufgebahrt wurde, und das war wie ein Schock: Meine Oma, die sich nie geschminkt hatte, lag dort mit Lippenstift und Lidschatten geschminkt, sie sah ganz verändert aus. Es tat mir so weh, daß man das noch mit ihr gemacht hatte und sie* *so verfremdet hatte! Ihr natürliche Würde war wie zerstört. Das werde ich nicht vergessen.“*

So versuchen manchmal Bestattungsunternehmer den Tod „unsichtbar“ zu machen. Für weiter entfernt stehende Bekannte oder Berufskollegen oder Menschen, die dem Tod nicht ins Auge schauen möchten, mag dies zunächst eine Hilfe sein, aber für nahestehende Menschen ist es meist eine zusätzliche Verunsicherung und Beschwernis.

In der Begleitung von Trauernden ist uns auch deutlich geworden, wie wichtig das Abschiednehmen von dem Verstorbenen ist. Es hilft uns, die Tatsache des Todes, die wir ja ohnehin kaum verstehen und annehmen können, etwas mehr zu begreifen. Zu begreifen, daß der andere jetzt tot ist – sein Körper, den wir gekannt und vielleicht auch geliebt haben, durch den wir den anderen erleben durften, jetzt kalt wird, wie sich die Farbe der Haut verändert und sich die Haut anders anfühlt, wie der Körper zunächst steif wird. Gerade wenn jemand plötzlich gestorben ist, ist dieses Abschiednehmen oft eine wichtige Hilfe für den Weg der Trauer.

Häufig werden jedoch Angehörige und auch Kinder davon abgehalten. Da heißt es dann: „Er soll sie oder ihn so in Erinnerung behalten.“ Damit bleibt aber oftmals der Zweifel: War sie oder war er wirklich tot? War *sie* es oder war sie vielleicht doch nicht die Verletzte? Vielleicht lebt sie doch noch irgendwo, und es lag eine Verwechslung vor? Von vielen Frauen, die ihre Männer oder ihre Eltern oder auch ihr Kind im Krieg verloren haben und die sie nie mehr sahen, wissen wir, wie besonders schwer es für sie ist, den Tod anzunehmen, wie lange sie oft brauchen, um ihn als Wirklichkeit zu verstehen.

Mit dem Tod und dem Toten verbinden wir oft auch magische Vorstellungen und Ängste. Da kommen dann Gedanken wie: „Wenn ich jetzt allein mit dem Toten im Raum bin, dann holt der Tod auch mich.“ Oder: „Wenn ich den Toten berühre, stecke ich mich an und muß auch sterben.“ Diese magischen Vorstellungen, diese so ganz im Dunkel liegende Seite des Todes wird noch dadurch verstärkt, daß es kaum jemand wagt, darüber zu sprechen, weil er Angst hat, sich damit lächerlich zu machen und schwach zu zeigen. Vieles, womit wir uns nicht auseinandersetzen und versuchen, es zu verdrängen, erzeugt und verstärkt Ängste in uns. Wir haben dann nicht die Chance, uns mit dem Geschehen des Todes, mit unseren Ängsten und Vorstellungen auseinanderzusetzen, damit sie sich ändern können und realistischer werden. Wir bleiben in unseren Ängsten gefangen, wollen möglichst keinen Kontakt mit dem Toten haben und sind froh, wenn er so bald wie möglich abgeholt und beerdigt wird. Dann lassen wir uns aber auch gar keine Zeit mehr, den Verlust in der Seele zuzulassen.

Ganz im Gegensatz hierzu gab es in früheren Zeiten sogar die Vorstellung, daß man, indem man den Toten berührte, ihm ein Leid oder eine Krankheit übergeben könne und auf diese Weise Heilung erführe. An solchen Handlungen und Ritualen können wir ermessen, wie weit wir uns von einem guten, positiven und heilenden Verbundensein mit unseren Verstorbenen gelöst und entfernt haben.

An den Leser

Vielleicht lesen Sie dieses Buch aus beruflichem oder privatem Interesse, weil Sie den Wunsch verspüren, anders mit dem Verstorbenen umzugehen. Vielleicht lesen Sie es zur Vorbereitung auf Ihren eigenen Tod. Wir möchten Sie mit diesem Buch ermutigen, sich mit Fragen auseinanderzusetzen. Wir möchten in unserer Auseinandersetzung mit diesem Bereich nichts idealisieren oder verherrlichen. Wir möchten Sie vielmehr behutsam an dieses Thema heranführen und so ermöglichen, daß es sich aus der belastenden Dunkelheit herauslösen und erhellen kann, so daß sich Ängste und unnötig belastende falsche Vorstellungen lösen können.

Die Kapitel 2 bis 4 führen Sie langsam an das Thema heran, in dem sie die Stellung des Todes in unserer Gesellschaft und den Prozeß des Sterbens beschreiben. Unserer Erfahrung nach ist der Tod leichter zu akzeptieren und weniger bedrohlich, wenn wir den Prozeß des Sterbens, den Weg in den Tod miterleben.

Die Kapitel 6 und 8 bis 10 geben Ihnen ganz konkrete Hilfen, was Sie für den toten Körper des Verstorbenen tun können, von der Totenwache bis zur Beerdigung. Diese Kapitel möchten Sie ermutigen, Ihren eigenen Weg in der Sorge um den Verstorbenen zu gehen.

In den Kapiteln 12 und 13 geht es dann eher um die seelisch-geistige Begleitung des Verstorbenen. Häufig spüren wir als Angehörige, daß wir neben der äußeren Sorge noch mit dem Verstorbenen im Inneren verbunden bleiben möchten, fühlen uns aber unsicher, weil uns alte Rituale nicht mehr tragen.

Im 14. Kapitel möchten wir Ihnen Anregungen, Hilfen und Impulse für Ihre eigene Beerdigung geben.

Möglicherweise werden Sie das Buch zum Nachschlagen benutzen, oder es gibt Ihnen Impulse, eigene Erfahrungen zu reflektieren und nachzuspüren, möglicherweise gibt es Ihnen auch Anregung zu Gesprächen, wie zum Beispiel: Wie habe ich damals gehandelt? Wie würde ich heute handeln? Wie würde ich mir wünschen, wie man mich als Toten behandelt? Fragen, die vielleicht schmerzlich und unangenehm sind, die aber auch Tiefe und Klarheit mit sich bringen, so daß sich dadurch Ängste verändern und vermindern können.

Wir haben versucht, immer wieder abwechseln „der Tote" und „die Tote", „der oder die Sterbende" zu schreiben. Für uns schien dies leichter beim Schreiben und beim Lesen, als immer wieder beide Geschlechter zu erwähnen. Auch meinen wir mit „den Angehörigen" alle Menschen, die dem Sterbenden „angehören", also auch die Freunde.

Beim Schreiben dieses Buches ist uns im Gebrauch der Worte unsere Unsicherheit und die Vielschichtigkeit dieses Themas deutlich geworden. Wann benutzen wir welche Worte? Wann sagen wir „der Verstorbene"? Wann gebrauchen wir das Wort „der Tote" oder „der tote Körper", „der Leichnam", „die Leiche"? Mit den verschiedenen Worten drücken sich unsere veränderten Beziehungen und auch unterschiedliche Gefühle aus, unsere Verbundenheit oder auch fehlende Verbundenheit mit dem Toten. Bei dem Wort „der Verstorbene" sind wir noch ganz betroffen, spüren noch die Person des anderen, der Tod ist gerade erst eingetreten. Mit dem Begriff „der Tote" wird die Beziehung schon unpersönlicher. Der „tote Körper" meint eigentlich nur noch die körperliche Hülle. Die Entfremdung nimmt zu mit dem Wort „der Leichnam" und noch mehr mit dem Wort „die Leiche". Diese beiden letztgenannten Worte benutzen überwiegend Menschen, die beruflich mit Verstorbenen umgehen. Hier ist kein persönlicher Bezug mehr da. Hier geht es um Funktionen wie das Obduzieren, Einsargen oder Beerdigen. Die Begriffsveränderungen spiegeln die Tatsache wider, daß der Verstorbene immer mehr zu einer Sache wird.

Werden solche Begriffe wie: „die Leiche" oder „der Leichnam" oder andere Worte, die den Verstorbenen seiner persönlichen Würde berauben, in Anwesenheit von Angehörigen benutzt, so fühlen sich diese verletzt und gekränkt.

Für uns selber ist dieses Buch ein wichiger Schritt auf der Suche nach einem würdevollen Abschiednehmen geworden. Wir haben für uns Anregungen und neue Impulse für die Begleitung des Körpers und der Seele des Verstorbenen gewonnen. Vor einigen Jahren wäre dieses Buch wohl auch für uns unvorstellbar gewesen. Erst mit der Zeit, in der Begleitung von Sterbenden und Toten, sind uns diese Fragen und ihre Bedeutsamkeit bewußt geworden. Es ist unser Wunsch, daß dieses Buch dazu beiträgt, den würdevollen Umgang mit den Toten in unserer Gesellschaft zum Anliegen werden zu lassen und wir damit diesen so wichtigen Bereich des Lebens wieder aus der Entfremdung zu uns zurückholen und mit ihm umgehen lernen.

Dank

Am Entstehen und Wachsen dieses Buches waren viele Menschen beteiligt, denen wir sehr dankbar sind. Ohne ihre Hilfe wäre es nicht möglich gewesen, so aus der Betroffenheit und in der eigenen inneren Auseinandersetzung zu schreiben.

Wir haben staunend erfahren, wie wir von einer hilfreichen Begegnung zur anderen geführt wurden, wie ein Gesprächspartner uns Türen öffnete zu weiteren wichtigen Gespächen.

Der erste Impuls, zu diesem Thema ein Buch zu schreiben, kam von Karin Walter im Herder Verlag. Für uns kam dieser Vorschlag genau richtig, da wir uns am Beginn des Jahres vorgenommen hatten, uns dem Geschehen nach dem Moment des Todes und damit auch unserer körperlichen Vergänglichkeit stärker zu stellen.

Herr Renschler, der früher beim städtischen Bestattungsdienst in Stuttgart tätig war und sich seit einem Jahr mit einem „Bestattungsdienst" selbstständig gemacht hatte, stand uns jederzeit für Fragen und Unsicherheiten, was Regelungen und Bestattungsvorschriften anbetraf, zur Verfügung. Er nahm sich viel Zeit für unsere Gespräche und las das Manuskript nochmals durch. Für sein Engagement und sein ehrliches Bemühen in seiner Arbeit sind wir ihm sehr dankbar. Er führte uns dann weiter zu Herrn Sachs.

Herr Sachs arbeitet derzeitig beim städtischen Friedhofsamt und ist für das Krematorium zuständig. Seine ruhige und offene Führung durchs Krematorium hat uns viele Vorurteile abbauen lassen. Wir konnten erfahren, wie belastend die Arbeit dort für die Menschen ist.

Ein wichtiges Gespräch fand mit Herrn Schäfer statt, der viele Jahre als Pfarrer bei der Polizei gearbeitet hat. Er hat uns an seinen vielen Erfahrungen teilnehmen lassen. Er hat sich während seiner Arbeit dafür eingesetzt, daß Polizisten für die schwierige Aufgabe, Angehörigen eine Todesnachricht zu überbringen, geschult werden.

Er stellte für uns einen sehr wichtigen Kontakt zu Herrn Usenbenz von der Kriminalpolizei in Tübingen her. Trotz eigenen Zeitdrucks zeigte er uns drei Stunden lang Dias von Verstorbenen, die durch einen gewaltsamen Tod gestorben waren. Dieses Betrachten so realistischer Bilder war für uns eine der wichtigsten Auseinandersetzungen. Zum einen setzen wir uns mit der Verwesung und Vergänglichkeit des Körpers auseinander, wir erlebten erschüttert, daß eben nichts vom Körper bleibt. Zum anderen mit der Brutalität, die in uns Menschen als Möglichkeit vorhanden ist. Wir bekamen große Achtung vor der Arbeit der Kriminalpolizei und möchten Herrn Usenbenz für seine Bereitschaft und Hilfe sehr danken. Auch er öffnete für uns eine weiter Türe. Wir hatten bei mehreren Pathologen vergebens versucht, bei einer Obduktion dabei sein zu können.

Er schaffte uns einen Kontakt zu einem Pathologen, der damit einverstanden war, uns an einer Obduktion teilnehmen zu lassen.

Danken möchten wir auch den Menschen, die als Betroffene bereit waren, über ihre Erfahrungen mit uns zu sprechen oder sie schriftlich festzuhalten. Bei diesen Erfahrungsberichten und Erinnerungen handelt es sich vielfach um sehr schmerzhafte Erlebnisse, und wir glauben, daß gerade diese Beiträge dem Buch zu großer Echtheit und Tiefe verhelfen.

Unser herzlicher Dank geht auch bei diesem Buch wieder an Helga Dähne, die bereit war, die Texte korrigierend zu lesen.

Und dann möchten wir, die beiden Autorinnen, uns gegenseitig danken. Besonders bei diesem Buch war es wichtig, immer wieder über das Erfahrene und Erlebte, über die Fragen und Erschütterungen, die damit verbunden waren, zu sprechen und zu erfahren, daß sich die Belastungen dann verminderten. Durch diese Erfahrungen spürten wir eine immer tiefer wachsende Verbundenheit, die sich auch in der fließenden Zusammenarbeit ausdrückte. Wir erleben dieses Arbeiten als eine Geschenk, für das wir dankbar sind.

2. Gevatter Tod
Sterben und Tod in ihren kulturellen und religiösen Zusammenhängen

Eine Kultur, in der wir verlernt haben,
auf rechte Weise Feste zu feiern,
ist eine in einem tiefen Sinne freudlose Kultur,
eine Kultur ohne Trauer ist eine traurige Kultur,
und eine Kultur ohne Tod ist eine tote Kultur.
Lis Bickel

Als sie eines Tages wie gewöhnlich ihre Tiere auf die Weide trieb, begegnete ihr ein Jüngling, der war so schön und strahlend, daß sie glaubte, die Sonne selbst zu sehen.

So heißt es in dem französischen Märchen „Das Kristallschloß" über den Tod. In einem weiteren Märchentext erscheint der Tod in der Gestalt einer schönen Frau. Da heißt es:

Da begegnete ihm auf einmal eine hohe schöne Frau. Es war die Herrin des Todes. Diese fragte ihn: „Warum, mein Freund, bist du so traurig?"

In beiden Märchenzitaten nehmen wir an der Begegnung eines Menschen mit dem Tod teil. Wenn wir uns innerlich auf diese kurzen Textzeilen einlassen, können wir feststellen, daß sich in ihnen ein anderes Verhältnis zum Tod ausdrückt, wie wir Heutigen es in der Regel haben. Der Tod wird nicht furchtbar, entsetzlich, grauenerregend, gewalttätig und als größtes Übel geschildert. Er hat in den Märchen eher eine Erscheinung oder Art des Auftretens, die es uns möglich macht, ihn ohne Angst und Entsetzen zu betrachten, in der letzten Schilderung wird ja sogar von einer „hohen schönen Frau" gesprochen.

Damit führt uns diese Betrachtung zu der Erkenntnis, die uns möglicherweise erstaunlich oder neu ist:

Die Einstellung eines Menschen oder einer Gesellschaft zum Tod unterliegt Veränderungen, sie wandelte sich im Laufe der Geschichte und der religiös-kulturellen Entwicklung.

Unsere Einstellung zu Tod und Sterben ist also nicht unveränderbar festgelegt, sondern sie kann sich wandeln und verändern. Es kann vielleicht möglich werden, daß sich unsere vielleicht mit Grauen und Angst besetzten Vorstellungsbilder und Phantasien wieder in hellere, lichtere und weniger bedrückende Erwartungen verwandeln.

In ihrem Vorwort zu den *Märchen von Leben und Tod* schreibt Sigrid Früh:

„Wird der Tod tabuisiert, erscheint er als sensenschwingender Knochenmann."

Wenn wir es lernen, den Tod als Lebenswirklichkeit wieder in unser Dasein zurückzuholen, dann kann er damit auch etwas von seinem dämonisch-beängstigenden Charakter verlieren.

Um diesen sich im Laufe unserer Kulturgeschichte sich verändernden Vorstellungen, Hoffnungen und Ängsten und auch der anderer Länder und Kulturen zu begegnen, möchten wir Sie zu einer kurzen „Reise" durch frühere Zeiten einladen. Diese Betrachtungen haben nur einen skizzenhaften und unvollständigen Charakter. Sie möchten dazu anregen, die eigenen Vorstellungen über Sterben und Tod zu reflektieren, ihren bedingten Charakter zu erkennen, und unter Umständen kann es Ihnen möglich werden, andere, neue, erweiternde Inhalte in Ihr eigenes Denken und Dafürhalten zu integrieren.

Die religiösen und kulturellen Zusammenhänge im Erleben des Todes

Die Einstellung zu Sterben und Tod hängt unmittelbar von den religiösen, kulturellen und sozialen Gegenbenheiten der Menschen ab. Der Umgang mit den Verstorbenen, die mit dem Tod verbundenen Gebräuche und Rituale entstehen direkt aus diesen religiösen und kulturellen Vorstellungen.

In den alten Hochkulturen und ebenso bei den sogenannten Naturvölkern finden wir häufig sehr detaillierte und klare Vorstellungen und Glaubensbilder, die das Fortleben der Verstorbenen beschreiben.

- Der Tod ist gleichsam ein Geburtsprozeß in eine andere Welt.
- Die Verstorbenen werden von einem Seelenführer abgeholt und in die Welt der Verstorbenen eingeführt.
- Der Verstorbene fährt mit einem Boot über den Strom des Vergessens,

der Lebende von den Toten trennt, und gelangt dann ans jenseitige Ufer.
- Die Verstorbenen erhalten Lichtkörper, die ganz den Körpern hier auf der Erde entsprechen, und sie kommunizieren mit anderen Menschen und Wesen sowohl im Reich der Toten, als auch mit uns hier auf der Erde.
- Der Tote lebt unter seinen Ahnen und Stammesgenossen im Jenseits.

In Nepal werden noch heute bei den Totenfesten Tagetes-Girlanden über den heiligen Fluß gespannt, um für den Toten eine Verbindungsbrücke zum Jenseits herzustellen.

Die Maya hatten ein Ritual, durch das sie im Jenseits die Seele des Verstorbenen vom Tode bis zu seiner Wiedergeburt begleiteten.

In der ältesten Zeit haben die Chinesen ihre Toten wahrscheinlich in der Nordseite des Hauses begraben, da, wo auch das Saatgut für die nächste Aussaat aufbewahrt wurde. Ursprünglich dachte man sich, daß die Toten irgendwie im Grundwasser unter dem Hause weiterlebten, wo ganz nahe die „Gelben Quellen", ihr letztes Ziel, lagen. Von dort kehrten sie zum Leben zurück (Marie-Louise von Franz, *Traum und Tod*).

Diese wenigen Beispiele möchten nur darauf hinweisen, daß es viele Überlieferungen über das Fortleben der toten Seelen gibt. Die aus ihren Vorstellungen entstandenen Bräuche und Rituale erhielten ihre Inhalte und Formen aus den jeweiligen Bestrebungen, die Toten angemessen zu begleiten.

So tauchen besonders zwei ganz unterschiedliche Grundvorstellungen in den verschiedensten Kulturräumen auf:

Zum einen ***Nachtodesvorstellungen, von denen Angst, Dunkelheit,*** Qual, Verzicht und andere belastende und beängstigende Gefühle ausgehen.
- Die Toten erleiden Hunger und Durst.
- Sie begegnen mächtigen und erschreckenden Wesen.
- Sie werden an Orte geführt, an denen sie ihren eigenen schlechten Taten und Handlungen des vergangenen Lebens begegnen.

Diese dunklen Bilder haben ihren Ursprung sicherlich in den Bereichen der menschlichen Seele, in denen Vorstellungen von Sünde und Schuld, von Rache und Gerechtigkeit, von Belastungen des Gewissens und der Einsicht in die Notwendigkeiten von Sühne und Ausgleich zuhause sind. Es wird als Unterwelt, das Reich der Schatten, Hades, Hel oder Hölle bezeichnet.

Bei diesen negativen, belastenden Jenseitsvorstellungen gab und gibt es bis heute für die Hinterbliebenen eher belastende und bedrückende Konsequenzen. Man machte sich Sorgen um das Wohl des Verstorbenen, zumal man als naher Angehöriger oftmals auch um die Schattenseiten der verstorbenen Persönlichkeit wußte und nun Angst hatte, daß der Verstorbene Strafe oder Vergeltung erfährt. Man mußte die mächtigen Toten ehren, ihnen dienen oder gehorchen, weil sie sich sonst auf ungute Weise in das Leben der Hiesigen einmischten oder sogar Rache nahmen.

Als Hilfe und Bewältigung für die Toten und auch ihre nahen Vertrauten gab und gibt es hierfür die Bittgebete, das Messe lesen und Opfer bringen. Der Lebende versucht eventuell für den Verstorbenen, Verschuldetes wieder gut zu machen oder nicht zu Ende gebrachte Handlungen zu erledigen.

Im Gegensatz zu diesen schweren und belastenden Vorstellungsbildern gibt es die einer ***schöneren, vollkommenen und glückhaften Dimension des Jenseits.***

- Da gibt es hohe Engelwesen und Wissende, die sich unser annehmen.
- Wir werden von uns liebenden und verbundenen Ahnen und Freunden abgeholt und begleitet.
- Die Toten leben von nun an in seligen Gefilden, schönen Landschaften und Gärten, sie brauchen keine Nahrung und haben keine Wünsche.

Das lichtvolle, schöne Jenseits entspricht unseren Begriffen: Arkadien, Gefilde der Seligen, Elysium, Garten Eden, Paradies oder Himmel.

In Kulturen oder Zeitepochen mit diesen positiven und glückhaften Jenseitsvorstellungen wurde der Verstorbene eher beneidet oder verehrt als eine oder einer, der bereits auf einer höheren Daseinsstufe Heimat gefunden hat.

An ihn oder sie konnte man Wünsche und Bitten richten, so zum Beispiel um Sieg und Gewinn, Macht und Gelingen oder auch Heilung, die der Verstorbene aus seinem erhabenen Machtbereich erfüllen oder verweigern konnte.

Geistliche, Priester, Schamanen und andere eingeweihte Personen erhielten Prophezeiungen und Weisungen von den Toten, Heilkundige konnten sich mit den Verstorbenen in Verbindung setzen und Anweisungen oder Kräfte von ihnen erbitten, die sie zur Heilung einsetzten.

In solchen Zeiten schöner oft großartiger Jenseitsvorstellungen und Beschreibungen haben wir häufig das Gefühl, daß die Welt der Lebenden und der Toten wie durch eine unsichtbare Brücke miteinander verbunden ist. Diese Verbundenheit schafft dann vielfältige Möglichkeiten, einen glückhaften „Seelenverkehr" zwischen dem „Hier" und dem „Drüben" zu suchen.

Letzte Worte
Geliebte, wenn mein Geist geschieden,
So weint mir keine Träne nach;
Denn, wo ich weile, dort ist Frieden,
Dort leuchtet mir ein ew'ger Tag!
Wo aller Erdengram verschwunden,
Soll euer Bild mir nicht vergehn,
Und Linderung für eure Wunden,
Für euern Schmerz will ich erflehn.
Weht nächtlich seine Seraphsflügel
Der Friede übers Weltenreich,
So denkt nicht mehr an meinen Hügel,
Denn von den Sternen grüß ich euch!

(Annette von Droste-Hülshoff, *aus: Deutsche Gedichte*)

Aus den religiösen Jenseitsvorstellungen ergeben sich auch heute noch die Art der Herrichtung der Toten, die Formen der Totenfeiern, die Aussegnungs- und Beisetzungsrituale sowie die Vielfalt der Trauerrituale, Anrufungen, Beschwörungen und Gedenkbräuche.

Ein Verblassen solcher Vorstellungen, Bilder und Glaubensinhalte bringt demgemäß eine Verflachung der Rituale und Bräuche mit sich. Mit dem Leerwerden solch tragender Formen und Riten bleibt aber der Hinterbliebene ohne formgebenden Halt. Er ist häufig ungeschützt einer inhaltsleeren Nüchternheit ausgeliefert und erfährt eine schmerzhafte Hilflosigkeit, da er seine Trauer und Verbundenheit nur mangelhaft ausdrücken kann.

Auf der anderen Seite sind die Menschen unserer Zeit sehr empfindlich geworden für „falsche, unechte und unklare" Inhalte und Formen im Umgang mit Sterben und Tod. Sie reagieren dann mit Ablehnung und sagen lieber „nein" zu ihnen leer erscheinenden Ritualen und Zeremonien.

Aus der Erkenntnis dieser häufig zu erfahrenden Leere der Rituale, dem Mangel an Wärme und Getragensein in der Trauer und der Erfahrung, daß in den Menschen oft große Sehnsucht ist, auf gute Weise mit den Verstorbenen verbunden zu sein und zu bleiben, erscheint uns die Vertiefung und Neugestaltung der Formen im Umgang mit dem Tod und dem nachtodlichen Bereich von großer Bedeutung und Wichtigkeit.

Welche Wege sehen wir?
- Alte, gute, bestehende Formen und Rituale wieder verstehbar zu machen und auf verbundene, echte Weise zu praktizieren.
- Die Entwicklung neuer Formen der Begleitung des Verstorbenen und die Ermutigung, diese neuen Formen im Wissen um ihre Echtheit und Stimmigkeit zu praktizieren.
- Die Suche nach neuen Wegen und Möglichkeiten, die es uns ermöglichen, in liebender, geistiger Kommunikation mit den Verstorbenen zu bleiben.
- Die Gestaltung von individuell geprägten Festen, Feiern und Gedenktagen, so wie sie aus der echten Verbundenheit mit dem Verstorbenen und seiner Individualität sich finden lassen.
- Die Integration von neuen Impulsen und neuen Anregungen aus anderen Kulturen, Zeiten oder Religionspraktiken in das eigene Handeln.

In den Kapiteln 8, 12 und 13 möchten wir Sie an einigen Wegen und Ritualen, die andere für sich als sehr hilfreich und tragend erfahren haben, teilnehmen lassen.

Vielleicht kann Sie dies ermutigen, eigene für sich zu entwickeln oder auch zu übernehmen.

Sterben, Tod und Nachtodliches in der christlichen Kulturentwicklung

„Eine Kultur ohne Tod ist eine tote Kultur, eine Kultur ohne Trauer ist eine traurige Kultur, und eine Kultur, in der wir verlernt haben, auf rechte Weise Feste zu feiern, ist eine in einem tiefen Sinne freudlose Kultur."

Auch in der christlichen Kultur hat es immer wieder starke Veränderungen und Wandlungen der Vorstellungen und ihrer Bedeutung gegeben, so daß diese religiösen, glaubensmäßigen Veränderungen auch im Umgang mit Sterben und Tod immer wieder neue und verschiedenartige Umgangsformen schufen.

In vielen antiken Gesellschaften hatten sich tabuisierende Vorstellungen und Haltungen entwickelt, so zum Beispiel bei den Griechen die Ansicht, daß der Tote unrein sei.

Wo das Seelenleben überwiegt, die Anschauung dessen, was über den Leichnam hinaus einzig wertvoll ist, erscheint der entseelte Leib als ein lästiges Nichts: ... Eher noch als Mist sind die Leichen wegzuwerfen ... (Heindrichs/Kammerhofer [Hg.]: *Tod und Wandel im Märchen*).

Es entstanden eine große Anzahl von Regeln, die die Verstorbenen aus der menschlichen Gemeinschaft ausklammerten. Die beiden „Lebensbereiche" – Leben und Tod – sollten unbedingt voneinander getrennt sein. Aus dieser Einstellung entstanden Wohn- und Lebensformen, die Orte der Toten, die Beisetzungsstätten, nach außerhalb verlegten.

Das frühe Christentum überwand dann jedoch diesen Abscheu vor den Toten und schuf damit wieder zentral gelegene und bedeutungsreichere Beisetzungsstätten.

Allerdings hatten frühe christliche Märtyrer eher die Vorstellung, daß das Grab nicht von besonderer Bedeutung sei, da ja die Glaubensgewißheit von der Heimkehr zu Gott und die Auferstehung von den Toten ausreichender Anlaß zur Freude und eigentlich wesentlich sei.

Im frühen Christentum war die Mehrzahl der Menschen versöhnt und geborgen in dem Glauben an die Auferstehung der Seele und des Fleisches am Tage des Jüngsten Gerichtes. Der Tod wurde und wird noch heute als vorübergehender Schlaf bis zum Erwachen zur Zeit des Gerichtes verstanden. Diese Glaubensvorstellungen schufen Formulierungen, die uns in Todesanzeigen oder auf Grabsteinen begegnen:

- Er entschlief im Herrn.
- Ruhe sanft.
- Hier ruht ...
- Entschlafen bis zum jüngsten Tag.

Es gab lange Perioden, in denen der Mensch eine große Todesvertrautheit hatte und er sich aus diesem Wissen und dieser Geborgenheit heraus bewußt auf den Tod vorbereitete.

- Der Mensch nahm Abschied von der Welt.
- Er brachte sein Leben in Ordnung.
- Er hielt Rückbesinnung.
- Er regelte seine Hinterlassenschaft.
- Er bat um Verzeihung und beichtete.

- Er wählte sein Grab.
- Er machte die Verfügungen zu seiner Bestattung.
- Es konnte auch bedeuten, daß er sich am Ende seines Lebens in ein Kloster zurückzog, um sich in dieser letzten Lebenszeit ausschließlich auf das Jenseits vorzubereiten.

In den folgenden zwei Strophen eines Gedichtes aus dem 17. Jahrhundert wird diese reife, ordnende Lebenseinstellung zum Tode auf sehr schöne Weise dokumentiert.

Sterbelied
Alle Menschen müssen sterben,
Alles Fleisch ist gleich wie Heu:
Was da lebet, muß verderben,
Soll es anders werden, neu.
Dieser Leib, der muß verwesen,
Wenn er anders soll genesen
Zu der großen Herrlichkeit,
die den Frommen ist bereit.

Drumb so will ich dieses Leben,
Weil es meinem Gott beliebt,
Auch gar willig von mir geben,
Bin darüber nicht betrübt;
Denn in meines Jesu Wunden
Hab ich nun Erlösung funden,
Und mein Trost in Todesnot
Ist des Herren Jesu Tod.

(Johann Georg Albinus, in: *Deutsche Gedichte*)

Bis ins 12./13. Jahrhundert hinein wurde der Leichnam den Blicken der Lebenden nicht entzogen. Damit wurde ein fortdauerndes Bewußtsein der eigenen Sterblichkeit gefördert.

Ja sogar bis ins 19. Jahrhundert starben die Menschen öffentlich, das heißt, es waren in der Regel mehrere oder sogar viele Menschen in einem Sterbezimmer anwesend. Es gab vielerorts den Brauch, daß Vorübergehende von der Straße in das Sterbehaus traten und für eine Weile im Sterbezimmer blieben.

Aber auch im Christentum gab es Dunkel- und Schattenseiten im Umgang mit den Sterbenden und den Verstorbenen.

Der lieblose und unachtsame Umgang mit dem Leichnam hatte seinen Ausgangspunkt in der religiösen Überzeugung, daß die Seele den Leib verlassen habe und dieser Leib nun nichts weiter als ein „Kadaver“ sei.

Für unser heutiges Verständnis drückt sich in dieser Haltung eine Leibfeindlichkeit aus, die auch trauernde Hinterbliebene meist aufs tiefste verletzt, denn für sie ist dieser „Leichnam“ ja die so vertraute und geliebte Leibeshülle, die uns die Möglichkeit gab, dem anderen auch körperlich liebevoll zu begegnen.

Der Körper, als das Instrument der Seele, hat in einem humanen Verständnis das Anrecht auf eine menschenwürdige Behandlung.

Viele abergläubische, heidnische und magische Praktiken schlichen sich mit der Zeit auch in die Sterbe- und Totenkultur des Christentums.

Sie sollten dem Sterbenden oder Toten eine gute Zukunft im Jenseits zusichern. Dabei spielte entweder Besitz und Gut oder die Abhaltung oberflächlicher ritueller Praktiken die wesentlichste Rolle.

– *... jede Messe befördert ein Kontingent Seelen ins Pradies, und diesen neu Erwählten obliegt es dann, ihre Dankbarkeit zu zeigen. Besonders spezialisierte Bruderschaften nehmen diese Tauschakte in die Hand: die Mitglieder sichern sich damit geistlichen Beistand nach ihrem Tode und erhalten dafür Urkunden, die sie in ihren Privilegien bestätigen* (Philippe Aries, *Bilder zur Geschichte des Todes*).

Mit dem 15. Jahrhundert schlich sich eine weitere ungute und belastende Vorstellung in das Leben ein. Es machte sich die Überzeugung breit, daß die Form, in der jemand starb, ein Zeichen seines „Gut- oder Böseseins“ abgab.

Der Sterbevorgang wurde gleichsam als ein Kampf zwischen Mensch und Teufel angesehen, und je nachdem, wie dieses Sterben war, hatte der eine gewonnen und der andere verloren. Damit änderte sich jedoch die Einstellung zum Tod ganz wesentlich.

Angst und Furcht nahmen immer größere Ausmaße an. Zweifel und Unruhe bemächtigten sich der Menschen.

In dieser Zeit verliert sich das religiöse Vertrauen und die Geborgenheit, und die konkrete Angst vor dem „Danach“, nämlich dem Gericht, der Verdammnis und dem Fegefeuer wächst in den Menschen.

Dazu kam die bedrohende Vorstellung, daß, wer nicht rechtmäßig bestattet wird, der Auferstehung nicht teilhaftig werden kann. So wurde die Angst, ohne Grab zu sterben, eine der furchtbarsten Vorstellungen der Lebenden.

Ein anderer Ausdruck dieser verurteilenden Geisteshaltung war, daß Menschen, denen das Leben so sehr zur Last geworden war, daß sie es sich selber genommen hatten, keinen rechtmäßigen Platz auf einem Friedhof erhielten.

Mit all diesen Vorstellungen war die menschliche Seele oftmals von Angst zerrissen. Der Mensch hatte wenig Vertrauen in die diesseitige Welt und auf der anderen Seite Angst vor dem Jenseits. Die angsteinflößenden Glaubensvorstellungen und der moralische Druck, der durch sie entstand, haben einen hohen Preis gehabt.

Das heutige religiöse Leben hat von solchen Praktiken Abstand genommen, aber alte tradierte Ängste haben den Menschen noch lange nicht wieder verlassen. Sie hausen, manchmal nur halb oder gar nicht bewußt, in den Seelen vieler Menschen und werden oftmals in der Zeit des Sterbens oder in der Therapie bewußt.

So berichtete uns eine Seminarteilnehmerin:

„Ich hatte seit meiner frühesten Kindheit entsetzliche Angst vor dem Tod. Ich konnte mir nie vorstellen, woher ich diese extreme Todesangst hatte, denn in meiner Familie und auch in meiner Umgebung war niemand eines schweren Todes gestorben. Als ich dann eine Analyse machte, erkannte ich, daß man mir schon in früher Kindheit gedroht hatte: Wenn du nicht gut bist, kommst du ins Fegefeuer, – und natürlich war ich nicht immer gut.

Es ist unsere Ansicht, daß noch viel getan werden muß, damit unnötige, furchterregende Vorstellungen unser Leben nicht weiter belasten und manchmal sogar unmöglich machen. Auch in religiöser Hinsicht kann noch viel „Unheiles" und „Krankmachendes" aufgedeckt und positiv verwandelt werden.

Vom Magischen und Dämonischen

„Aber es war nicht ihr Bild, das ihr der Spiegel zurückwarf. Ein dürres Gerippe in Lumpen stand darin, mit einer Geißel in der gelben Knochenhand und mit einer Maske vor dem Gesicht" (Manfred Kyber, *Die drei Lichter der kleinen Veronika*).

Immer wenn wir uns dem Bereich von Sterben und Tod annähern, nähern wir uns damit auch dem Gebiet des Magischen, Unheimlichen, Fremden oder Dämonischen an.

Der Tod gehört zum Grenzbereich des Diesseits und Jenseits, und alles Grenzhafte, nicht Erklärbare, alle Zwischenbereiche haben eine Neigung zur Dämonisierung, das heißt in ihnen überschreiten wir das Vernunfthafte, rational Faß- und Verstehbare.

An einer anderen Stelle des oben zitierten Buches, das auch den Untertitel: *„Der Roman einer Kinderseele in dieser und jener Welt“* trägt, lesen wir:

„Es ist dies eine Geschichte von dieser und jener Welt, und darum muß ich auch von den Toten in der Kirche zu Halmar erzählen. Denn es ist ja so, daß die Toten nicht erloschen sind, wie viele es meinen in einer Zeit, die geistferne geworden ist, wie kaum eine andere vor uns. Die Toten leben weiter in ihrem ganzen Wesen und wechseln nur ein grobes Gewand gegen ein feineres, und die Welt, in die sie durch das verhangene Tor eintreten, ist weit wirklicher als die Welt des Scheins, in der wir hier auf dieser Erde atmen. Es ist auch nicht so, daß die beiden Welten getrennt sind durch eine unübersteigbare Mauer. Es ist nur ein dünner Schleier, der zwischen ihnen hängt, und er lichtet sich weit häufiger, als es die Menschen von heute glauben, und es gibt viele Augenblicke, in welchen diese und jene Welt ineinander übergehen, so daß man nicht sagen kann, ob man hier oder drüben ist.“

Genau das aber ist für viele von uns eine eher unangenehme, furchterregende und belastende Vorstellung. In allen Religionen und Kulturen begegnen wir mehr oder weniger ausgeprägten magischen oder dämonischen Vorstellungen. Immer schon hat es Gedanken, Bilder, Gefühle und Kulte gegeben, die sich diesem sogenannten „übernaturlichen“ oder „übersinnlichen“ Daseinsbereich zuwendeten.

Götter und Dämonen gehören zu diesen „Mittelwesen zwischen Mensch und Gott“, und auch die Toten gehören in vielen Kulturen in diese Welt des Nichtfaßbaren, Nichtsichtbaren.

Häufig verbinden sich für uns „Hiesige“, „Lebende“ ungute Gedanken und Gefühle mit diesem Gebiet. Wie erleben dann unheimliche, düstere und grauenerregende Gefühle und Empfindungen. Und gerade diese Empfindungen mögen es sein, die, ohne daß wir uns dessen immer ganz bewußt sind, Angst im Umgang mit Verstorbenen erwecken und uns den Tod furchtsam meiden lassen.

Jeder von uns hat sicherlich ein paar solcher erschreckender Erinnerungen, die ihn oft sogar noch in der Erinnerung quälen, und die in uns unbewußt wieder aufsteigen, wenn wir in Situationen stehen, die diese unerklärlichen Bereiche, die tief in unsere seelischen Grundschichten eingelagert sind, berühren.

So erzählte eine junge Frau innerhalb einer Gesprächsrunde:

„Als meine Oma starb, war ich etwa fünf Jahre alt. Sie wohnte zur Zeit ihres Todes bei uns zu Hause im Dachgeschoß, und ich durfte sie dann am Ende nicht mehr sehen. Das einzige war, daß man mir noch einmal einen Spalt der Tür zu ihrem Zimmer öffnete, so daß ich sie, in ihrem Bett in einem weißen Nachthemd liegen sah.

Nach ihrem Sterben holte man sie, ohne daß ich es mitbekam, aus dem Haus.

Nach einem halben Jahr begann es dann, daß immer wenn ich nachts auf die Toilette mußte, ich sie oben auf der Treppe stehen sah, in ihrem weißen Nachthemd. Es war furchtbar für mich, und ich lief erschreckt wieder ins Zimmer zurück. Später, ich glaube es war in der Zeit der Pubertät, wurde es dann viel schlimmer. Ich sah sie nicht mehr auf der Treppe, sondern hatte das Gefühl, daß ihr Gesicht innen im Klo sich aus dem Wasser hob oder ihre Hand nach oben griff. Es war so grauenerregend, und ich konnte niemandem davon etwas sagen, weil ich mich doch auch noch so schämte."

Eine andere Seminarteilnehmerin erzählte:

„Mein Großvater nahm sich das Leben, als ich zehn Jahre alt war. Als ich ihn mit meiner Mutter zusammen in der Aufbahrungshalle besuchte, um Abschied zu nehmen, sah ich mit einem Male einen blauen Sack mit einem Strick darauf liegend in einer Ecke stehen. Man sah sogar die Schlinge mit dem Knoten noch. Seitdem habe ich, glaube ich, immer wieder im Leben das Gefühl, daß etwas Furchtbares passieren könnte."

Und eine Krankenschwester berichtete über ihre Nächte im Hospiz, in denen ein Bewohner gestorben war:

„Es war mir dann einfach unheimlich. Ich hatte das Gefühl, daß viele andere Tote auch noch in dem Raum waren, und das, was mir Angst machte, war die Vorstellung, daß plötzlich jemand nach mir griffe. Ich habe dann die Tür zu dem Zimmer, in dem der Verstorbene lag, zugemacht, aber das gab mir auch kein gutes Gefühl, denn ich

hatte ja weiterhin das Gefühl der Anwesenheit vom Verstorbenen und anderen Toten."

Im Einzelfall läßt sich auch schwer entscheiden, ob es sich um sogenannte Nahtoderlebnisse oder paranormale Phänomene, die ja weltweit gut dokumentiert sind, handelt. Sicher sind die Grenzen fließend, und die Meinungen hierzu gehen auseinander.

Auch aus den Schriften C. G. Jungs kennen wir Beschreibungen, die er mit sogenannten paranormalen Phänomenen hatte, und in einer mystischen Schau des Numinosen wird er von starken unheimlichen und grauenerregenden Gefühlen erfaßt.

Während Freud seine Argumente vorbrachte, hatte ich eine merkwürdige Empfindung. Es schien mir, als ob mein Zwerchfell aus Eisen bestünde und glühend würde – ein glühendes Zwerchfellgewölbe. Und in diesem Augenblick ertönte ein solcher Krach im Bücherschrank, der unmittelbar neben uns stand, daß wir beide furchtbar erschraken. Wir dachten, der Schrank fiele über uns zusammen. Genauso hatte es getönt. Ich sagte zu Freud: „Das ist jetzt ein sogenanntes katalytisches Exteriorisationsphänomen." (Ein Ereignis oder eine Begebenheit, in dem eine Reaktion eines inneren Vorganges sich im Äußeren manifestiert. Anmerkung der Verfasserinnen.) „Ach", sagte er, „das ist ja ein leibhaftiger Unsinn!"

„Aber nein", erwiderte ich, „Sie irren, Herr Professor. Und zum Beweis, daß ich recht habe, sage ich nun voraus, daß es gleich nochmals so einen Krach geben wird!" – Und tatsächlich: kaum hatte ich die Worte ausgesprochen, begann der gleiche Krach im Schrank (Aniela Jaffé, *Erinnerungen, Träume, Gedanken von C. G. Jung*).

An einer anderen Stelle des gleichen Buches lesen wir:

... Etwas Ähnliches erlebte ich vor einem Todesfall in der Familie meiner Frau. Damals träumte ich, daß das Bett meiner Frau eine tiefe Grube mit gemauerten Wänden sei. Es war ein Grab und mutete irgendwie antik an. Da hörte ich einen tiefen Seufzer, wie wenn jemand den Geist aufgibt. Eine Gestalt, die meiner Frau glich, richtete sich in der Grube auf und schwebte empor. Sie trug ein weißes Gewand, in welches merkwürdige schwarze Zeichen eingewoben waren. – Ich erwachte, weckte meine Frau und kontrollierte die Zeit. Es war drei Uhr morgens. Der Traum war so merkwürdig, daß ich sofort dachte, er könne einen Todesfall anzeigen. Um sieben Uhr kam die

Nachricht, daß eine Cousine meiner Frau um drei Uhr gestorben sei! (Aniela Jaffé, *Erinnerungen, Träume, Gedanken von C. G. Jung*).

Ein erster Schritt in der Bewältigung solcher Gefühle und Erlebnisse erscheint uns, daß wir sie ***als möglich anerkennen*** und sie nicht zu verdrängen versuchen.

Alles „Fortrationalisieren" hat wohl eher die Wirkung, daß das „allgemeine Grauen" vor Sterben und Tod und die Tabuisierung zunehmen.

So könnten wir sagen: Es gibt in einem jeden von uns seelische Schichten des Magischen, es sind Schichten, die vorbewußt oder unbewußt sind und deshalb auch alleine über die Vernunft oder den Willen nicht erreichbar sind.

Es kann uns helfen, wenn wir uns bewußt machen, daß es eine materielle, physische Stoffeswelt gibt und eine „geistige, nichtmaterielle".

Diese unstoffliche Wirklichkeit, können wir:
- ***als Gefühl wahrnehmen***
- ***wir können sie spüren***
- ***oder in uns erleben.***

Diese Wahrnehmungen können wir achten und ihnen Bedeutung geben.

Zum anderen kann uns das Wissen helfen, daß es Menschen gibt, die ein feineres oder größeres Gespür für solche Dinge haben, und häufig wissen wir von uns selbst nicht genau, wie es mit unserer eigenen Empfindungsfähigkeit für solche „ungreifbaren" Phänomene steht. Außerdem gibt es besondere Zeiten und Situationen, in denen diese Art unserer Wahrnehmungsfähigkeit viel sensibler ist als zu „normalen Zeiten".

So fragte einmal ein Mann italienischer Abstammung, ob er das Fenster nach dem Sterben seiner Schwiegermutter öffnen dürfe, weil er einfach das Gefühl habe, daß das jetzt gut und richtig sei.

Sehr häufig erfahren wir auch von Nahestehenden:

Ich mußte einfach jetzt zu meinem Angehörigen kommen, weil ich das Gefühl hatte, daß es mit ihm zu Ende geht.

Allen negativen, belastenden und eher düsteren Empfindungen und Vorstellungen gegenüber kann uns helfen:

- ***Klar hinzuschauen, das heißt zu überprüfen, was Wirklichkeit ist.***
- ***Eine entschiedene, eigene, klare und feste Haltung zu finden.***
- ***Handlungen, die den Realitätsbezug wieder verstärkt herstellen, z.B. andere Personen zu Hilfe holen, Licht anmachen usw.***

Je unklarer und undurchsichtiger eine Situation für uns ist, um so eher schleichen sich Gefühle des Unheimlichen und Grauenhaften ein.

Je natürlicher, klarer, näher, menschlicher etwas ist, um so weniger schleichen sich negative, ungute Gefühle und Bilder ein.

Für uns bedeutet das:

Wir wollen die Möglichkeit übernatürlicher Kräfte nicht verleugnen, nicht in Abrede stellen und verdrängen, sondern sie auf eine entspannte und natürliche Weise als möglich erachten und lernen, mit ihnen auf eine unverkrampfte, bewußte und achtsame Art umzugehen.

Tod und Sterben in der heutigen Zeit – Tod und Tabu

*„Gelegentlich wird jedoch der Tote regelrecht in Szene gesetzt wie ein noch Lebender: etwa an einem Schreibtisch, in seinem Sessel und – warum nicht? – mit einer Zigarre im Mund ... versucht man stets, die Zeichen des Todes durch die Kunst des „mortician" zu tilgen, der den Toten herausputzt und schminkt, um ihn möglichst lebendig aussehen zu lassen" (*Philippe Ariès, *Geschichte des Todes).*

„Meine Mutter war gestorben, und ich kam in meinen Heimatort zurück, um sie noch einmal zu sehen und an der Beerdigung teilzunehmen. Wen ich aber sah, war nicht meine Mutter, sondern eine herausgeputzte Frau mittleren Alters. Ich war so entsetzt! Meine Mutter hatte ihr Leben lang keine Dauerwelle gehabt, nun lag sie mit einer mir fremden Frisur, geschminkt und mit rosigen Wangen in ihrem Sarg, so wie sie im Leben nie ausgesehen hatte, und es war mir, als habe man ihr ganzes Wesen und ihre Persönlichkeit entstellt und mir weggenommen. Es war irgendwie makaber."

Makaber – das heißt: mit dem Tod, mit Traurigem, Schrecklichem spaßend umzugehen. Das Makabre ist unheimlich, gespenstisch, grauenerregend. (Duden)

In der gegenwärtigen Zeit wird wohl kaum der „Spaß" im Hintergrund einer makabren Erscheinung stehen. Eher entsteht es durch

- menschliche Unachtsamkeit,
- mangelnde Einfühlung,
- einen lieblosen Umgang
- oder durch den Versuch, den Tod zu verdrängen.

So werden 95 % der Verstorbenen in den USA kosmetisch behandelt (Der Spiegel, 52/1994).

Ein eigenes Fachgebiet der Thanatopraxie ist im Entstehen. Hierunter versteht man ein Verfahren, bei dem das Blut dem Verstorbenen entzogen und durch Formalin ersetzt wird, damit der Tote länger schön bleibt. Auch in Deutschland wird dieses Verfahren immer mehr benutzt. In den USA gibt es eine kleine, aber wachsende Zahl, die ihre toten Angehörigen Einbalsamieren oder Einfrieren läßt, in der Hoffnung, daß die Medizin irgendwann in der Lage ist, eingefrorene Leichen wieder zum Leben zu erwecken. Es ist erstaunlich, was wir alles tun, nur um den Tod nicht anzuerkennen, ohne uns zu hinterfragen, was dies für die Totenruhe bedeutet.

- *Wie geht es Ihnen mit der Vorstellung, man würde Sie nach ihrem Sterben herausputzen und herrichten, so daß ihr eigentliches Wesen und auch ihr Totsein gar nicht mehr recht zu sehen wären?*
- *Hätten Sie den Wunsch, in xxx Jahren wieder in den alten Körper, den Sie zu Lebzeiten hatten, wieder ins Leben zurückgeholt zu werden?*

Das Makabre entsteht immer da, wo eine natürliche Situation, ein natürlicher Sachverhalt überzogen, unnatürlich, pervertierend behandelt wird. Da paßt dann das eine nicht mehr zum anderen: das Wissen, daß dort ein Verstorbener liegt und „das Aussehen von blühendem Leben" oder irgendeine andere Art der *Verfremdung*.

Menschen, die versuchen, den Tod als Lebenswirklichkeit anzunehmen, die die Tatsache des Todes nicht zu verleugnen suchen, müssen darauf empfindlich und betroffen reagieren.

Zum Verständnis von Würde und Achtung vor der Persönlichkeit des Verstorbenen gehört es, daß der Tote auch eine äußere Form seiner

Erscheinung behält oder bekommt, die seinem Leben und Wesen entspricht.

Nach notwendigen medizinischen Eingriffen oder einer Organtransplantation ist es gleichermaßen ein Akt der Humanität und Achtung, dem Verstorbenen sein menschliches Aussehen zu geben, das ihm entspricht und seine Person und seine Ganzheit als Mensch nicht verletzt.

Da darf es nicht vorkommen, daß eine Mutter ihr Kind nach einer Organspende der Augen noch einmal anschaut und mit Entsetzen sieht, daß ihr Kind einfach „ausgeschlachtet" daliegt. Solches Handeln schlägt Wunden, die ein Leben lang nicht mehr heilen.

Das Makabre im Bereich des Todes rührt an eine äußerst empfindliche Stelle des Menschen. Hier können Bilder und Ängste geschaffen werden, die schwere seelische Belastungen mit sich bringen. Das bedeutet für alle Menschen, die im Umfeld des Todes arbeiten und dies eben häufig als ihren „Lebensalltag" erleben, ganz besonders einfühlsam – *mit den Augen der anderen sehen* – zulernen.

Aber auch Menschen, die nur vorübergehend mit dem Tod oder mit Toten zu tun haben, sollten für sich selber und auch für andere sorgen, daß das Makabre auf ein absolut nicht zu vermeidendes Mindestmaß reduziert bleibt. Das bedeutet aber, daß wir lernen, den Tod nicht zu verdrängen, sondern in uns die Bereitschaft entfalten, den Toten zu sehen, auch wenn es uns schwerfällt. Denn je mehr ihn verdrängen, desto mehr wächst die Gefahr, daß wir in uns makabre Vorstellungen entwickeln, desto mehr wächst die Faszination des Unheimlichen und Magischen.

Alles was wir ausklammern, leugnen, verdrängen, verstecken und versuchen, nicht existent zu machen, beginnt ein seltsames, verborgenes, aber deshalb nicht weniger bedeutsames Schattenleben zu entfalten.

Tabuisierung und Faszination, Verdrängung und ein Zuwachs an Bedeutsamkeit, entstehen auseinander und bedingen sich.

Wenn also Sterben und Tod in den Bereich des Unsauberen, Verborgenen, Grotesken und Nichtvorhandenen geschoben wird, verbindet sich insgeheim das Makabre, die Gewalt, die Sensations- und Schaulust, das Exotische und Perverse mit diesem Bereich menschlicher Existenz. Das gibt dem Tod dann aufs neue Macht und Bedeutung, nun aber in einer verschobenen, unheilen und minderwertigen Ausformung.

- Die immer größere Entfremdung von natürlichen Lebensprozessen,
- die größere Entfremdung von der Natur,
- ein Lebensgefühl, das nicht mehr wirklich vom Religiösen, vom Glauben her getragen und geborgen ist,
- der Verfall von Werten,
- das sich immer mehr entwickelnde Gefühl von mangelnder Zusammengehörigkeit schaffen Angst und Hilflosigkeit im Verhältnis zu Sterben und Tod.

Dieses Lebensgefühl verstärkt dann rückwirkend wiederum die Tendenz zur Verdrängung des Todes, und je größer die Tabuisierung und Verbannung ist, desto mehr nimmt die Hilflosigkeit und Angst im Umgang mit Sterben und Tod zu. Ein unseliger Kreislauf, der am Ende sowohl das Leben als auch den Tod entwertet, verfremdet und pervertiert. Der Mensch im Leben und der Mensch im Tod verliert seine Echtheit und Würde, seine Einmaligkeit, seine Hoheit und Bedeutungsfülle.

Das ist insofern besonders tragisch, als diese Entwicklung den Menschen im entscheidendsten Moment seines Lebens alleine läßt und den nahen Angehörigen, also den miterlebenden Menschen, einer Ungeborgenheit ausliefert, ihn verstört und hilflos macht.

Die Verdrängung des Todes, die Einbalsamierung von Leichen, die Vermeidung, dem Tod direkt zu begegnen einerseits und andererseits die zunehmende Darstellung von Tod und Toten in den Medien wie z.B. in den Nachrichten, Filmen und Zeitungen ist eine Tendenz in der heutigen Zeit. Daneben gibt es aber eine andere Strömung, die man mit der Überschrift: ***Tod dem falschen Tabu …*** bezeichnen könnte.

Vielleicht erscheint Ihnen diese Überschrift provozierend und herausfordernd. Uns ist es aber wichtig, darauf aufmerksam zu machen, wieviel an Illusionen Schmerz, Einsamkeit, Hilflosigkeit, Kälte, Sinnlosigkeit und Verlorenheit in unserer Kultur allein aus der Tatsache entsteht, daß wir ganz generell den Tod ausgeklammert, verdrängt und tabuisiert haben. Dadurch leben wir ein höchst irreales Leben, das vordergründige Bedürfnisse befriedigt und seinen Sinn allein aus endlicher Erfüllung zieht.

Erleben wir dann den Tod eines nahen Menschen, fallen wir häufig in eine große Sinnleere oder Depression. Viele, die das erleben, halten diesen überwältigenden Schmerz gar nicht aus und betäuben sich in der Arbeit, einer neuen Beziehung oder sonstigen Ablenkungen, um diesen schrecklichen Einbruch, dieses Bewußtwerden von Fragwürdigkeit und Sinnleere zu vergessen.

Stehen wir selber einer lebensbedrohenden Krankheit oder unserem eignen Sterben gegenüber, stellen wir häufig fest, daß die Werte, die uns trugen, fragwürdig werden und daß wir unter Umständen unser Leben auf ein nicht sehr tragfähiges Fundament gebaut haben, daß wir für Ziele und Werte lebten, die nun in sich zusammensinken und bedeutungslos werden.

Wollen wir dem Leben wieder größere Natürlichkeit, Wahrhaftigkeit, Tiefe, Bedeutung, vertieften Sinn und Qualität zurückgeben, müssen wir uns darum bemühen, Sterben und Tod als immer anwesende Lebenswirklichkeit zurückzuholen und bis in unseren Alltag hinein zu integrieren.

Nur ein solches Hineinnehmen dieses Bereiches in unser Leben kann uns helfen, wieder vertiefte Sinnhaftigkeit, Fülle, Verbundenheit und Tiefe in unsere Kultur zurückzubringen. In diesem Sinne verstehen wir auch den weisen Rat, den uns Carlos Castaneda in seinem Buch: *Reise nach Ixtlan* gibt:

„Der Tod ist der einzige Ratgeber, den wir besitzen."

3. „Es ist zu Ende …"
Der Moment des Sterbens beim natürlichen Tod

O Herr, gib jedem seinen eigenen Tod.
Das Sterben, das aus jenem Leben geht,
darin er Liebe hatte, Sinn und Not.
(Rainer Maria Rilke, *Gedichte*)

Mit diesem Augenblick aber begann das drei Tage nicht abreißende, unaufhörliche Schreien, das so furchtbar war, daß man es durch drei Türen hindurch nicht ohne Entsetzen anhören konnte. In dem Augenblick, als er seiner Frau geantwortet hatte, war ihm klar geworden, daß er verloren war, daß es keine Umkehr gab, daß das Ende gekommen war, das endgültige Ende; doch sein Zweifel war noch immer nicht gelöst und blieb eben ein Zweifel.

„Uh, uh, uh!" schrie er in allen Tonarten. Er hatte angefangen zu schreien: „Laßt mich in Ruh!" und fuhr fort, „Uh" zu schreien.

Die ganzen drei Tage, in deren Verlauf es für ihn die Zeit nicht gab, wälzte er sich in dem schwarzen Sack umher, in den ihn eine unsichtbare, unüberwindliche Macht hineingestoßen hatte. Er schlug sich, wie der zum Tode Verurteilte in den Händen des Henkers um sich schlägt, obwohl er weiß, daß es für ihn keine Rettung mehr geben kann; und mit jeder Minute fühlt er, daß er trotz allen Anstrengungen und trotz allem Widerstand immer näher und näher dem kam, wovor er sich so entsetzte. Er fühlte, daß seine Qual darin bestand, daß er in diesem schwarzen Loch stecke, aber noch mehr darin, daß er nicht hindurch könne. An dem Hindurchkriechen aber hinderte ihn, daß er noch immer glaubte, sein Leben wäre gut gewesen. Eben diese Rechtfertigung seines Lebens hielt ihn wie mit einer Klammer fest, ließ ihn nicht los, und peinigte ihn mehr als alles andere.

Plötzlich stieß eine unbekannte Kraft gegen seine Brust, gegen die Seite und schnürte ihm noch stärker den Atem zusammen; er stürzte in ein Loch, und dort, am anderen Ende war ein Lichtschimmer. Ihm widerfuhr das, was ihm manchmal in einem Eisenbahnwaggon wider-

fahren war, wenn er glaubte, er fahre vorwärts, während er zurückfuhr, und dann auf einmal die wahre Richtung erkannte.

Ja, das alles war nicht das Richtige, sagte er sich: Aber das tut nichts. Vielleicht kann man doch das Richtige tun. Aber was ist das Richtige? fragte er sich und wurde plötzlich still.

Es war am Ende des dritten Tages, eine Stunde vor seinem Tode. In diesem Augenblick schlich sich der kleine Gymnasiast leise zum Vater und trat an das Lager. Der Sterbende schrie immer noch verzweifelt und schlug mit den Händen um sich; seine Hand traf den Kopf des Gymnasiasten. Der arme Kerl ergriff die Hand, drückte sie an die Lippen und brach in Tränen aus.

In diesem Augenblick war Iwan Iljitsch durch das Loch gefallen und hatte Licht gesehen. Und es wurde ihm offenbar, daß sein Leben nicht so war, wie es hätte sein sollen, daß man es aber doch gutmachen könne. Und er fragte sich: Was ist das Richtige? und wurde still und lauschte. Da fühlte er, daß jemand seine Hand küßte. Er öffnete die Augen und erblickte seinen Sohn. Er tat ihm leid. Seine Frau trat an sein Lager heran. Er blickte sie an. Mit offenem Munde, tränenüberströmt, blickte sie ihn verzweifelt an. Sie tat ihm leid.

Ja, ich quäle sie, dachte er. Sie tun mir leid, aber es wird besser für sie sein, wenn ich sterbe. Er wollte dies sagen, war aber nicht mehr imstande, es auszusprechen. Übrigens, wozu reden, man mußte das tun, dachte er. Er wies seine Frau mit einem Blick auf den Sohn hin und sagte:

„Führ ihn hinaus ... er tut mir leid ... auch du ...“ Er wollte noch sagen: Vergib, und sprach: „... gib ...“, hatte aber nicht mehr die Kraft, sich zu verbessern, und machte nur eine Bewegung mit der Hand, denn er wußte, daß es der schon verstehen werde, dem es galt.

Und plötzlich wurde ihm klar, daß alles das, was ihn bedrückte und nicht hervor wollte, daß das alles mit einemmal hervorkommen konnte, von zwei Seiten, von zehn, von allen Seiten. Sie taten ihm leid. Er mußte etwas tun, daß es ihnen nicht mehr weh tat, mußte sie und sich selbst von diesen Leiden befreien. Wie gut und wie einfach, dachte er. Und der Schmerz? fragte er sich. Wo ist der Schmerz hin? Nun, wo bist du, Schmerz?

Und er lauschte in sich hinein.

Ja, da ist er; was tut's schon, mag es schmerzen.

Und der Tod? Wo ist er?

Er suchte nach seiner früheren gewohnten Todesfurcht und fand sie nicht. Wo war sie? Wo war der Tod? Und die Angst war nicht mehr da. Und statt des Todes war nur das Licht.

„So ist das also!“ rief er plötzlich ganz laut. „Welche Freude!“

Für ihn vollzog sich das alles in einem Augenblick, und die Bedeutung dieses Augenblickes änderte sich nicht mehr. Für die Anwesenden aber dauerte seine Agonie noch zwei Stunden lang. In seiner Brust rasselte es; sein abgezehrter Körper begann zu zucken, dann wurde das Rasseln und das Röcheln immer seltener und seltener.

„Es ist zu Ende“, sagte jemand über ihm.

Er vernahm diese Worte noch mit seinem Gehör und wiederholte sie in seiner Seele. Der Tod ist zu Ende, sagte er zu sich. Es gibt keinen Tod mehr.

Er zog Luft ein, stockte mitten im Atem, streckte sich aus und war tot (Leo Tolstoj, *Der Tod des Iwan Iljitsch*).

Diese Beschreibung eines Sterbens von Leo Tolstoj hat einen sehr eindrücklichen und zeitlosen Charakter. Sie ergreift uns. Tolstoj beschreibt hier gleichsam die Innenseite des Sterbens, den inneren Weg, so wie es ein Sterbender vielleicht erleben mag.

Hier ist beschrieben, was wir als Außenstehende oft wahrnehmen können.

Da hat jemand tagelang gekämpft oder war kaum noch ansprechbar, und kurze Zeit vor seinem Tod scheint es so, als ob sich etwas Wesentliches in ihm verändert, so als ob sich etwas in ihm *erhellt*. Der innere Kampf ist durchgestanden und Ruhe kehrt ein. Manchmal geht ein Strahlen und Staunen über das Gesicht des Sterbenden, als ob er ein Licht erschauen würde.

Jeder Weg des Sterbens ist jedoch sehr unterschiedlich. So wie jedes Leben ganz einzigartig und besonders ist – so ist es auch jedes Sterben.

Eine Wahrheit mag in der Erkenntnis liegen, daß jeder Mensch seinem Leben, Wesen und Sein gemäß stirbt.

Aber gerade wenn das so ist, ist es wichtig, vorsichtig in unseren Meinungen und Ansichten zu sein, denn wir wissen nur wenig um die tiefsten und verborgenen Gründe eines Menschen und seines Lebens.

Beobachtungen lehren uns, daß alle vordergründigen Meinungen oder auch Voraussagen sich häufig als nicht richtig erweisen.

So möchten wir in diesem Kapitel einige kurze Beschreibungen von Sterbeprozessen oder auch Sterbemomenten folgen lassen. Vielleicht können diese Bilder ein klein wenig verdeutlichen, wie unsagbar vielfältig die äußere Erscheinung des Sterbens ist. Erleben wir den Moment des Sterbens, so ist der Tod häufig leichter anzunehmen.

Vom langsamen und friedvollen Sterben

Frau Mayer liegt entspannt in ihrem frisch gerichteten Bett. Beim Betreten des Zimmers fällt auf, daß ein angenehmer Wohlgeruch von ihr ausgeht. Ihr Gesicht sieht entspannt, eher schlafend aus, und nur der geöffnete Mund und das tiefe Atemholen sprechen davon, daß Frau Mayer in ihrem Sterben liegt.

Sie ist in diesem Jahr dreiundneunzig Jahre alt geworden, und wenn man sie so daliegen sieht, hat man das Gefühl: Ja, hier ist der Tod nichts Grausames, das abgewehrt werden sollte, sondern ein Geschehen, das einem langen und auch schweren Leben sein Ende gibt.

Gegen sechs Uhr in der Frühe verändert sich der Atem von Frau Mayer. Es scheint, daß sich Wasser in den Atemwegen angesammelt hat, das Atmen ist mühsam geworden und ist von einem lauten Rasseln und Gluckern begleitet. Die etwas höhere Lagerung schafft ein wenig Abhilfe und Linderung.

Plötzlich kommt das Leben noch einmal ganz stark zurück. Frau Mayer öffnet noch einmal die Augen. Das war seit einem Tag schon nicht mehr geschehen, Unruhe bewegt das Gesicht, etwas Schmerzhaftes bewegt die Augen und Stirn. Nach der langen Zeit der Ruhe, wo es eher den Eindruck machte, daß die Seele sich schon ein Stückchen weit vom Körper gelöst hatte, ringt nun das „Leben", ein Rest von Vitalität, noch einmal in diesem alten, ausgezehrten Körper. Ein paar Minuten kämpft es und bringt das Gesicht in eine heftige Mimik, dann, ganz plötzlich erscheint die Kraft endgültig verbraucht zu sein. Zwei tiefe Atemzüge, und dann scheint das Gesicht wie in sich selber zusammenzusinken. Die Wangen fallen ein, die Augen schließen sich ein letztes Mal und der Kiefer sinkt leicht auf die Brust. Der Tod ist eingetreten. Beim Berühren der Hände spüre ich eine letzte große Wärme, die von dem nun toten Körper noch gleichsam nachstrahlt, und diese Wärme läßt in mir das Bild einer schon untergegangenen Sonne entstehen, die am Himmel die glühenden Farben ihres Unterganges noch für eine Weile zurückläßt.

Der Tod kommt hier ganz friedlich und ruhig, durch das Aussetzen des Atems, den ***Atemstillstand.*** Die letzen Augenblicke sind oft von einer kurzen Reihe tiefer Atemzüge begleitet. Manchmal heben sich Brustkorb und Schultern noch ein- zweimal, oder der Körper zuckt noch einmal zusammen. Beim Ausatmen pustet der Sterbende vielleicht. Der Atem kann auch ganz unregelmäßig werden. Oder im Rachen kann ein Rasseln oder ein Gurgeln durch Schleimabsonderungen, die der sterbende Mensch nicht mehr abhusten kann, entstehen.

Für uns als Begleitende wirkt dieses Geräusch leicht beunruhigend, weil wir den Eindruck haben, der Sterbende würde nicht genug Luft bekommen.

Es kann aber auch sein, daß die Atemzüge kürzer und flacher werden oder sehr lange Pausen zwischen den Atemzügen entstehen. Man meint dann jedesmal, das schon wäre der letzte Atemzug. Dies läßt häufig Spannung in uns entstehen: Jedesmal meinen wir, dies aber wäre sicherlich der letzte: Wir empfinden einerseits Angst und Schmerz, andererseits Hoffnung, daß nun das Leiden beendet sei. Kommt dann wieder ein Atemzug, sind wir zwischen Erleichterung und weiterer Spannung hin und hergerissen. Viele unterschiedliche Gefühle werden in uns aufgewühlt.

All diese Veränderungen des Atems kommen und gehen.

Ein Mensch kann tagelang so atmen, daß Sie meinen, jeder Atemzug wäre der letzte. Häufig kann es für den Sterbenden eine Erleichterung sein, wenn wir seinen Kopf und Oberkörper höher lagern.

Für uns als Begleiter kann es schmerzlich und beunruhigend sein, den unregelmäßigen Atem mitanzuhören. Wichtig ist, daß wir selber tief und regelmäßig durchatmen und hin und wieder das Zimmer verlassen, um wieder Kraft zu sammeln. Vielleicht kann uns der Vergleich mit den Schmerzen der Wehen, die Frauen bei der Geburt erleben, helfen. ***Wehen, zu einer anderen Art von Geburt.***

Auch der Blutdruck, der Puls und die Körpertemperatur verändern sich: Arme und Beine können durch die allgemein geringere Durchblutung kälter werden. Zu anderen Zeiten schwitzt der Körper vielleicht stark.

Von dem Sterbenden geht manchmal ein anderer, uns fremder Geruch aus.

Bei Krebspatienten kann dies manchmal schon lange vor dem Tod sein. Räucherstäbchen oder Duftlampen helfen dann, daß der Geruch nicht mehr so aufdringlich ist.

Oftmals löst sich das Bewußtsein des Sterbenden schon vor dem Tod immer mehr vom Körper, und der Sterbende geht ins Koma, also, in die Bewußtlosigkeit über.

Aus vielen Befragungen von Menschen, die klinisch tot waren und wieder belebt wurden, wissen wir, daß der Mensch, auch wenn er von uns aus gesehen nicht bei Bewußtsein ist, alles hört.
Der Hörsinn ist der letze Sinn, der schwindet.
Reden Sie also mit jemandem im Koma, so wie Sie mit ihm reden würden, wenn er bei Bewußtsein wäre. Wenn Sie dem anderen noch etwas Wichtiges mitteilen möchten, sagen Sie es ihm ruhig.

So erlebte es auch ein Bekannter von uns beim Sterben seiner Mutter. Er schrieb uns: *„Am Abend war meine Mutter in einen tiefen, anfangs noch etwas unruhigen Schlaf gefallen, aus dem sie dann nicht mehr erwacht ist. Am nächsten Morgen war noch ein letztes „Gespräch" möglich. Ich fragte sie, ob sie mich hören könne, worauf sie eine kleine, kaum wahrnehmbare Kopfbewegung im Sinne eines Nickens machte. Ich war dankbar für dieses Signal, denn so war ich mir sicher, daß das, was ich ihr sagte, in ihrem Bewußtsein ankam ... und daß sie auch unsere Nähe noch spüren konnte.*

Im Laufe des Tages fiel sie dann in ein immer tieferes Koma. Sie reagierte schließlich auch nicht mehr auf Berührungen. Ihre Atmung wurde tief und relativ schnell. Es wirkte jedoch nicht gequält. So wie sie dalag, auf dem Rücken, mit leicht erhöhtem Oberkörper, schien sie zu schlafen und mit jedem Atemzug ein bißchen zu schnarchen. Vater und ich blieben die ganze Zeit bei ihr.

Irgendwann wurde ihre Atmung unregelmäßig. Die Atemzüge wurden immer seltener. Blutdruck und Puls waren nicht mehr meßbar. Die Abstände zwischen ihren Atmezügen wurden immer größer, und einer dieser Atemzüge war dann auch ihr letzter. Ein kurzes Gurgeln begleitete ihn – kein Kampf, kein Aufbäumen. Mama war tot.

Wir blieben bei ihr. Mit Tränen in den Augen sahen wir sie an. Sie wirkte erlöst – auch wenn sie keinen eigentlichen Todeskampf hinter sich hatte. Sie schien sogar zu lächeln. Ihre Gesichtzüge wirkten entspannt, so als ob sie Frieden gefunden habe. Wir blieben eine Zeitlang bei ihr sitzen, stumm, in Andacht."

Um die Einzigartigkeit jedes Sterbens wahrzunehem, müssen wir uns von allen Bildern und Vorstellungen eines „guten" und eines „schlechten" Sterbens lösen.

Zum einen stehen uns als Außenstehenden, diese Wertungen und dieses vermeintliche Wissen nicht zu. Denn was wissen wir, was der Sterbende wirklich erlebt? Es ist wichtig, daß wir dem Prozeß wertfrei und demütig gegenüber sind und unsere Haltung von Ehrfurcht und Achtung vor der Einmaligkeit und Schönheit jedes individuellen Lebens und auch jedes Sterbens geprägt ist.

Zum anderen stehen auch wir als Begleitende dann nicht unter der Forderung, ein „gutes Sterben" - möglich machen zu müssen. Wir können gerade in diesen letzten Augenblicken eigentlich nur begleitend anwesend sein, allenfalls lindern und kleinste Hilfen zukommen lassen. Der Vorgang des Sterbens sollte uns durch seine Größe und Erhabenheit eher dazu bewegen, die *Grenzen der Machbarkeit* anzuerkennen und zu ehren.

Auch über das Sterben von Menschen, die in ihrem Leben einen sehr ruhigen, vielleicht gelösten, erlösten und vom Religiösen getragenen Eindruck machen, haben wir gelernt, vorsichtig in unseren Mutmaßungen zu sein. Wie tief, wie weit dieses Getragensein reicht, ist kaum von einem „Draußenstehenden" zu beurteilen. Manchmal erleben wir auch, daß sich wie eine „Gegenkraft", ein „Anderes", vielleicht der „Schatten", oder „Verdrängtes" gerade in den letzten Momenten des Lebens noch zu Wort meldet - möglicherweise, um eine Ganzheit zu erreichen.

Auch Angehörigen kann diese - *nichtwertende- achtungsvolle* - Haltung dem Sterbenden gegenüber helfen. Denn oftmals haben Angehörige, gerade wenn die letzten Augenblicke des Ringens und Loslassens, von außen betrachtet, schwer und vielleicht auch verzweifelt erschienen, ein noch belasteteres Gefühl, als es der Tod des nahen Menschen ohnehin schon mit sich bringt.

Sie machen sich dann leicht Vorwürfe, man hätte doch noch „dieses oder jenes besser" machen müssen, damit es der Sterbende „leichter" gehabt hätte.

Oder Sie meinen zu wissen, was den Sterbenden in dieser Zeit eben noch gequält oder unerlöst gefangen gehalten habe. Und auch hieraus entstehen zusätzliche Belastungen und quälende Vorstellungen, von denen wir nicht wissen, ob sie in Wirklichkeit wahr sind.

Uns ist es hier wichtig, kein „romantisches", allzu leichtes Bild vom eigentlichen Sterbeprozeß zu vermitteln. Diese „schöngefärbten" Bilder haben den Preis, daß die Wirklichkeit sie dann häufig mit schmerzhafter Realistik einholt. Im Trauerprozeß bleibt dann oft auch eine zusätzliche Belastung, weil wir ja „unserem Verstorbenen" dieses „schöne Sterben" so sehr gewünscht hätten und verzweifelt sind, daß „gerade er" es so schwer hatte. Oftmals erfahren wir auch, daß das Sterben von den Angehörigen unterschiedlich erlebt wird. So sehen die einen nur das lange, oftmals schwere Leiden und bleiben in ihrer Angst gefangen. Die anderen, vielleicht jene, die schon einen Sterbenden begleitet haben oder eigene, starke Leiderfahrungen haben, können dem Sterbenden oftmals freier von Angst begegnen. Sie können vielleicht trotz des körperlichen Leidens des anderen Ruhe erfahren oder eine tiefe, kurze Begegnung im Blick oder in wenigen Worten erleben.

Für viele Menschen ist das Sterben „eine Art Arbeit". Der Vorgang gibt uns oft das Gefühl von großer Konzentriertheit und Unmittelbarkeit. Manchmal sagen wir sogar: Er hat mit seinem Sterben „schwerste Arbeit" geleistet und in dieser Aussage steckt große Hochachtung vor dem, was vollbracht wurde.

So still ist es nun

Der schmale, enge Raum ist nun erfüllt von Stille. Es ist eine Stille, die weit über das hinausgeht, was uns sonst an Stille oder Ruhe umgibt, sie hat eine andere Qualität, die uns jetzt gleichsam einhüllt.

Frau Buschor ist tot.

Noch gerade vor ein paar Augenblicken hatte das Geräusch ihres starken Ein- und Ausatmens diesen kleinen Raum so ganz erfüllt: einmal, zweimal, eine längere Pause, dann noch einmal und dann, doch unerwartet, ein langes starkes Ausatmen, gefolgt von Stille.

In den ersten Augenblicken, Minuten: nur ein konzentriertes Warten! Wird der Atem noch einmal ein- und ausströmen, kommt er noch einmal zurück? Welch seltsames Hoffen! Weiß ich doch, daß Frau Buschor nun endlich in dieses Loslassen, in dieses Ausatmen, in dieses JA hineingefunden hat.

Aber es bleibt still. Ruhe ist und auch Frieden.

Ich muß mich selber überzeugen, es mir innerlich bestätigen, Frau Buschor ist tot, sie wird nicht noch einmal atmen.

War es eine Viertelstunde oder länger gewesen, daß es deutlich war, daß sich dieses Leben nun endgültig seinem irdischen Ende näherte? Ich weiß es nicht, die Zeit war mir so zeitlos vorgekommen.

Über eine längere Weile hatte ich beobachtet, daß auf der Stirn der Sterbenden eine harte steile Falte stand. Ein Zeichen von großer Mühe und Anstrengung, die Frau Buschor mit diesem Loslassen des Lebens hatte. Wie angestrengte Arbeit hatte es ausgesehen, und auch der Puls hatte sich vor einer halben Stunde noch einmal stark beschleunigt und war unregelmäßig geworden.

Während ich ihr in ihrem Sterben, diesem „den Weg" finden zuschaute, hatte ich mich erinnert: Frau Buschor war ihr Leben lang eine tatkräftige Geschäftsfrau gewesen, die immer viel geleistet hatte, die abends bis zuletzt blieb, die nicht so schnell aufgab und viel hatte kämpfen müssen. War ihr Sterben nun nicht gleichsam ein Spiegel ihres Lebens? Starb sie nicht auf ähnliche Weise, wie sie fast immer im Leben gehandelt und agiert hatte?

Nun aber war es still. Die steile Stirnfalte war fort, wunderbar glatt, ja fast jungendlich war das Gesicht von Frau Buschor nun. Die Augen waren noch halb geöffnet, und ganz deutlich war zu sehen, daß diese Augen nicht mehr schauten, nicht mehr in diese Welt hinein blickten. Wenn ich ihnen einen Ausdruck zuschreiben wollte, dann erschien es mir eher, als betrachteten sie, wie nach innen gerichtet, etwas in weiter Ferne.

Nun waren die Hände auch ganz kalt. Der Puls war nicht mehr zu fühlen, und obgleich mein suchender Blick immer einmal wieder zweifelnd nach einem Heben und Senken der Brust ausschaute, sie blieb still und unbeweglich.

Ja, die körperliche Existenz von Frau Buschor war zu ihrem Ende gekommen. Frau Buschor würde in dieser Welt nicht mehr als leibliche Person vorhanden sein. Dieses Sterben betraf die leibliche Hülle, die ihr ein Leben lang gedient hatte und ihr Erfahrungen auf dieser Ebene menschlichen Daseins ermöglicht hatte. Über diesen beseelten Körper hatte sie gefühlt, gesehen, geschmeckt, gerochen, gehört. Sie hatte lebendig am Leben der Erde teilnehmen können, sie hatte geliebt und war geliebt worden, sie hatte gesprochen und zugehört, sie hatte gearbeitet und sich gefreut, sie hatte geweint, gelacht und denkend das Leben geordnet und verarbeitet.

Welch kostbares Geschenk war doch dieser Leib! Wie viel haben wir ihm zu verdanken, welch treuer Lebensbegleiter war er so lange Zeit, wie bewegend und vielzählig waren die Erfahrungen, die durch ihn gemacht wurden.

Staunend und voller Ehrfurcht stand ich diesem nun leblosen Körper gegenüber und berührte ihn in dem Gefühl großer Achtung.

Sind wir im Moment des Sterbens ehrfurchtsvoll anwesend, so ist dies für die meisten eine bedeutsame und prägende Erfahrung. Für viele Angehörige ist dies, wenn sie nicht nur in ihrer Angst und ihrem Schmerz gefangen bleiben, eine große Hilfe. Zum einen haben sie das Gefühl, den anderen soweit begleitet zu haben, wie es uns von dieser Seite her möglich ist. Zum anderen können sie auch etwas von der Größe dieses Geschehens erfassen. Manchmal sehen sie das letzte Aufleuchten des Verstorbenen oder wie ein, zwei letzte stille Tränen aus den Augen des Sterbenden kullern, mit dem Gefühl, jetzt alles endlich loslassen zu dürfen. Manchmal empfinden sie einfach die Ruhe, die sich in diesem Moment einstellt. Das Zimmer scheint sich mit einer anderen Anwesenheit zu füllen, es scheint sogar so, als ob der Verstorbene für die erste Zeit noch präsenter da ist, obwohl er gerade gestorben ist.

In diesem Moment spüren wir zum einen, wie wenig wir wirklich durch unsere Sinne wahrnehmen können. Zum anderen wird uns in kaum einem anderen Moment so die Möglichkeit geschenkt, unsere normalen Sinneseindrücke zu überschreiten. Eine Freiwillige Helferin des Hospiz-Dienstes, beschreibt ihre Erfahrung so:

„In dieses Stillsein hinein fragte ich mich, und ich erinnerte mich, daß ich es mich eigentlich jedesmal gefragt hatte, wenn ich einem Verstorbenen gegenüber stand, ich fragte mich, diese wohl nie ganz zu beantwortende Frage: Ja, was war das denn nun wirklich, dieser Tod? Ich hatte von außen an einem Geschehen teilgenommen, hatte so gut es mir möglich war, diesen Prozeß begleitet. Aber was da tatsächlich geschehen war, wie wenig wußte ich davon, wissen wir Menschen tatsächlich darüber. Es gab einige erkennbare Tatsachen, aber wie wenig sagten sie aus. Ich hatte einem vitalen und natürlichem Prozeß beigewohnt, der zu seinem Ende gekommen war. Dieses Ende war unumkehrbar, letztes Ende.

Dieser Körper würde von nun an unaufhaltsam in seiner Zersetzung fortfahren, er würde verfallen und sich aufzulösen."

Mir kommt mit diesem beobachtbaren Wissen um den stofflichen Prozeß auch immer wieder die ängstliche Frage: Ist das, was wir hier beim

Sterben eines Menschen äußerlich beobachten, alles? Sehen wir hier die letzte Wirklichkeit? Haben wir Menschen also nur ein Dasein, das in das Nichts, die endgültige Vernichtung eingeht, oder betrifft das Sterben nicht nur unseren Körper?

Von den Worten des Abschieds

Manchmal warten wir auf bedeutsame letzte Worte des Sterbenden. Es ist so, als ob wir hofften, durch ihn gleichsam etwas von der Welt nach dem Tod zu erfahren in dem Glauben, daß er nun schon mehr weiß und uns dies noch mitteilen könnte. Wir wünschen uns, durch die letzten Worte die Grenze zwischen Leben und Tod etwas durchscheinender zu machen. Oder wir hoffen, noch eine letzte wichtige Mitteilung über den Sinn und die Wichtigkeit des Lebens zu empfangen oder erwarten tröstende oder liebende Worte, gleichsam als letztes tiefes Zeichen der uns verbindenen Liebe.

Einige berühmte Künstler haben uns auf ihrem Sterbebett noch besondere letzte Worte hinterlassen.

So sagte van Gogh: „Jetzt will ich nach Hause gehen!"

Und Goethe gab uns die Hoffnung mit seinem letzten Ausruf: „Mehr Licht!"

Ähnlich hat es Charles Dickens mit seinem Satz „Ich muß gehen. Der Nebel hebt sich", ausgedrückt.

Dies ist jedoch selten der Fall. Vielleicht ist der Sterbende schon „viel zu weit weg", vielleicht erlebt er auch etwas, das man gar nicht in Worte fassen kann. So wie Menschen, die klinisch tot waren, von ihren Erlebnissen sagen: „Es war so groß – ich kann es nicht in Worte fassen". Wenn, dann teilt uns der Sterbende eher etwas ohne Worte mit. Vielleicht sagt ein letztes Strahlen oder Augen-Öffnen viel mehr über das mögliche Erleben des Sterbenden.

Und auch wir selbst setzen uns oft unter Druck, noch etwas ganz Bedeutsames und Besonderes sagen zu müssen. Da entsteht dann in uns das Gefühl: „Das ist die letzte Chance, ihm noch etwas zu sagen, und das muß dann unser ganzes Leben zusammenfassen. Das muß ganz wichtig sein!" Nein! Setzen Sie sich nicht unter diese Spannung und Anforderung. Manchmal geschieht im Schweigen, im stillen Zusammensein viel tiefere Nähe oder Vergebung oder Dank, als wir es in Worte fassen können. Vielleicht sprechen sie im Stillen mit dem Sterbenden.

Vielleicht kommen auch Worte des Dankes, der Vergebung, des Schmerzes, des Abschiednehmens und Loslassens ganz von alleine in die Sprache. Nichts muß geschehen. Sie können im Inneren auch immer noch nach dem Tod mit dem Verstorbenen sprechen und ihm vormals Ungesagtes sagen.

Vom Sterben an AIDS erkrankter Menschen

Wir können in diesem Kapitel nicht das Sterben aller verschiedenartigen Krankheiten beschreiben. Meistens ist das Sterben und der Moment des Todes auch nicht so sehr von der Art der Krankheit als von den auftretenden Schwierigkeiten und von der Persönlichkeit her bestimmt.

So kann der Tod durch AIDS sehr verschieden sein, je nach dem, welche Organe der Virus befallen hat.

Es kommt eigentlich immer zu einem erheblichen Gewichtsverlust.

Hinzu kommen Fieber und andauernde, sehr kraftzehrende Durchfälle. Häufig bildet sich, durch die geringe Widerstandskraft, Herpes um den Mund, After und die Geschlechtsorgane.

Meistens wird die Lunge befallen (Pneumocystis carini). Dadurch kommt es zu zunehmender Atemnot und schließlich zum Atemstillstand. Das zentrale Nervensystem ist oft angegriffen (Toxoplasmose). Dadurch kommt es zu zunehmenden neurologischen Ausfallerscheinungen: Verwirrung, mangelnde motorische Koordination und Bewußtseinstrübung bis zum Koma.

Die AIDS-Erkrankung verläuft jedoch sehr unterschiedlich – mal ist überwiegend die Haut betroffen (Kaposhi-Syndrom), dann die Lunge, der Magen-Darm-Trakt oder das Nervensystem.

Die unmittelbaren Todesursachen sind meistens Atemstillstand, Blutvergiftung oder die Zerstörung von Hirngewebe durch Tumore oder Infektion. Es ist oftmals ein sehr langes, schleichendes und mühevolles Sterben.

Eine Freiwillige Helferin im Hospiz schreibt über das Sterben eines AIDS-Patienten:

„Herr Paul kämpft seit Tagen und Nächten. Es ist furchtbar mitanzusehen, wie sein Lebenswille und seine Auflehnung gegen das Sterben ihn zu allen körperlichen Problemen noch zusätzlich unruhig macht. Nachtschweiß, Fieber und Durchfall schwächen ihn zunehmend. Der Körper ist ausgezehrt und abgmagert bis auf die Knochen. Er bekommt

nur sehr mühsam Luft. Nach einigen Tagen wird er ruhiger. Es ist, als ob er eingewilligt hätte, oder vielleicht ist es eher so, daß die Lebenskraft zum Kämpfen gar nicht mehr ausreicht. Da Herr Paul nur noch wenig trinkt und nichts ißt, bekam er bis jetzt immer zusätzlich Infusion mit Flüssigkeit und Kalorien. Nun beschließt er zusammen mit seiner Frau, daß er nicht mehr künstlich ernährt werden möchte. Er will auch nur noch die nötigsten Medikamente und auch keine Flüssigkeitszufuhr, um sein Sterben nicht zu verlängern. Obwohl es heiße Tage sind, lebt Herr Paul noch fünf Tage. Er wird immer schwächer, ist immer seltener von uns ansprechbar und zieht sich immer mehr zurück. Er stirbt, in dem sein Atem immer stiller und langsamer wird – ohne Kampf, ohne Qual. Der Moment seines Todes scheint, zumindest von außen her, für ihn leichter gewesen zu sein als der Weg dahin."

Vom plötzlichen Tod

Wie anders erleben wir jedoch das Sterben und den Tod, wenn er plötzlich und unerwartet kommt. Wir sind dann wie gelähmt und den äußeren Geschehnissen völlig ausgeliefert. Da können wir uns dann vielleicht nicht wehren, wenn der Notarzt oder auch andere Angehörige uns wegschicken, weil wir gar nicht spüren, was für uns als Angehörige jetzt gut wäre. Unser Gefühle sind wie eingefroren.

So erlebte es auch Edith, deren Mann sehr plötzlich am Herztod starb. Er war achtundfünzig Jahre alt und immer völlig gesund und sportlich:

„Es war am zweiten Weihnachtstag. Unsere erwachsenen Töchter kamen uns mit ihren Kindern besuchen. Die Enkelkinder freuten sich auf eine zweite Bescherung bei uns Großeltern. Mein Mann spielte mit den Enkeln auf dem Teppich. Sie waren sehr fröhlich und ausgelassen miteinander. Ich kümmerte mich derweil mit meinen Töchtern um das Festessen. Es war eine feierliche Stimmung.

Nach dem Mittag gingen wir spazieren. Mein Mann fühlte sich jedoch müde und legte sich statt dessen hin.

Als wir nach Hause kamen, lag mein Mann immer noch im Bett. Ich fragte ihn, ob er zum Teetrinken dazukäme. Er winkte jedoch ab und sagte, er sei noch so satt vom Mittagessen, er wolle noch ein wenig liegen und lesen.

Ich wunderte mich ein wenig darüber. Ungefähr eine Stunde später ging ich wieder ins Schlafzimmer, um etwas aus dem Zimmer zu holen. Ich fragte dabei meinen Mann, wie es ihm gehe. Aber er gab mir keine Antwort. Ich ging näher ans Bett, und obwohl er äußerlich ganz normal aussah, wurde mir schlagartig klar, daß er tot war.

Irgendwie ging etwas ganz anderes von ihm aus. Er sah vielleicht auch eine Spur blasser aus als sonst.

Er lag friedlich mit geschlossenen Augen im Bett, als ob er schlief. Nichts deutete auf einen Todeskampf hin. Sein Gesicht war noch warm, nur die Hände wurden schon kalt.

Ich lief ins Wohnzimmer, mein Kopf dröhnte, ich hatte ein Gefühl, als ob ich ringsum in Watte gepackt sei. Ich winkte meinen Schwiegersohn, einen angehenden jungen Arzt, heraus. Auch er war zunächst ganz erstarrt. Er bestand aber unbedingt darauf, sofort eine Wiederbelebung zu versuchen und den Notarzt zu rufen. Er und meine eine Tochter legten meinen Mann auf den Boden und schickten mich aus dem Zimmer – ich sollte mich um das Kind kümmern. Ich tat, was er sagte.

Als meine andere Tochter mitbekam, was los war, schrie sie laut und regte sich furchtbar auf. Da sie schwanger war, nahm ihr Mann sie und die Kinder mit zu sich nach Hause.

Ich saß dann irgendwo völlig gelähmt auf einem Stuhl. Ich weiß nicht, warum ich nicht ins Schlafzimmer ging. Als ob ich es nicht wahrhaben wollte.

Wenig später kam der Notarzt. Aber auch er konnte nichts mehr machen und stellte nur noch den plötzlichen Herztod meines Mannes fest. Als er gegangen war, bat ich meine Familie, mich mit meinem Mann alleine zu lassen. Er lag wieder friedlich in seinem Bett. Ich spürte ihn ganz lebendig im Zimmer, eine große Ruhe bereitete sich aus, aber mein Gehirn war leer, ich konnte nicht denken und nicht fühlen und auch nicht weinen.

Nach etwa einer Stunde stand dann schon der Bestatter mit dem Sarg vor der Tür. Mein Schwiegersohn hatte dies offenbar inzwischen alles veranlaßt. Dann trug man meinem Mann aus dem Haus.

Seit den letzten Worten, die wir miteinander gewechselt hatten, waren noch nicht einmal drei Stunden vergangen!

Ich weiß heute, daß ich viel mehr Zeit gebraucht hätte, um Abschied zu nehmen, zumindest die ganze Nacht, vielleicht auch noch den nächsten Tag."

Für den Sterbenden ist dieses Sterben vielleicht „leichter", weil es kürzer ist – aber auch er kann sich nicht bewußt vorbereiten. Ob er ebenso gelähmt und überrascht ist? Wir wissen es nicht, aber oftmals gibt es auch bei sogenannten plötzlichen Toden vorher Anzeichen, die wir dann aber erst später entschlüsseln oder entdecken. Da hat vielleicht derjenige einige Wochen vorher gesagt: „Das Musikstück möchte ich gerne bei meiner Beerdigung hören." Oder er hat in den Wochen vorher alle Sachen geordnet, oder wir finden schon eingepackte Weihnachtsgeschenke im Schrank, obwohl es erst November ist. Dies gibt uns manchmal den Eindruck, als ob ein Teil in dem Verstorbenen, ein ganz unbewußter Teil seiner Seele, das Kommende schon gewußt oder geahnt hat.

Auch Beates Mann ist plötzlich an einem Asthmaanfall gestorben.

Ich spielte Klavier, als der Anruf kam. Die Kinder waren im Bett. Ich freute mich auf meinen Mann, der die ganze Woche in München gewesen war. Er litt an allergisch bedingtem Asthma und hatte nach einer langen Dienstreise gleich einen Termin bei unserer Hausärztin.

Um acht klingelte dann das Telefon. Die Stimme unserer Hausärztin sagt mir, daß ich schnell kommen soll. „Mit Ihrem Mann ist etwas!" Ich will nicht verstehen und frage nach. Dieselben Worte. Im Hintergrund höre ich den Notarzt arbeiten. Ich weiß, jetzt ist es soweit. Ich bin noch nicht vorbereitet. Ich will nicht. Nein. Meine Nachbarin fährt mich zur Ärztin. Wir sind da. Herzrasen. Weiche Knie. Ich kann nicht richtig atmen. Die Eingangstür steht weit offen. Hansi liegt auf dem Fußboden. Ich frage, ob er überhaupt noch lebt. Die Antwort: „An einem Faden."

Vier Menschen bemühen sich, meinen Mann wieder in dieses Leben zurückzuholen. Ganz still setze ich mich auf die Liege im Zimmer, um die Ärzte und Helfer nicht zu stören. Plötzlich soll ich das Zimmer verlassen. Ich will nicht! Ich will meinen Mann nicht jetzt, nicht in diesem Moment alleine lassen. Fast gewaltsam werde ich vor die Tür gestellt. Fassungslos stehe ich im Flur.

Von innen dringen die Geräusche der letzten Reanimationsversuche zu mir: Sie versetzen meinem Mann Elektoschocks.

Dann geht die Tür zum Sprechzimmer auf. Der Notarzt teilt mir mit Bedauern mit, daß mein Mann soeben verstorben ist. Ich sehe ihn an und kann nur meinen Kopf schütteln. Kalt und herzlos empfinde ich diesen Mann. Mit einem kurzen Seitenblick zur Ärztin ein noch hingeworfenes „Geben Sie ihr ein Beruhigungsmittel! – und draußen ist er, gefolgt von seinen Helfern."

Besonders schlimm war es für Beate, daß sie von den Notärzten aus dem Zimmer geschickt wurde und so im Moment des Todes nicht dabei sein konnte. So ist der plötzliche Tod dann noch einmal unfaßbarer. Zu dem Schmerz des Todes kommt noch menschliche Kälte hinzu. Sicherlich ist eine solche Situation für die Notärzte sehr schwer auszuhalten. Sie bemühen sich um ein Leben und können es nicht mehr halten. Hinter der Kälte versteckt sich sicher überwiegend Hilflosigkeit, Unsicherheit und Ohnmacht. Nur würden sie den Angehörigen sehr helfen, wenn auch sie ihre Betroffenheit zeigen würden. Dann würde nicht eine kalte Mauer, die den Angehörigen verletzt, aufgebaut, sondern menschliche Nähe und Mitgefühl könnte die Menschen miteinander verbinden. Vielleicht wäre eine solche Haltung auch besser für die beruflichen Helfer, denn auch für sie ist dieses Geschehen ja immer wieder sehr belastend, und auch sie bleiben oft mit ihren Gefühlen alleine.

Von der Geburt eines toten Kindes

Den Tod des eigenen Kindes mitzuerleben, ist für Eltern das Schmerzlichste und Tragischste. Lieber würden sie ihr eigenes Leben geben wollen, als daß ihr Kind stirbt. Es ist so, als ob es der inneren Ordnung, daß der Ältere zuerst stirbt, widerspräche.

Stirbt das Baby schon in der Schwangerschaft, so verbindet sich dies, neben der schmerzlichen Enttäuschung, mit vielen Schuldgefühlen und Selbstwertzweifeln für die Mutter: „Ich bin nicht fähig, ein Kind zu nähren und auszutragen.“ – „Ich war zu unvorsichtig“.

Eine junge Frau schildert uns ihre Erfahrung:

„Der Arzt ist nervös, unsicher und weiß nicht, was er jetzt noch mit mir machen soll. Meine Vermutung wird nun zur Gewißheit: Das Kind ist tot! Obwohl ich schon länger eine Vorahnung hatte, kann ich die Nachricht nicht fassen. In mir schreit es: ‚Tot, tot, tot!‘

Ich habe Angst vor der Begegnung mit meinem Mann. Wird er mir Vorwürfe machen? Bin ich schuldig am Tod des Kindes? Ich hätte es besser beschützen müssen! Nun ist es in meinem Bauch gestorben, und ich konnte ihm nicht helfen. Mein Baby wird die Welt nicht kennenlernen. Unser Baby ist tot! Und ich fühle mich verantwortlich dafür. Als Thomas kommt, nimmt er mich in den Arm, und wir weinen gemeinsam. Es tut so weh. Ich weine und weine, bis ich nicht mehr weinen kann. Ich bin ganz leer, fast gefühllos, und in meinem Kopf ist nur der Gedanke: Unser Baby ist tot, und ich lebe weiter.

Am nächsten Tag überwiegt der Gedanke, das Kind einfach bei mir zu behalten. Ich gebe das Kind nicht her. Das Kind bleibt in mir und bei mir. Ich rede mit Thomas über meine Gefühle, wir trösten uns gegenseitig, und in mir wächst die Einsicht, daß ich mich von unserm Baby verabschieden muß. Am drauffolgenden Morgen gehe ich ins Krankenhaus, um das tote Kind zu gebären. Ich bekomme ein Einzelzimmer. Mein Krankenzimmer ist durchflutet vom Sonnenlicht. Es ist Mai, und draußen stehen die Bäume in voller Blüte, ein paar Kinderstimmen dringen von draußen herein. Aber in meinem Zimmer herrscht der Tod. Die Blumen lasse ich in der Sonne verdorren. Etwas Lebendes, Blühendes kann ich hier nicht ertragen. Mein Kind ist in mir verdorrt. Mit den Wehen, die jetzt immer stärker werden, nehmen Thomas und ich Abschied von unserem Kind. Wir singen, reden, lesen und beten miteinander. Zu wissen, daß Gott mich in meinem Schmerz und meiner Angst begleitet, gibt mir Trost und Kraft. Dann wird das Kind geboren. Thomas schaut auf meine Bitte das Kind an. Mir selbst fehlt die Kraft dazu.

Jetzt ist mein Bauch leer. Entsetzlich leer! Mit dieser Leere lebe ich noch monatelang.“

Von den Orten des Sterbens

Das Sterben wird neben der Erkrankung mitbestimmt von dem Ort und der Dauer unseres Sterbens. Bei einem längeren Sterben zu Hause haben wir alle die Möglichkeit, uns auf den Tod innerlich vorzubereiten. Wir können um unser Sterben wissen und werden nicht im letzten Moment noch eine Reanimation veranlassen oder den Notarzt rufen lassen. Der Prozeß des Sterbens kann von den äußeren Bedingungen her oftmals friedlicher verlaufen. Wir können vielleicht noch letzte Wünsche des Sterbenden erfüllen. Stirbt jemand zu Hause, so können seine Nächsten auch länger und ungestörter bei ihm sein, und der Sterbende ist mehr in seine vertraute und gewohnte Umgebung eingebettet und geborgen.

Hin und wieder hören wir auch im nachhinein von einem Sterben, das ganz und gar in der Isolation, von anderen abgeschnitten und einsam stattgefunden hat. Da wird z.B. eine alte Frau in ihrer Wohnung aufgefunden. Die Nachbarn waren nur aufmerksam geworden, weil der Fernseher der alten Dame ununterbrochen lief.

Hören wir so etwas, zieht sich unser Herz zusammen. Wie mag es diesem Menschen in den letzten Stunden seines Lebens ergangen sein? Hatte sie um Hilfe gerufen, und niemand hatte sie gehört? Unausweichlich meldet sich die Angst in uns: Wie, wenn auch ich einmal so sterben sollte! Wir spüren dann den Wunsch, daß in einer menschlichen Gesellschaft so etwas nicht geschehen sollte. Aber nur jeder einzelne kann sich bemühen, so anteilnehmend an seinem mitmenschlichen Umfeld zu leben, daß solch „unbemerktes" Sterben sich nicht ereignet.

Hospize und Palliativstation bemühen sich darum, eine möglichst häusliche Umgebung für den Sterbenden und seine Angehörigen zu schaffen. So ist die psychosoziale Begleitung der Patienten auch Aufgabe des Pflegepersonals. Sie versuchen z. B., die Angehörigen im Prozeß des Abschiednehmens zu begleiten, letzte Wünsche zu erfüllen. Es gibt die Möglichkeit ein Schild an die Tür zu hängen: „Bitte nicht stören", so daß sie ungestört miteinandersein können. Angehörige sind jederzeit, Tag und Nacht, willkommen. Das Sterben wird hier nicht als Feind angesehen, den man bekämpfen muß, sondern „es ist hier erlaubt zu sterben", und das erleichtert den Weg des Sterbens sehr. Da werden nicht mehr unnötige Untersuchungen oder Behandlungen durchgeführt, hier werden die Patienten mit ihren Symptomen, wie z. B. Übelkeit und Schmerz, ernst genommen und behandelt.

Wir wollen keine Mauern zwischen Hospizen und Krankenhäusern errichten. In manchen Krankenhäusern bemüht man sich sehr darum, dem Sterbenden seinen Weg zu erleichtern. Da wird für Sitzwachen in der Nacht gesorgt, da wird sich Zeit auch für die Angehörigen genommen, und die Aufmerksamkeit gilt mehr der Linderung der Symptome als noch weiteren Behandlungsmaßnahmen. Auch hier wird der Tod dann nicht als Feind angesehen, sondern als ein Teil des Lebens. Unserer Erfahrung nach ist die Art im Umgang mit Sterbenden nicht nur vom Krankenhaus abhängig, sondern ganz besonders vom leitenden Personal wie den Oberschwestern, den Oberärzten, dem Chefarzt usw.

Auch wir haben unterschiedliche und zum Teil gute Erfahrung in der Begleitung uns nahe stehender Menschen im Krankenhaus gemacht. Zum Beispiel schützte uns auf der Intensivstation ein Vorhang vor den vielen Blicken und ermöglichte es, ungestört bei dem Sterbenden zu sein. Es wurde gleich gesagt, daß keine Chancen mehr bestehen würden, es wurden nicht unnötige Hoffnungen gemacht oder vage Versprechen. Der Wunsch, dann das Beatmungsgerät abzustellen, wurde ernst genommen und respektiert. Es war kein Kampf darum nötig. Die Ärzte versuchten auch nicht, zu einer Organspende zu überreden. Man wurde bei der Pflege nicht hinausgeschickt, sondern ermutigt, dabei zu helfen, so daß wir den Sterbenden dann waschen durften. Es war eine große Hilfe, so doch noch etwas tun zu können. Die Schwestern kümmerten sich sehr aufmerksam um den Patienten und die ihn begleitenden Menschen, und wir sind sehr dankbar für ihre Einfühlung und Sensibilität.

Aber es gibt auch viele andere Erfahrungen, und wir meinen, daß es besonders in der Intensivmedizin schwierig ist, dieses Gleichgewicht zwischen technisch perfekter Apparatemedizin und einfacher Menschlichkeit zu halten. Immer wieder ist die Frage, wann etwas getan werden muß und wann nicht mehr. Wir können den Ärzten vielleicht eine Hilfe bei ihrer Entscheidung geben, wenn wir eine Patientenverfügung (s. S. 205f) immer bei uns haben oder sie auch z. B. bei der Aufnahme im Krankenhaus dem behandelden Arzt geben und mit ihm darüber kurz sprechen. Bei der Abgabe einer Patientenverfügung stutzen die Ärzte vielleicht. „Es handelt sich doch nur um eine kleine Operation", sagen sie möglicherweise. Aber wir haben selber erlebt, daß diese Handlung uns Sicherheit und Ruhe gab, und wer weiß denn schon, ob es nicht auch bei einem „kleinen Eingriff" zu Komplikationen kommen kann.

Die Intensivstation

Ein junger Krankenpfleger beschreibt sehr eindrücklich seine Erfahrung mit dem Sterben einer alten Frau auf der Intensivstation. Uns kam beim Lesen seines Berichtes die Frage, ab welchem Alter es denn „erlaubt" ist zu sterben:

„Abends um acht blieb ihr Herz stehen. 83 Jahre lang hatte es unauffällig und folgsam geschlagen. Die klinisch Tote wurde wiederbelebt. Die Internisten reanimierten, dann kam die Patientin sofort zu den Anästhesisten auf die Intensivstation. Hier wurde ihr Kreislauf mit Hilfe von Medikamenten soweit stabilisiert. Die Nacht über wurde die Greisin beatmet und bekam über Spritzpumpen so viele und so potente Mittel, daß ihr Zustand ‚stabil' blieb. Aber ihre Arme und Beine waren eiskalt und marmoriert. Die Augen geöffnet. Morgens um sieben sah die Frau nach einhelliger Meinung sehr tot aus. Allen war klar, sie hatte keine Chance mehr. Nur hatte diese Erkenntnis keinerlei Konsequenzen. Luft wurde weiter in den leblosen Brustkorb gepumpt und dann durch den Zusammenfall der Knochen und Muskeln wieder hinaus-

gepreßt. Die Maschine pumpt immer so lange, bis sie abgeschaltet wird. So ähnlich funktioniert das Katecholamin: Es denkt nicht, es zwingt das Organ Herz zu schlagen. Immer weiterzuschlagen. Wenn es schwächer wird, gibt es mehr Katecholamin. Für die Niere gibt es Diuretika.

Die Maschinen pumpen weiter, bis jemand den Stecker herauszieht. Die Blicke der Schwestern, Pfleger und Ärzte gelten den ständig piepsenden Monitoren, den Pumpen und Flaschen. Nicht dem Körper. Es ist hier unangebracht, den Körper zu betrachten oder gar zu streicheln. Wie soll man auch einen gesamten Menschen beim Sterben begleiten und gleichzeitig einzelne Organe ‚am Leben' erhalten.

Wer zieht denn nun den Stecker heraus und wann. Die Ärztin sagte: ‚Man müsse durchhalten bis zur Visite und kurz vorher nochmal ein Extraportion Katecholamin hineingeben, damit der Chef nicht glaubt, wir hätten nicht alles versucht.'

Es war zermürbend für den Studenten, der immer weiter Extraportionen hineinpumpen mußte, weil der Druck sank und sank. Woher konnte er denn wissen, wann die Visite nun käme? Und die ließ sich Zeit heute. Immer wieder ein Blick auf den Gang. Wann kommen sie endlich?

Nach einer Ewigkeit kam der Pulk mit dem Chefarzt an der Spitze. Innerhalb von zwei Minuten wurden alle Pumpen abgestellt. Der Chef ordnete Valium an (‚zum Einschlafen') und erklärte vor der nun Sterbenden und den Kollegen, wie gut die Reanimation am Tag zuvor gelaufen war. Nach einer weiteren halben Stunde stellte der Student – inzwischen war die Herzfrequenz rapide gesunken – die Beatmungsmaschine ab. Irgendwann kam noch die zweite Visite. Die der Chirugen. Diesmal vor der abgestellten Maschine. Irgendein Schwein zog dem Leichnam die Decke weg. Als dieser zweite Pulk sich verzogen hatte, lag die Tote nackt im offenen Zimmer.

Erst einmal Tür zu. Zwei Stunden warten. Dann alles rausziehen aus der Leiche. Sie säubern, ein Laken überlegen. Das Bett rausschieben in den Geräteraum. Totenschein ausstellen. Totentransport benachrichtigen. Die Ärztin war bereits nach Hause gegangen und hatte ihrem nachfolgenden Kollegen übertragen, doch bitte die Angehörigen der alten Frau zu benachrichtigen. Der Leichnam war längst weg von der Station" (Die Zeit. Nr. 47. 19.11.93).

4. Ein furchtbares Rätsel

Der unnatürliche, gewaltsame Tod

Wasser floß ihm in den Mund, und er trank.
Von allen Seiten, durch alle Sinne
floß Wasser herein, alles löste sich auf.
(Hermann Hesse, *Klein und Wagner*)

Sehr erschreckend erleben wir den gewaltsamen Tod durch Ertrinken, Ersticken oder Mord. Oftmals bricht er in heiteres, normales Alltagsleben hinein. Wir fühlen uns dann noch einmal mehr einer „äußeren Macht" hilflos ausgeliefert. Die Grausamkeit, manchmal auch die Brutalität, erschreckt und ängstigt uns. Häufig ist auch der tote Körper von den Spuren der äußeren Gewalt so verändert, daß wir ihn gar nicht mehr wiedererkennen. Wir erfahren hier mehr die Grausamkeit des Todes, nicht nur in seinem Wesen, sondern auch noch in der Form.

Den Tod durch Gewalt verdrängen wir besonders stark, weil er uns am meisten ängstigt. Hier kommen zwei Bedrohungen zusammen: die Gewalt und der Tod. Wir denken eigentlich nur in bestimmten Situationen, wenn wir z.B. nachts durch dunkle Straßen gehen, daran. Dann schleicht die Angst in uns hoch.

Auch uns ging es so. Um dieses Kapitel zu schreiben, wollten wir uns jedoch stärker mit dem Tod durch Gewalt auseinandersetzen. Wir sprachen lange mit einem Kriminalbeamten, schauten uns Dias von Menschen an, die ertrunken waren, die Suizid begangen hatten oder ermordet wurden. Wir erschraken vor der Brutatlität und Gewaltätigkeit, zu der Menschen fähig sind – anderen gegenüber, aber auch sich selbst. Schauten wir aber weiter und wendeten wir nicht gleich unseren Blick ab, sondern guckten in das Gesicht des Toten, so waren dort keine Spuren der Angst oder des Grauens zu sehen. Auch sie strahlten trotz der Art ihres Todes Frieden und Ruhe aus. Wir staunten darüber, weil wir dachten, daß dies nur bei Toten wäre, die durch einen natürlichen Tod starben. Aber der Kriminalbeamte bestätigte uns: Ja, alle Toten, die er bisher gesehen habe, haben auch friedlich ausgesehen, egal wie ihr Tod gewesen sei.

Tod durch Ertrinken

Beim Ertrinken füllen sich die Atemwege mit Wasser, so daß Mund und Nase durch Wasser verschlossen sind und keine Luft mehr eingeatmet werden kann. Ein toter Körper ist schwerer als Wasser und sinkt nach unten. Daher ist es schwer, einen Ertrunkenen zu finden, wenn wir nicht ungefähr die Stelle wissen. Erst nach Tagen, wenn der Fäulnisprozeß viel Gas in den Geweben gebildet hat, bekommt der Leichnam Auftrieb. Das kann einige Tage oder sogar Wochen dauern – dann ist der Körper jedoch schon ganz verändert und kaum wiedererkennbar.

Die angespannte Suche beschreibt uns eine Frau sehr eindringlich:

„Schon vor einiger Zeit war die Sonne hinter den Bergen verschwunden, die Oberfläche des Sees hatte sich vollständig geglättet, und wie eine riesige undurchdringliche Fläche erstreckte sie sich nun in die Ferne.

Auf der weiten Terrasse eines Hotels ging es munter zu. Spät gekommene Gäste wurden noch bedient, Unterhaltungen in verschiedenen Sprachen, hin und wieder lautes Lachen von einem der Tische. Die unbefangene Stimmung einer Sommernacht an einem italienischen See.

Mit einem Mal ändert sich die Atmosphäre ganz spürbar. An den Tischen wird es leiser, einige Menschen verlassen die Terrasse, aufgeregtes Geflüster, einige der Hotelgäste starren auf den See hinaus. Draußen auf dem Wasser dagegen wird es unruhig. Lichter werden entzündet, am Ufer sammeln sich Menschen, Motorboote brechen mit lautem Getöse auf.

Eine junge Frau war am Nachmittag ins Hotel gekommen. Sie hatte sich noch ein Getränk bestellt, und nun wurde sie vermißt und gesucht. Grell leuchten die Strahler der Suchlampen auf, und außer dem Geräusch der kreisenden Motorboote war es nun still. Auch die Gäste verstummten, und etwas angstvoll Unheimliches lag über dem ganzen Ort. Immer und immer wieder umkreisten die Boote eine bestimmte Stelle nicht weit vom Ufer entfernt, und starke Lampen wurden auf den Grund des Sees gerichtet. Mit der verstreichenden Zeit wurde die Stimmung immer gedrückter und auch hoffnungsloser.

Taucher kamen, die man aus einer entfernten Ortschaft geholt hatte. Noch einmal brachen die Boote auf. Die Taucher in den schwarzen Gummianzügen ließen sich lautlos ins Wasser gleiten, sie verschwanden mit einer geschickten Bewegung mitsamt ihren Sauerstoffflaschen.

Und dann gegen Mitternacht kam einer von ihnen an die Wasser-

oberfläche und hatte die Ertrunkene bei sich. Mehrere Männer zogen den schlaffen, toten Körper über den Bootsrand ins Innere des Bootes."

Diese Erfahrung erschreckt und beängstigt uns. Wir stellen uns das Ertrinken als sehr bedrohlich und schrecklich vor. Menschen jedoch, die dem Ertrinken sehr nahe waren und dann gerettet wurden, erlebten es meist als friedlich. Ein Mann beschreibt seine Erfahrung, als er beinahe ertrunken wäre, so:

„Ich erinnere mich an ein Gefühl von Überraschung, aber nicht Panik oder Angst. Ich verspürte auch keine körperlichen Schmerzen und litt nicht in irgendeiner Weise. Dennoch hatte ich das Gefühl, daß der Tod nahe war. In einem bestimmen Augenblick wurde ich gewahr, daß mein ganzer Körper von mir getrennt war, und dieses Bewußtsein weitete sich aus. Während dieser Zeit machte ich keine Anstrengung, mich zu retten. Ich fühlte mich umschlossen von einer großen Gegenwart, in der ich äußersten Frieden empfand; eine reine stille Freude, die der normalen Empfindung von Vergnügen oder Glück nicht vergleichbar ist" (Richard Lamerton, *Sterbenden Freund sein*).

Dieser Mann erlebt im Inneren etwas ganz anderes, als wir als Außenstehende empfinden, wenn wir ans Ertrinken denken.

So wissen wir nie, wie der Sterbende das Geschehen des Todes von der Innenseite her erlebt.

Tod durch Mord

Noch grausamer erleben wir den Tod bei einem Mord. Wir erleben neben der Tatsache des Todes die Gewalt und die Unfaßbarkeit, was Menschen einander antun können – welches Potential an Gewalt wir Menschen in uns haben.

Ich habe immer auf ein Wunder gehofft
In liebevollem Gedenken der kleinen Veronika

Dunkle, wellige Haare, ein strahlendes Kindergesicht mit wachen, blauen Augen, die Backen lustig mit Farbe beschmiert, das ist die kleine Veronika. Ein lebensfrohes Mädchen von etwa fünf Jahren. Das Bild einer Fotografie, denn Veronika ist tot.

Sie wurde von ihrem Vater ermordet. Heute ginge sie schon zur Schule.

Veronikas Mutter, Tina, ging zu einem verabredeten Treffpunkt in der Stadt, um dort ihre Tochter nach dem Besuch beim Vater abzuholen.

Weder der Vater noch die kleine Veronika kommen zur verabredeten Zeit. Vielmehr erreicht sie etwas später die telefonische Anfrage der Polizei, welches Kleid Veronika beim Besuch ihres Vaters getragen hat. Verwirrung und Schrecken. Die unklare Ahnung von etwas Furchtbarem macht sich in ihr breit.

Einige Zeit später erfährt Tina, daß ihr Kind tot ist. „Ich weiß nicht mehr viel", berichtet sie, „ich habe geschrien und mit dem Kopf an die Wand geschlagen, und dann war da ein Arzt, der mir eine Beruhigungsspritze gab. Ich konnte das gar nicht glauben. Mein erster Gedanke war dann, daß ich Veronika sehen wollte. Alles andere war mir egal. Es war mit gleichgültig, ob ich das selber überleben würde. Aber die Leute sagten, das ginge nicht.

Ich habe Veronika dann erst am nächsten Tag gesehen. Sie war in die Griechische Kirche gebracht worden, und der Pfarrer machte dort eine Feier für sie. Als ich sie sah, habe ich immer nur gedacht, sie schläft doch nur, sie sieht doch aus wie sie immer aussieht, wenn sie schläft. Das eine Auge war ein wenig geöffnet und das war bei ihr immer so, wenn sie schlief.

Die Leute haben mich dann davor zurückgehalten, daß ich das Kleidchen, das sie anhatte, hochheben wollte. Ich wollte doch einfach die Wunden sehen. Ich wollte mich einfach davon überzeugen, daß das alles wirklich geschehen war, denn ich konnte es nicht glauben.

Noch heute, also über ein Jahr später, kann ich es eigentlich nicht glauben, und oft denke ich, sie kommt einfach wieder, oder auf dem Friedhof denke ich, daß sie jetzt aus dem Grab kommt, ganz lebendig. Ich weiß, daß das nicht sein kann, aber es ist, als hoffte ich immer noch auf ein Wunder. Später habe ich dann erfahren, wie das alles wohl vor sich gegangen war. Ich wollte das unbedingt ganz genau wissen."

Tina erzählt nun ohne Stocken, manchmal hat man aber das Gefühl, als erzähle sie eine Geschichte einer anderen Frau. „Ich wollte alles aus erster Hand wissen, ich wollte unbedingt wissen, wie es wirklich abgelaufen war. Deshalb bin ich auch zu den Gerichtsverhandlungen gegangen, obgleich es mir furchtbar schwer fiel, meinen Mann dort wieder zu sehen. Er hat sie zuerst erwürgt und dann mit fünf gezielten Messerstichen umgebracht. Er hat dann selber die Polizei angerufen.

Veronika hatte an diesem Tag eigentlich nicht gerne zu ihrem Vater gehen wollen. Ich hab mich immer wieder gefragt, ob ich hätte auf sie hören sollen, ob dann all das nicht passiert wäre."

Schweigen ist im Raum, noch einmal klingt das Entsetzen über das Unfaßbare auf, mit ihm die Frage: Was kann einen Menschen dazu bewegen, sein eigenes Kind zu ermorden. Wie immer die Antwort lauten mag, Eifersucht, Rache, Verzweiflung, Grausamkeit ... wie viele Erklärungsversuche auch gemacht werden mögen, das alles bleibt ein letztendlich kaum verstehbares Rätsel, ein furchtbares Rätsel.

So geht es auch heute Tina. Sie fragt sich, ob sie jemals in ihrem Leben wieder Vertrauen zu einem Mann haben kann. Sie sagt: „Ich weiß nicht, ob ich noch an die Liebe zwischen Mann und Frau glauben kann, die Liebe zwischen Mutter und Kind, ja, die gibt es schon, das weiß ich ganz sicher."

Ich hab dann eigentlich nicht mehr leben wollen. Aber dann hatte ich einen Traum von Veronika. Ich habe sie im Traum gesehen, und sie hat mir gesagt, daß sie sich wünscht, daß ich weiterlebe. Seitdem hat der Wunsch, mir das Leben zu nehmen, aufgehört. Aber es fällt mir nicht leicht weiterzuleben, und immer wieder plagen mich die Fragen, ob ich das Furchtbare hätte verhindern können. Das Seltsame ist, daß ich drei Jahre, bevor das alles geschah, einen Traum hatte, daß Veronika ermordet worden war. Es war etwas anders, es hatte in einem Wald stattgefunden und war ein Sexualverbrechen gewesen, aber das ist doch schon seltsam, daß ich das im Traum gesehen hatte."

Nach einer Weile spricht sie weiter: „Auf Gott bin ich auch böse, da hab ich keine gute Beziehung im Augenblick, weil ich finde, daß er das nicht hätte zulassen dürfen, daß so etwas überhaupt geschieht. Aber seltsam", hier lächelt sie etwas verschämt, „mit Jesus, da ist es gut, zu dem habe ich eine Beziehung, und ich denke immer, er bringt mir meine Veronika wieder.

Ich zünde oft eine Kerze an vor ihrem Bild, aber richtig beten kann ich nicht, weil ich Gott ja vorwerfe, daß er sie mir genommen hat. Ja, vielleicht eines Tages, da möchte ich vielleicht noch einmal ein Kind, das würde ich dann auch Veronika nennen, aber wenn ich denke, ihr würde wieder etwas Schlimmes passieren ..."

Tina weiß heute, daß sich der Vater von Veronika ein dreiviertel Jahr später das Leben genommen hat.

Zum Schluß sprechen wir noch von dem Grab, in dem der tote Körper von Veronika nun liegt. „Ja, es ist gut, daß es da einen festen Platz gibt, wo ich weiß, daß sie liegt. Es hilft mir vielleicht, es immer ein bißchen mehr zu verstehen, daß sie wirklich nicht mehr lebt. Manchmal wenn ich hingeh, finde ich rings um das Grab Brotkrumen gestreut oder auch Kastanien. Ich habe herausbekommen, daß das der Opa von Veronika gemacht hat. Ich habe dann mit ihm gesprochen. Der Opa hat geweint und mir gesagt, daß das seine Art wäre, mit Veronika zusammen zu sein, daß er doch auch so sehr traurig sei, daß seine Enkelin nicht mehr am Leben sei. Ich habe das verstanden. Und dann habe ich gesehen, wie die Vögel die Brotkrumen holen und aufessen, und ... das war irgendwie sehr schön."

Beim Lesen erfaßt uns die Grausamkeit und die Unfaßbarkeit einem solchen Geschehen gegenüber. Unfaßbar, daß ein so unschuldiges kleines Geschöpf so brutal ermordet werden kann. Vielleicht schleicht sich die Sorge um die eigenen Kinder, um sich selbst oder um andere Angehörige mit hinein mit der Bitte, daß dies nicht geschehen möge.

Joan Mason schreibt über den Tod ihrer neunjährigen Tochter Katie, die von einem Wahnsinnigen mitten im Gedränge eines Straßenbasars in ihrer Nähe erstochen wurde.

„Sie sah mich an und blickte durch mich hindurch und ich spürte ein warmes Gefühl in mir. Ihr Kopf war zurückgefallen. Ich hob sie ein wenig hoch und hatte den Eindruck, daß sie noch immer atmete. Ich flüsterte ein paarmal ihren Namen und sagte, ich hätte sie so lieb. Dann wollte ich sie in Sicherheit bringen, weg von diesem Mann, obwohl es zu spät war. Ich hob sie auf und trug sie ein kleines Stück. Dann fiel mir ein, daß ich gar nicht wußte, wohin ich sie bringen sollte. Ich kniete nieder und legte sie sanft auf den Boden. Da hob sich ihre Brust, und sie begann Blut zu erbrechen. Immer wieder erbrach sie, sie erbrach so viel Blut, ich hätte gar nicht geglaubt, daß ein Kind so viel Blut in sich hat. Ich wußte, daß sie verblutete. Ich schrie um Hilfe, konnte aber nichts tun. Sie erbrach immer mehr Blut.

Als ich am Anfang zu ihr ging, sah ich in ihren Augen etwas aufscheinen. Es war fast so, als hätte sie mich erkannt. Als ich sie dann aber auf den Boden legte, hatten ihre Augen einen anderen Blick. Und als sie dann Blut erbrach, waren sie ganz glasig. Am Anfang hatte sie noch lebendig ausgesehen, aber dann nicht mehr.

In ihren Augen war kein schmerzerfüllter Blick, sie sah vielmehr überrascht aus. Und dieser Gesichtsausdruck blieb der gleiche, als sie glasige Augen bekam. Irgendwann tauchte eine Frau auf, es war wohl eine Krankenschwester. Sie versuchte Katie wiederzubeleben. Ich sagte nichts, wunderte mich aber. Katie war nicht in ihrem Körper. Sie war hinter mir oder schwebte über mir. In ihrem Körper war kein Leben mehr und es kehrte auch nicht mehr zurück. Ihr Körper war nur noch eine Hülle. Jetzt war alles anders als am Anfang, als ich zu ihr gerannt war: Ich wußte, meine Tochter war tot. Ich spürte, sie war nicht mehr in ihrem Körper, sie war irgendwo anders. Der Rettungswagen kam, sie hoben Katie aus der Blutlache und versuchten sie mit einem Gerät künstlich zu beatmen. Katies Augen waren immer noch weit geöffnet und ganz glasig. Auf ihrem Gesicht lag ein Ausdruck völliger Überraschung, als begreife sie nicht, was um sie herum vor sich ging. Es war eine Mischung aus Hilflosigkeit, Verwirrtheit und Überraschung, aber sicher kein entsetzter Blick ...

Wissen Sie, wie sie ausgesehen hat? Ich glaube, richtig gelöst. Nachdem ich gesehen hatte, wie er auf sie einstach, war ich fast beruhigt, als ich ihren gelösten Blick sah. Sie hat offenbar nichts gespürt, ihr Gesicht drückte keine Schmerzen aus ...“ (Sherwin Nuland, *Wie wir sterben*).

Tod durch die eigene Hand

Auch den Tod durch Suizid erleben wir als grausam und gewaltvoll. In den Angehörigen löst er die unterschiedlichsten Gefühle aus. Zum einen Entsetzen, Schmerz, Schrecken, Unfaßbarkeit, dann aber auch quälende Schuldgefühle, Selbstvorwürfe und Zweifel, wie: „Ich hätte nicht so streng sein dürfen“ – „Warum habe ich seine Signale nicht ernst genommen“ – „Ich hätte ihm doch noch helfen können“. Manchmal sind die Schuldgefühle so stark, daß wir die Trauer und das Abschiednehmen gar nicht zulassen. Auch Wutgefühle tauchen auf: „Wie konnte er mich einfach mit all den Belastungen alleine lassen und mir auch das noch zumuten!“ – „Sich einfach aus dem Staub machen!“.

Je nachdem, wie der Betroffene sich das Leben genommen hat, begleitet das Bild den Angehörigen noch lange nach und belastet ihn zusätzlich. Immer wieder, in Träumen, in Gedanken, im Sprechen taucht dann das Bild auf, vielleicht wie der Zug alle Kleider vom Leib gerissen hat und der Körper ganz zerstückelt über die Bahngleise verstreut war. Ein Bild des Schreckens, das uns nur schwer wieder losläßt.

Ähnlich beschreibt uns dies Frau Fritz. Noch immer, ein halbes Jahr später, sieht man das Entsetzen, die Angst und den Schrecken in ihrem

Gesicht. Sie erzählt gehetzt, ruhelos, so als könne sie noch irgend etwas aufhalten, irgend etwas ungeschehen machen.

„Wir alle machen uns Vorwürfe und haben Schuldgefühle. Ich kam damals vom Einkaufen zurück. Da lag auf dem Eßtische ein kleiner Zettel ‚Ihr habt keine Schuld, aber ich habe es nicht mehr ausgehalten'. In dem Moment wußte ich, was passiert war. Das Schlimme ist, mein Mann hatte das immer wieder einmal gesagt, daß, wenn er es nicht mehr ertragen könne, er Schluß machen würde. Aber ich glaube, gerade weil er das öfters sagte, hat es nie jemand so ernst nehmen wollen, oder wir haben einfach versucht, ihm das auszureden. ‚Du, das wird doch wieder besser', haben wir dann gesagt, aber es wurde nicht besser. Nein, eigentlich wurde es immer schlimmer.

Ich bin dann wie wahnsinnig im Haus herumgerannt und habe überlegt. Die Badewanne? Nein, da war er nicht. Irgendein Fenster? Auch das war es nicht. Wir wohnten ja auch nicht hoch genug. Ach, ich war einfach nur in Panik und suchte und suchte. Irgendwie brachte es mich dann auf den Dachboden. Als ich die Tür aufstieß, sah ich ihn. Das war der entsetzlichste Moment meines Lebens. Es war so grauenerregend." Bei diesen Worten bricht sie in Schluchzen aus und bedeckt ihr Gesicht mit beiden Händen. „Ich werde das Bild nie vergessen, manchmal sehe ich es auch im Traum. Da hing der Klaus an einem Seil, das wir immer für die Obsternte benutzt hatten.

Auf eine Obstkiste war er gestiegen, die lag umgefallen noch daneben." Ihr Erzählen wird zum Stammeln: „der Kopf ... das Gesicht ganz aufgedunsen und bläulich, die Zunge ... so geschwollen und hing heraus ... und die Augen ... die waren ganz herausgequetscht. Ich war wie gelähmt. Irgendwann ging ich dann zu den Nachbarn, und die haben sofort die Polizei verständigt, und die hat ihn dann heruntergeholt. Und dann fing das alles an, die Fragen und die Untersuchungen. Ob wir Streit gehabt hätten, wollten die wissen. Ich habe mich so geschämt. Ja, wir hatten oft Streit, aber das war es ja nicht. Ich hatte aber mit einem Male das Gefühl, der Beamte, der mich da verhörte, würde mir nicht glauben. Da habe ich ganz laut und heftig gesagt: Er hatte doch immer so furchtbare Rückenschmerzen, und das jetzt schon seit vielen, vielen Jahren. Und manchmal blieb er morgens einfach liegen vor Schmerzen. Und mit der Zeit hat er dann die Hoffnung aufgegeben, daß es je besser werden würde. Er wurde dann ganz still und in sich gekehrt. Und nur manchmal sagte er was. Oder er wurde wütend und zornig und schrie, daß wir Angst hatten. Ja, es war furchtbar für ihn und für uns!"

Frau Fritz begleitet das Bild ihres erhängten Mannes noch lange Zeit. Es gibt kaum einen Augenblick, wo sie alles vergessen kann. Hinzu kamen die vielen Selbstvorwürfe, die durch die Fragen der Polizei noch verstärkt wurden.

Margret, eine Seminarteilnehmerin, schreibt uns ihre Gefühle und Erfahrungen beim Suizid ihres Sohnes:

„Ein Knall! Irgend etwas war in mein Herz gedrungen, schnürte es mit Macht zusammen. Ich raste von meinem Schreibtisch auf, rannte an der offenen Zimmertür meines Sohnes vorbei, die Treppe hinunter ins Wohnzimmer, laut schreind ‚Dominique'. Meine Augen sahen die offene Tür des Gewehrschrankes, diese Macht in meinem Herzen drohte mich zu zersprengen, trieb mich aber weiter, und da lag Dominique auf dem Boden, den Kopf mit dem Gesicht nach oben auf der Stufe, wie auf einem Kissen, eine Blutlache unter seinem Kopf, die Augen weit geöffnet, das eine – sein linkes – etwas tiefer liegend. Tot! Er war tot! Nur einen Moment lang hielt ich es aus, gerade nur, um die Tatsache zu erfassen, daß mein geliebter Sohn sich erschossen hatte. Ich konnte den Anblick nicht ertragen, war außer mir, rannte Hilfe schreind zu Nachbarn. ‚Dominique hat sich erschossen', schrie ich meiner Nachbarin ins Gesicht – als könnte ich mich dadurch irgendwie befreien. Auch meinem Mann schrie ich durchs Telefon: ‚Dominique hat sich erschossen' – aber ich fühlte mich nicht befreit. Mein Mann gab mir Anweisungen, was ich zu tun hätte: Polizei anrufen und den ‚Selbstmord' zu melden. Da war dieses Wort ausgesprochen, das, was ich nicht fassen konnte und mir den Boden unter den Füßen wegzog. Kein persönliches Wort war gefallen, kein Trost, kein ‚Ich bin bald bei Dir' oder ähnliches. Nur: Anweisungen, was ‚man' in solchem Fall zu tun hat. Kurz und sachlich. Ich war fast am Zerplatzen, aber die Tränen konnten einfach nicht unkontrolliert fließen, wie versteinert war ich."

Gedanken zum Abschluß des Kapitels

Wir haben uns bemüht, die unterschiedlichen Wege des Sterbens und des Todes zu beschreiben. Manchmal erscheint er uns als Erlösung, als ein Vollenden eines Leben, auch wenn es erst kurz an Jahren war. Dann fällt es uns leichter, einzuwilligen in dieses Geschehen, wir haben Zeit, Abschied zu nehmen.

Wir erleben den Tod aber auch als grausame Gewalttätigkeit, besonders wenn er durch äußere Gewalteinwirkung kommt. Es sind Bilder, die uns erschrecken und uns sehr aufwühlen, durch die unsere ganze sichere Welt zusammenzubrechen scheint. Wir stehen dann vor vielen ungelösten Fragen.

Wir haben diese zwei Erscheinungsformen des Todes beschrieben. Die „positive“ soll das Ereignis des Todes nicht „verschönern“ und sentimental verzerren.

Die Beschreibung des „grausamen Todes“ soll uns nicht ängstigen und in Panik versetzen.

Vielmehr müssen wir immer mehr lernen, daß wir nicht wissen, wie wir und unsere Lieben sterben werden, daß alles offen ist. Nur eine solche wache und realistische Haltung kann uns frei machen, dem Leben und dem Sterben mit Achtung, Dankbarkeit, Respekt und auch Ernst gegenüber zu stehen.

5. Neues Leben?
Die Organtransplantation

Bruder Körper ist arm ...: da heißt es, reich sein für ihn.
Oft war er der Reiche: so sei ihm verziehn
das Armsein seiner argen Moment.
Wenn er dann tut, als ob er uns kaum noch kennt,
darf man ihn leiser erinnern an alles Gemeinsame.

Freilich sind wir nicht Eines, sondern zwei Einsame:
unser Bewußtsein und Er;
aber wie vieles, das wir einander weither verdanken,
wie Freunde es tun! Und man erfährt im Erkranken:
Freunde haben es schwer!
(Rainer Maria Rilke, *Gedichte*)

„Für mich war das sehr wichtig, meinen Sohn noch einmal zu sehen, bevor er beerdigt wurde. Und das ist etwas, was ich nie vergessen kann. Der erste Eindruck meines toten Kindes war, daß er aussah wie ein ausgeschlachtetes Auto – man hatte alle Kanülen in seinem Körper stecken lassen, die Augen fehlten ihm, und es zog sich ein Schnitt von seiner Kinnspitze hinunter in den Ausschnitt seines Hemdes ... Die Mediziner haben mich nie nach den Augen gefragt. Und diese Augen sind etwas, da habe ich reingeguckt, und damit hat mein Sohn mich angekuckt, und da sind Gefühle über die Augen gekommen, das wär etwas, was ich nie gespendet hätte“ (Film von Thomas Ammann, *Organspende: Keine Ruhe für die Toten*).

Diese Äußerung einer Mutter macht uns betroffen. Ihr sechzehnjähriger Sohn starb nach einem Verkehrsunfall.

„Die Transplantation ist die einzige Möglichkeit, wo ich noch versuchen kann, daß ich noch ein normales Leben führen kann. Also normales Leben in dem Sinne, daß ich nicht mehr vom Sauerstoff abhängig bin, daß ich wieder rausgehen kann, daß ich Sport machen kann, überhaupt mich frei bewegen kann ... Jetzt im Sommer war das so schlimm, wo es so heiß war und ich oft keine Luft gekriegt habe und nachts auch nicht schlafen konnte, weil ich keine Luft gekriegt habe.

Wo ich dann so Angst gekriegt habe, daß ich den nächsten Tag nicht erlebe, daß ich dann auf der Warteliste versterbe, wie das doch einigen passiert. Und ich muß dann immer sagen: Du mußt durchhalten. Du schaffst das. Aber es ist so schwer. Die Transplantation ist meine einzige Hoffnung, weil ich weiß, so wird's nur noch schlimmer und nicht besser" (Thomas Ammann, *Organspende: Keine Ruhe für die Toten*).

Auch diese Äußerung der zweiundzwanzigjährigen Ute berührt unser Mitempfinden und macht uns nachdenklich. Ute leidet an Muskoviszidose, einer unheilbaren Stoffwechselkrankheit, bei der sich zäher Schleim in den Atemwegen bildet, der nur schwer abgehustet werden kann. Ute war zu diesem Zeitpunkt seit sechs Monaten auf der Warteliste zur Transplantation. Eine neue Lunge würde ihr Leben verlängern und ist ihre einzige Hoffnung, sonst verkleben die Atemwege immer mehr.

Zwei sehr unterschiedliche Erfahrungen, Hoffnungen und Meinungen zu der Transplantation von Organen.

Wir möchten zunächst einige Informationen zur Organtransplantation geben:

Wie kam es dazu? Wann werden Organe entnommen? Wann definieren wir jemanden als tot, wann als Sterbenden? Was bedeutet „Hirntot"?

Die Definition des Todes

Bis 1968 galt ein Mensch in allen Ländern und zu allen Zeiten dann als tot, wenn Atemstillstand, Herzstillstand und das Aussetzen aller Körperfunktionen eingetreten waren. Die Totenruhe bedeutete, daß der Tote erst nach drei Tagen beerdigt werden durfte. Meistens wurde er diese drei Tage aufgebahrt.

Mit dem Fortschritt der Medizin wurde 1967 zum ersten Mal das Herz eines Verstorbenen transplantiert. Die Operation hatte keinen Erfolg, sie stellte die Ärzte jedoch vor die Frage, ob Sie einem „Sterbenden" oder einem „Toten" die Organe entnommen haben. 1968 wurde daher der Hirntod mit dem Tod des Menschen gleichgesetzt.

Was heißt „hirntot"

Die* Hirntoddefinition *besagt, daß ein Mensch dann tot ist, wenn die Gesamtfunktion seines Gehirnes vollständig und nicht wiederherstellbar zusammengebrochen ist. Den Hirntot gibt es erst, seitdem die maschinelle Dauerbeatmung zur Verfügung steht, denn sie ermöglicht, daß die übrigen Körperfunktionen des Patienten weiterbestehen. Das bedeutet: Der Mensch atmet weiter, sein Kreislauf funktioniert, seine Organe arbeiten. Der Mensch schwitzt, verdaut und scheidet auch noch aus.

Vertreter der „Hirntotdefinition" meinen, daß mit dem Organtod des Gehirns, die für jedes personale menschliche Leben unabdingbare Voraussetzung endgültig erloschen ist.

Die Patienten sind zu diesem Zeitpunkt für die Pflegenden und auch für die Angehörigen tot und lebendig zugleich. Meistens sind es Patienten mit einem Schädelhirntrauma nach einem schweren Unfall oder Patienten mit Hirnschädigungen durch eine Blutung oder einen Hirntumor. Es sind also Patienten, bei denen die anderen Organe unverletzt sind und „nur" das Gehirn verletzt ist.

Nur bleibt die Frage, ob der Hirntot wirklich der Tod des Menschen ist oder, wie wir meinen, der *Anfang* des Todes. Sterben ist ein Prozeß, der in vielen Schritten verläuft und vielleicht viel länger braucht, als wir ahnen oder für uns meßbar ist.

Elisabeth Wellendorf beschreibt folgende Erfahrung in ihrem Buch „Mit dem Herzen eines anderen leben": *„Ich blieb bei der toten J. … Lange hatte ich gedacht, J. schlafe nur und würde die Augen wieder öffnen. Ich konnte nicht glauben, daß sie tot war. Erst nach Stunden hatte ich plötzlich das Gefühl, es gebe einen unmerklichen Ruck und ich fiele durch den kleinen Körper hindurch, als sei da plötzlich kein Gegenüber mehr. Mir schien, als sei das ihr wirklicher Tod gewesen, sieben Stunden nach dem medizinisch festgestellten."*

Auch wir haben in der Begleitung eines sterbenden Menschen nach seinem Tod oftmals das Gefühl, als ob etwas von diesem Mensch noch da ist, durch den Tod von seinem Körper noch nicht gleich getrennt ist, sondern daß das „Rauslösen" aus dem Körper sehr viel länger braucht.

Ein Ehemann beschreibt in einem Leserbrief seine Erfahrung in der Begleitung seiner hirntoten Frau: *„Als ich mich am ersten Abend gegen*

18.30 Uhr von meiner Frau im Koma verabschieden wollte: ‚Ich gehe jetzt nach Hause‘ machte der angeschlossene Herzfrequenzschreiber plötzlich Ausschläge bis an den oberen und unteren Rand des Monitors. Ich verstand: Auf diesem Wege anwortete mir meine ‚bewußtlose‘ Frau entsetzt. Ich blieb die ganze Nacht bei ihr in dem Bewußtsein, daß wir miteinander ‚sprechen‘ konnten. Die Monitor-Ausschläge wiederholten sich des öfteren, wenn ich emotional besetzte Bereiche unserer 25jährigen Ehe ansprach.

Am nächsten Tag wurde ich vom Arzt gefragt, ob ich einer Entnahme von Organen meiner Frau zustimmen würde. Ich war entsetzt, denn ich hatte ja meine Frau im Koma als geistig-lebendig erfahren. Ich lehnte die Organentnahme ab“ (Leserbrief von Dieter Emmerling in der F.A.Z. 15.10.94).

Krankenpfleger und Schwestern auf Intensivstationen haben schon, wenn auch selten erlebt, daß für hirntot erklärte Menschen wieder anfingen zu atmen und lebend die Klinik verlassen haben.

Die Organe für eine Transplantation müssen jedoch bei hirntoten, beatmeten Patienten entnommen werden, da nur so die Organe weiter versorgt werden. Das bedeutet aber auch, daß die Angehörigen von dem Sterbenden Abschied nehmen müssen, solange er noch beatmet wird. Sie können ihn also nicht in seinem Sterben begleiten. Er stirbt von Maschinen umgeben, ohne ihm nahe Menschen. Diese sehen ihn erst wieder, wenn er tot ist. Es ist ihm auch nicht möglich, zu Hause zu sterben.

Die Transplantation

Für die Explantation der Organe müssen nach unseren Gesetzen zwei Ärzte unabhängig voneinander den Hirntod feststellen, und es müssen vierundzwanzig Stunden nach der Diagnose: „Hirntot“ – vergangen sein. Wenn die Zustimmung für eine Organentnahme vorhanden ist, wird nun ein Empfänger gesucht. Dies geht über eine Zentrale (Eurotransplant) in Holland, Deutschland, Österreich und die Benelux Länder, die sich hier zusammengeschlossen haben. Obwohl weltweit über eine viertel Million Menschen auf eine Niere, eine Leber oder ein Herz warten, ist es schwierig, einen passenden Empfänger zu finden. Zunächst wird im eigenen Land gesucht, aber oftmal kommen Chirugenteams aus allen Ländern. So kann es sein, daß beim selben Toten ein Ärzteteam aus Frankreich zu der Entnahme des Herzens kommt, ein anderes aus Spanien für die Niere und noch ein weiteres aus einer anderen Stadt aus Deutschland. Alles muß sehr kurzfristig und schnell verlaufen, da das explantierte Organ in einer speziellen Konservierungslösung nur 50 Stunden seine Funktion behält. Sie fliegen also mit Hubschraubern oder Privatflugzeugen an. Die Transplantation wird bei beatmetem Zustand gemacht. Danach werden die Geräte ausgeschaltet. Der Mensch stirbt. Für die Wiederherstellung des äußeren Aussehens des Leichnams ist ein Arzt verantwortlich.

Der Organempfänger muß sein Leben lang Substanzen einnehmen, die seine Abwehrreaktion eindämmen, da sein Abwehrsystem eigentlich das fremde Organ abstoßen würde.

Die Entscheidung

Derzeit müssen Ärzte von Angehörigen die ***Zustimmung*** zur Organtransplantation einholen, wenn kein Organspendeausweis vorliegt. Da jedoch sehr viel mehr Menschen auf Organe warten, suchte man nach Möglichkeiten, mehr Spender zu bekommen.

Ein Gedanke war, die Einführung der ***Widerspruchslösung:*** Wer nicht zur Organspende bereit ist, sollte seinen Widerspruch durch einen amtlichen Vermerk im Personalausweis durch ein W kenntlich machen.

Ein anderer Weg wurde dann in der ***Informationslösung*** gesehen: Angehörige sollen von dem Vorhaben informiert werden. Sie müßten widersprechen, wenn sie damit nicht einverstanden sind. Man erhoffte sich also, durch mehr Druck eine höhere Spenderbereitschaft zu bekommen. Druck wird häufig auch indirekt auf die Angehörigen ausgeübt. Sie, die vielleicht erst gerade von dem Eintreten des Todes erfahren haben, noch ganz gelähmt und schockiert sind, müssen nun eine Entscheidung treffen. Oftmals wird ihnen von Ärzten zugeredet, daß es für sie ein Trost sein könne, über den Verlust des geliebten Menschen hinaus einem anderen Menschen helfen zu können. Es gibt sicherlich viele Angehörige, denen dieser Gedanke Trost und Kraft gibt. Sie haben dann das Gefühl, daß der Tod nicht nur sinnlos war, sondern ein anderer Mensch dadurch Hilfe bekommen hat.

Aber es gibt auch viele Angehörige, die sich durch diese Entscheidung große Vorwürfe machen. Da kann einmal die Erfahrung sein: *„Mein Kind sah nach der Explantantation aus wie ein Greis. Es war für mich so fürchterlich. Vorher sah er noch wie mein Junge aus, war mir ganz vertraut, und danach so uralt. Das Bild begleitet mich noch immer."*

Oder für manche ist der Gedanke belastend, daß sie nicht beim Sterben dabei waren. So sagte eine Frau: *„Ich mache mir noch immer Vorwürfe, daß ich der Entscheidung zugestimmt habe. So habe ich meinen Mann im Sterben ganz allein gelassen. Und wer weiß, was er noch alles mitbekommen hat. Jetzt, wo ich die Erfahrungen gelesen habe mit Menschen, die klinisch tot waren. Die konnten, nachdem sie wiederbelebt wurden, noch genau berichten, was alles im Operationssaal vor sich ging. Der Gedanke ist mir unerträglich, daß mein Mann vielleicht mitbekommen hat, wie sein Körper ausgeräumt wird und ich dem auch noch zugestimmt habe."*

Wir halten es für wichtig, daß weder auf die Angehörigen noch auf die Ärzte ein Druck ausgeübt wird. Auch kein moralischer Druck, wie es die Katholische Bischofskonferenz und der Rat der Evangelischen Kirchen in einer gemeinsamen Erklärung, die 1990 verabschiedet wurde, befürwortet. Dort heißt es: *„Aus christlicher Sicht ist die Bereitschaft zur Organspende nach dem Tod ein Zeichen von Nächstenliebe und Solidarisierung mit Kranken und Behinderten"* (Erklärung der Deutschen Bischofskonferenz und des Rates der Evangelischen Kirchen in Deutschland. *Organtransplantation*).

Mit dieser Aussage wird ein indirekter moralischer Apell gegeben.

Oder auch auf die Ärzte. In einem Informationsheft des Arbeitskreises für Organspende heißt es: Hilfeleistung durch Organentnahme nach dem Tod muß daher höher bewertet werden als die Unversehrtheit des Leichnams. Das heißt aber auch, daß das Verweigern der Organspende ein Vorenthalten menschlicher Hilfeleistung ist und daß ein Arzt, der mögliche Organentnahme unterläßt, seine Behandlungsmöglichkeiten nicht voll ausschöpft (Elisabeth Wellendorf, *Mit dem Herzen eines anderen leben*).

Wir meinen, daß es für Angehörige kaum zumutbar ist, kurz nach der Nachricht des Todes so eine wichtige Entscheidung zu treffen. Wir meinen, daß es richtiger wäre, wenn jeder Bürger für sich selbst entscheidet und dies in seinem Personalausweis vermerkt ist.

Wir möchten dieses Kapitel mit einer Äußerung von Martin Franke aus der Zeitung „Die Woche" schließen:

„Ich bin 28 Jahre alt. Vor neun Jahren wäre ich ohne eine Herztransplantation gestorben. Trotzdem bin ich dagegen, daß Toten automatisch Organe entnommen werden können. Ich bin für die Zustimmungslösung, die sich am Willen des Organspenders zu Lebzeiten orientiert.

Eine nicht geäußerte Meinung kann nicht als Zustimmung gewertet werden. Der Empfänger hat keinen Anspruch auf das Organ. Es sollte für ihn ein Geschenk sein, das er als bewußte Spende von einem Verstorbenen erhält. Aus eigener Erfahrung weiß ich, daß sich nahezu jeder Organempfänger mit ‚seinem Spender' auseinadersetzt. Dieser Prozeß wird wesentlich vereinfacht, wenn man sich der ‚Freiwilligkeit' dieses Geschenks sicher sein kann" (Elisabeth Wellendorf, *Mit dem Herzen eines anderen leben*).

6. Wie gehen wir mit den Toten um?

Was können wir in den ersten Stunden tun?

Sie hatten sich an ihn gewöhnt. Doch als
die Küchenlampe kam und unruhig brannte
im dunklen Luftzug, war der Unbekannte
ganz unbekannt. Sie wuschen seinen Hals,

und da sie nichts von seinem Schicksal wußten,
so logen sie ein anderes zusammen,
fortwährend waschend. Eine mußte husten
und ließ solang den schweren Essigschwamm

auf dem Gesicht. Da gab es eine Pause
auch für die zweite. Aus der harten Bürste
klopften die Tropfen; während seine grause
gekrampfte Hand dem ganzen Hause
beweisen wollte, daß ihn nicht mehr dürste.

Und er bewies. Sie nahmen wie betreten
eiliger jetzt mit einem kuzen Huster
die Arbeit auf, so daß an den Tapeten
ihr krummer Schatten in dem stummen Muster

sich wand und wälzte wie in einem Netze,
bis daß die Waschenden zu Ende kamen.
Die Nacht im vorhanglosen Fensterrahmen
war rücksichtslos. Und einer ohne Namen
lag bar und reinlich da und gab Gesetze.
(Rainer-Maria Rilke, *Gedichte*)

„Auch wenn ich den Tod festzustellen habe, so prüfe ich zunächst die Pupillenreaktion und horche nach den Herztönen. Man sieht es eigentlich dem Körper an, daß alles Leben entwichen ist. Die Haut wird ja dann ganz wächsern und bleich, und meist sind dann auch die Totenflecken sichtbar. Für die Angehörigen ist es jedoch ganz wichtig, daß ein Arzt den Tod bestätigt. Die Angehörigen können es ja meist gar nicht fassen. Und dann haben sie das Gefühl: Er hat sich doch noch mal bewegt. Er ist noch gar nicht tot. Es ist so schwer für sie zu begreifen, daß der andere nun nicht mehr lebt."

Selbst wenn wir lange das Sterben begleitet haben und auf den Tod vorbereitet waren, ja ihn sogar erwartet haben, können wir es kaum begreifen, daß der Körper, mit dem wir so vertraut waren, nun nicht mehr belebt ist. Wir meinen dann doch noch einen Atemzug oder ein Lächeln wahrzunehmen. Es ist die Unfaßbarkeit des Todes von einem Menschen, der gerade vor wenigen Minuten noch lebendig war. Unser Verstand, unsere Sinne können es nicht fassen.

Woran können wir nun erkennen, daß der Sterbende wirklich tot ist?

Merkmale und Zeichen, die uns helfen zu erkennen, daß der Tod eingetreten ist:

- ***Der Atem steht still und setzt auch nach einigen Minuten nicht wieder ein.***
- ***Der Körper bewegt sich nicht mehr.***
- ***Die Augen bewegen sich nicht mehr, sie sind blicklos und ohne Reflexe. Nach einiger Zeit werden die Augen wie von einem Schleier überzogen. Die Pupillen erweitern sich.***
- ***Der Puls ist still. Es ist kein Herzschlag mehr zu fühlen.***
- ***Der Körper kühlt schnell oder langsamer aus.***
- ***Der Körper wird nach 2–6 Stunden starr oder steif. (Diese Starre löst sich dann später wieder.)***
- ***Die Haut hat eine grauweißlich, gelbliche Färbung und wirkt wächsern. Man nennt dies auch die Totenblässe.***
- ***Der Unterkiefer senkt sich nach unten, dadurch steht der Mund offen.***
- ***Alle Reflexe fehlen.***
- ***Keine Reaktion auf äußere Reize.***
- ***Es können lilafarbene, dunkelviolette Hautveränderungen sichtbar werden. Dies sind die sogenannten Totenflecken.***

Einige Organe und Körperfunktionen laufen auch noch mehrere Stunden nach Eintritt des Todes rein automatisch, ohne Kontrolle des Körpers ab. So kann es sein, daß sich noch einmal die Blase oder der Darm entleert. Es ist eine reine Körperfunktion und hat nichts mehr mit dem Menschen zu tun.

Im Buddhismus glaubt man, daß die Seele den Körper entweder durch die Füße oder den Scheitel verläßt. So kann manch einer noch Stunden nach dem Tod die Energie oder Lebensschwingungen mit seiner Hand am Scheitel des Verstorbenen fühlen.

Andere Vorstellungen beziehen sich auf die Herzgegend oder den Solarplexus, über die sich ein feinstofflicher Körper vom rein physischen Körper löst und erlebt werden kann.

Wir können manchmal auch wahrnehmen, daß sich die Atmosphäre im Zimmer verändert. Die Gesichtszüge des Verstorbenen entspannen sich. Oftmals können wir die Präsenz des Verstorbenen, obwohl er gerade gestorben ist, sehr deutlich wahrnehmen. Es sind die ganz besonderen Momente, in denen wir beim Anblick des toten Körpers erkennen können, daß das Wesentliche nicht an den Körper gebunden ist. Obwohl wir Schmerz über den Tod spüren, kann in uns auch große Liebe und Ehrfurcht sein.

Unmittelbar nach dem Tod

Wir möchten Sie zunächst ermutigen, sich Zeit zu nehmen und nicht gleich in die Aktivität zu flüchten. Dieser Moment dieses Geschehen ist zu bedeutend.
Lassen Sie diesen Augenblick auf sich wirken.

Vielleicht mögen Sie beten, vielleicht das „Vaterunser", oder einen Psalm lesen oder andere Texte, die Ihnen und dem Verstorbenen wichtig waren. Beten Sie aus dem Herzen, beten Sie das, was Ihnen jetzt wichtig ist. Danken Sie Gott für die Begegnung mit diesem Menschen und daß dieser Mensch, den Sie lieben, nun erlöst ist von seinem Leiden. Vielleicht mögen Sie auch um Vergebung bitten oder vergeben. Vielleicht mögen Sie eine Kerze anzünden.

Folgen Sie Ihrem inneren Gefühl, und lassen Sie Ihre Gefühle zu.

Vielleicht ist es Ihnen auch unheimlich, alleine mit dem Verstorbenen zu sein. Haben Sie keine Scheu, jemanden um Hilfe anzurufen – einen Ihrer Freunde oder jemanden, der Erfahrung mit Sterben und Tod hat.

Wenn der Tod absehbar war, hat es auch Zeit, den Arzt anzurufen. Es muß aber auf jeden Fall ein Arzt den Tod feststellen. Er stellt dann die Todesbescheinigung, auch Totenschein genannt, aus. In diesem bestätigt er den Tod, gibt die Todesursache und den Zeitpunkt des Todes an. Daher ist es gut, wenn Sie sich den Zeitpunkt des Todes merken. Die Todesbescheinigung brauchen Sie für alle weiteren Formalitäten. Aber Sie haben Zeit. Wenn der Tod mitten in der Nacht eingetreten ist, können Sie ruhig bis zum nächsten Morgen warten.

Immer wieder begegnen wir der Frage: Sollen wir den Verstorbenen gleich waschen? Muß er überhaupt gewaschen werden? Warum eigentlich? Wir haben dafür keine alleingültige Antwort. Uns hat es sehr beeindruckt, als eine Mutter ihren Sohn für vierundzwanzig Stunden so ließ, wie er gestorben war. Er war im Schlaf, auf der Seite liegend, zusammengerollt, geborgen, ganz friedlich gestorben. Wir waren zunächst über ihren Wunsch, ihn so zu belassen, erstaunt, aber spürten auch die Schönheit und Richtigkeit.

Einige Monate später erfuhren wir dann, daß im tibetischen Buddhismus der Tote wenn möglich so liegen gelassen werden soll, wie er gestorben ist. Die Seele brauche nach dieser Auffassung diese Zeit und Ruhe, um sich aus dem Körper zu lösen.

So schreibt Ken Wilber in seinem sehr eindrücklichen Buch *„Mut und Gnade"* über seine Erfahrung mit seiner Frau Treya:

„Ich hatte dafür gesorgt, daß Treyas Körper noch vierundzwanzig Stunden völlig unbehelligt bleiben konnte. Etwa eine Stunde nach ihrem Tod verließen wir alle das Zimmer, vor allem, um uns wieder zu fassen. Treya hatte die letzten vierundzwanzig Stunden mit ziemlich hoch aufgerichtetem Oberkörper im Bett gelegen und ihr Mund stand nun schon fast einen Tag lang offen. Wir versuchten ihn zu schließen, aber die Starre hatte bereits eingesetzt und es ging nicht …

Als wir nach einer Dreiviertelstunde zurückkamen, erwartete uns ein unglaublicher Anblick: Treya hatte den Mund geschlossen und dafür lag auf ihrem Gesicht ein Lächeln vollkommenen Friedens, ein Lächeln der Erfüllung und Erlösung. Nicht das übliche Lächeln der Todesstarre – es hatte vollkommen andere Züge. Es war wie das Gesicht einer Buddhastatue mit dem Lächeln vollkommener Befreiung. Die Furchen, die sich so tief in ihr Gesicht gegraben hatten, Furchen des Leidens, der Erschöpfung und des Schmerzes waren weg. Ihr Gesicht war rein und glatt, ohne Falten, strahlend … Das Lächeln der Erlösung blieb diese ganzen vierundzwanzig Stunden in ihrem Gesicht."

Hier spüren wir, daß sich auch nach dem Tod der Körper noch verändert, schöner wird, daß sich ein Geschehen vollendet.

Vielleicht ist der Prozeß des Sterbens noch gar nicht mit dem Moment des Todes abgeschlossen, sondern braucht viel länger, als es uns häufig wahrnehmbar ist.

Erleben wir zum ersten Mal einen Toten, so haben wir vielleicht zunächst eine Scheu – der Verstorbene wirkt so verändert. Manchmal hemmen uns auch ganz irrationale Gedanken, den Toten zu berühren. Da ist dann die magische Vorstellung in uns, „wenn ich den Toten jetzt berühre, stecke ich mich mit dem Tod an, dann werde ich als Nächster sterben". Das sind ganz natürliche Gedanken, die auch ausgesprochen werden dürfen. Häufig ist es dann eine Hilfe, wenn wir sehen, daß jemand anderes den Toten ohne Angst berührt und uns durch sein Tun ermutigt, unsere Hemmungen zu überwinden.

Lange Zeit und auch heute noch besteht der Glaube, daß Gift aus dem Körper austritt, das sogenannte Leichengift. Dies gibt es jedoch nicht. Einige Stunden nach dem Tod entstehen basische Stoffe im toten Körper. Der Kontakt mit diesen Stoffen oder die eventuelle Aufnahme in den eigenen Körper, z. B. bei eigenen Verletzungen, ist ungefährlich.

Vielleicht bleibt aber die Hemmung, die Angst, trotz der Ermutigung und trotz allem Wissen. Drängen Sie sich in diesem Moment nicht – vielleicht war alles schon viel zu belastend für Sie, und jeder weitere Schritt ist nun zuviel. Auch das ist gut so! Vielleicht mögen Sie dann einfach noch still neben ihm sitzen. Es gibt keinen Druck, etwas Bestimmtes tun zu müssen. Vielleicht entsteht aber in Ihnen der Wunsch, den Verstorbenen nochmals, ein letztes Mal zu berühren, zu streicheln oder ihn zu waschen und andere Kleidung anzuziehen. Manchmal entsteht in uns auch das Empfinden von großer Liebe und Respekt vor diesem Körper; über den wir den anderen ja erfahren durften.

Wenn Sie den Verstorbenen waschen möchten, tun sie es langsam und ruhig und mit Achtung und Respekt. Vielleicht hilft Ihnen der Gedanke, daß der Schlaf als kleiner Bruder des Todes bezeichnet wird. Umsorgen Sie den Verstorbenen so behutsam, als würde er schlafen und sie ihn nicht aufwecken möchten.

„Nun war meine Mutter gestorben! Ich konnte es gar nicht glauben! Eben hatte sie noch geatmet. Ich saß erstmal still bei ihr, sprach im Inneren mit ihr, daß ich meinen Weg auch allein schaffe, daß sie ruhig gehen dürfe, daß ich dankbar bin, sie als Mutter gehabt zu haben. Langsam zog dann auch ein tiefer Frieden in mich ein. Ich saß sicherlich ein, zwei Stunden so. Dann spürte ich den Wunsch, sie zu waschen und „schön" zu machen. Nicht im üblichen Sinne, aber zu reinigen und ihr ein Kleid anzuziehen, das sie gerne getragen hatte. Vielleicht mit dem kindlichen Gedanken: Wenn sie vor Gott tritt, soll sie schön aussehen. So wie sie war.

Es war etwas Besonderes sie zu waschen – mit dem Wissen, es zum letzten Mal tun zu können. Von jedem Körperteil nahm ich behutsam und zärtlich Abschied: das Gesicht mit den so vertrauten Falten, der Mund, der ganz leicht lächelte, die Ohren, die ich vorher gar nicht so wahrgenommen hatte, ihren Oberkörper mit den inzwischen schmächtigen Ärmchen, und den Unterkörper mit den Beinen. Beim Waschen dachte ich noch: Wie oft sie mich wohl früher gewaschen und gebadet hat, als ich ein Baby war. Und es war nun ganz besonders, dies jetzt für sie zu tun. Als ob sich unsere Rollen getauscht hätten und ich ihr so meinen Dank zeigen könnte. Danach ölte ich Sie mit einem Rosenöl ein, das mochte Sie so gerne, und ich hatte irgendwie das Gefühl, ihren Körper noch zu schützen, wie einen Schutzmantel umzulegen. Leider mußten wir noch einmal die Unterlage erneuern, da sich ihre Blase entleert hatte und das Tuch naß war und roch. Ich hatte das Gefühl, daß es beinahe zu grob war. Und dann zog ich ihr den Rock und die Bluse an, die sie so gerne gemocht hatte. Es sah zwar nicht so feierlich und fein aus, aber es war so ganz typisch für sie. Ein dünnes Tuch legte ich bis zum Oberkörper über sie. Dann räumte ich noch alle Pflegesachen, die auf dem Nachtisch und überall herum standen, in ein anderes Zimmer weg, stellte zwei Kerzen auf und stellte das Bild meines Vaters und ein Marienbild auf den Nachttisch. So als ob die ihr jetzt helfen würden. Dann setzte ich mich wieder in Ruhe zu ihr hin."

Für diese Frau ist das letzte Umsorgen ihrer Mutter ein Handeln mit Liebe und eigentlich ein heiliges Geschehen. So sprechen Heilige Schriften in allen Kulturen von dem Körper als „dem Tempel der Seele oder Gottes" und als solchen können wir auch den toten Körper ehren.

In den ersten Stunden, vor dem Einsetzen der Leichenstarre, ist es leichter, den Verstorbenen zu waschen. Einige Hilfen:

- ***Legen Sie den Verstorbenen flach hin.***
- ***Schließen Sie behutsam die Augenlider, legen Sie eventuell ein feuchtes Wattebäuschchen für eine Stunde auf die Augenlider.***
- ***Tun Sie vorsichtig die Zahnprothesen wieder in den Mund. Wenn Sie das Gefühl haben, daß es zu gewaltsam ist, die Zahnprothesen einzusetzen, können sie es auch lassen.***
- ***Damit der Mund geschlossen bleibt, können Sie ein kleines Handtuch rollen und unter das Kinn legen.***

- ***Vielleicht mögen Sie den Verstorbenen waschen und anders ankleiden. Denken Sie bei der Wahl des Kleidungsstückes an eines, das der Verstorbene gerne getragen hat und in dem er sich gerne sehen würde.***
- ***Richten Sie das Zimmer, indem sie die Arzneien und Pflegehilfsmittel entfernen.***
- ***Zünden sie Kerzen an und legen Sie, wenn sie mögen, frische Blumen auf den toten Körper. Ihr Blühen und Verwelken sind ein Symbol für die Vergänglichkeit der äußeren Erscheinungen.***

Andere Religionen haben wiederum ganz andere Vorschriften und Wege, mit dem Verstorbenen umzugehen. Bei Menschen muslimischen Glaubens ist es ein wichtiges Ritual, daß der Tote dreimal unter fließendem Wasser gewaschen wird. Hierbei beten, weinen und singen sie. Frauen waschen Frauen. Männer waschen Männer. Die Jüngeren werden von den Älteren in dieses Ritual eingewiesen. In diesem Tun entsteht ein starkes Gemeinschaftsgefühl. Danach wird der Tote mit duftenden, feinen Ölen gesalbt – als eine letzte Ehrung dieses Körpers. Die Hände der Frau werden über der Brust zusammengelegt, beim Mann über dem Bauch. Der Verstorbene wird dann auf die rechte Seite gelegt.

Fromme Juden legen den Verstorbenen auf den Fußboden, und zwar so, daß die Füße zur Türe zeigen. Von dem Augenblick an wird der Tote nicht mehr alleine gelassen. Die chevrat kadischa, eine wichtige Institution der jüdischen Gemeinde, begleitet dann den Verstorbenen und die Angehörigen. Auch wird der Verstorbene nur vom gleichen Geschlecht, und zwar zweimal, gewaschen. Eine erste Waschung, die der Hygiene dient, und eine zweite, die die spirituelle Reinigung ausdrücken soll. Die „Sterbekleider“ sind vorgeschrieben: schlicchte, weiße Kleider. Juden beerdigen möglichst innerhalb von vierundzwanzig Stunden, in Israel sogar ohne Sarg.

Hier helfen feste Rituale und die Gemeinschaft mit anderen, die Scheu vor dem Verstorbenen zu verlieren und ihn zu berühren. Sie geben dem einzelnen Halt, lassen aber kaum Freiraum zur ganz individuellen Gestaltung und Hinwendung.

Sie können ohne Schwierigkeiten den Leichnam sechsunddreißig Stunden in der Wohnung behalten, um Zeit zum Abschiednehmen zu haben oder auch, damit entfernter lebende Freunde oder Verwandte sich auch noch verabschieden können. Manchmal ist es für Menschen, die weit weg wohnen und nicht kommen können, sich also nicht vom Verstorbenen verabschieden können, viel schwieriger zu begreifen, daß der geliebte Mensch tot ist. Es bleibt für sie für lange Zeit unwirklich. Für sie kann es eine Hilfe sein, wenn wir den Leichnam fotografieren. Sie können dann etwas von dem Frieden erahnen und verstehen, daß der andere wirklich tot ist. Für uns mag es vielleicht zunächst befremdlich sein zu fotografieren, da ist beinah das Gefühl: Nein, das ist zu intim, da will ich nicht fotografieren. Aber auch für uns selbst kann es später eine große Hilfe sein, ein solches Foto zu haben.

Mit Erlaubnis des Amtes für öffentliche Ordnung – in kleineren Gemeinden ist es das Bürgermeisteramt – ist es mit Begründung und wenn die beabsichtigte Aufbahrung gesundheitlich unbedenklich ist, auch möglich, den Verstorbenen länger in der Wohnung zu behalten.

Die Leiche – oder der tote Körper von Frau Müller

„Einmal, ich war damals noch ein junger Mann, habe ich eine ‚Wasserleiche' gesehen, die hatte schon vier Wochen im Wasser gelegen. Es war wirklich ein schwieriger Anblick, aber ich habe es doch gut aushalten können."

„Mein Vater sah so jung und entspannt aus, wie ich ihn in den letzten zehn Jahren nicht mehr gesehen hatte."

Im Vergleich dieser beiden Aussagen kann uns ein wichtiger und wesentlicher Unterschied bewußt werden, der weit über die sprachliche Unterschiedlichkeit hinausweist. Menschen, die von Berufs wegen mit Verstorbenen zu tun haben, sprechen eher von der Leiche, dem Leichnam, dem Toten. Menschen, die einen näheren Bezug zu dem Verstorbenen haben, sprechen eher von dem Verstorbenen oder von Frau Müller, die heute nacht gestorben ist. Bei Menschen, die in sehr naher Beziehung zu dem Verstorbenen stehen, ist das eben der Karl, oder Vater, oder mein Liebling. Für diese Menschen ist ja der eingetretene Tod noch gar nicht recht nachvollziehbar. Für sie ist die Einheit von Körper, Wesen oder Seele noch spürbar und schmerzlich.

Aus dieser Unterschiedlichkeit können dann auch leicht und schnell tiefe Verletzungen und nie wieder zu vergessende belastende Erinnerungen entstehen.

„Also, wie die Notärzte meinen Mann da rum und rum gedreht haben und mit ihm umgegangen sind, das werde ich mein Lebtag nicht vergessen, das war furchtbar, dabei war er doch schon tot.“

So berichtet Frau Schnall, als sie sich daran erinnert, wie ihr Mann vor vier Jahren am Herzinfarkt starb.

Sicherlich ist es für Professionelle, Helfende oder Begleiter nicht immer einfach, so mit dem Verstorbenen umzugehen, wie sich das ein Angehöriger wünscht. Auf der anderen Seite sollten wir uns als Helfende immer wieder die Frage stellen:

„Wie ginge es mir, wenn es *meine* Frau oder *mein* Kind wäre?

Wie würde ich meinen Vater oder meine Freundin berühren, anfassen oder transportieren?“

Möglicherweise können wir auch als „Professionelle“ mit diesen Fragen zu einer veränderten, würdigeren Art im Umgang mit der verstorbenen Frau Kunz kommen.

Auch im Umgang mit Patienten hat sich in den letzten Jahren ein Wandel vollzogen, der sich darum bemüht, den persönlichen und würdevollen Umgang mit Menschen zu praktizieren. So sprechen wir während der Pflege eines Menschen im Koma mit ihm und erklären, was wir gerade tun.

Schön wäre es, wenn sich auch im Umgang mit Verstorbenen hier eine neue Haltung in Sprache und Handlung vollziehen würde.

Wir könnten auf dem Wege einer neuen Bewußtwerdung zu einem achtungsvollen Umgang mit dem Körper eines Menschen kommen, der ihm ja ein Leben lang nah, vertraut und wert war, der von anderen Menschen geliebt wurde und an dem und durch den wir den Menschen als Wesen und Person erfahren und lieben durften.

Nun dreh ich Sie noch mal, Frau Riemann – Vom „Richten“

Vielleicht kommt Ihnen als beruflicher Helfer der Gedanke: „Ja, das ist ganz schön, aber wenn ich im beruflichen Streß bin und den Patienten kaum gekannt habe, dann kann ich das nicht so tun. Dann hab ich nicht die Zeit, und außerdem bin ich froh, wenn ich das hinter mir habe.“

Mit den beiden folgenden Beispielen möchten wir zeigen, daß es auch im beruflichen Alltag möglich ist, den Verstorbenen mit Achtung und Hinwendung zu behandeln.

„Das Mittagslicht fällt schräg ins Zimmer. Hier im Erdgeschoß, Zimmer 104, hat Frau Riemannn nun fast genau ein Jahr lang gelebt. Heute mittag gegen dreizehn Uhr ist sie gestorben. Die Schwestern der Station hatten ihr langsames Sterben wahrgenommen, hatten das Zimmer schön gemacht, und immer wieder hatte eine von ihnen am Bett gesessen, gesungen oder gebetet oder ganz still die Hand gehalten. Dann waren die Verwandten gekommen, hatten der Mutter bzw. Großmutter ade gesagt und gingen nun, bis um zwei Uhr die Aussegnung stattfinden würde.

Es war wieder still im Zimmer. In der Waschschüssel war lauwarmes Wasser, frisches Bettzeug, ein Nachthemd, alles was gebraucht wurde, war hergerichtet.

Still machten sich die beiden Krankenschwestern an ihre Arbeit: ein letzter Dienst für Frau Riemann. Wie sie so dalag, konnte man fast nicht glauben, daß dieser Körper nicht mehr lebte.

Vorsichtig das Gesicht waschen, die Augenbrauen und Augen, liebevoll um den Mund herum ... Schon vorher täglich vollzogene Gebärden, nun ein Akt stiller Zuwendung und Liebe. Ja, auch das Nachthemd wird gewechselt, der Unterleib gesäubert, der noch warme Körper wird behutsam gedreht und gewendet. Irgendwie kann man spüren, daß bei jedem Drehen und Heben noch einmal besondere Vorsicht und Achtsamkeit da ist, so als könne Frau Riemann all das noch spüren.

So redet denn auch Schwester Erika mit ihr. Leise und liebevoll spricht sie, wie sie es immer tat: ‚Nun muß ich Sie aber auch noch drehen. Ich weiß, Sie mögen das nicht, aber einmal noch, gell, es ist schon recht.‘

Schwester Gabriele hält auch ein paar graue Strumpfhosen in den Händen und betrachtet sie. Immer wieder hat sie das Gefühl, daß man der Toten doch etwas anziehen solle, damit sie keine kalten Füsse habe. Leise lächelnd legt sie sie diesmal zur Seite, verzichtet, vielleicht auch in dem Gefühl, daß man dann den Körper von Frau Riemann noch mehr bewegen müsse und sie ihr lieber die Ruhe gönnt.

Und nun noch die Zähne hinein. Man spürt, das ist nicht einfach, geht nicht so einfach so von der Hand. Man hat das Gefühl, hier fast etwas zu Grobes, zu Gewaltsames am Körper zu verrichten. Gott sei Dank, diesmal gehen sie leicht herein. Ja, Frau Riemann sieht nun schon ‚hübscher‘ mit den Zähnen aus, aber ‚hübscher‘ eben für die anderen, die Verwandten und vielleicht auch die anderen Hausbewohner, die nachher zu ihrer Aussegnungsfeier kommen werden. Auch das

Hochbinden des Kinns ... Jeder Handgriff sitzt, schnell und geschickt vollzieht sich jede Bewegung. Das ist Routine, man kann es sehen, aber es ist eine gute, liebevolle Geübtheit, die sich hier vollzieht. Nun liegt sie richtig schön und frisch da, mit dem kleinen, flach gefalteten Handtuch unter dem Kopf, den übereinandergefalteten Händen auf der Brust. ‚Wenn es nicht sein muß, falten wir die Hände nicht mehr', sagt die eine der Schwestern, und auch dieser Verzicht auf eine fromme Geste kommt aus dem Gefühl, nichts Unnötiges oder Kompliziertes mit dem Körper vornehmen zu wollen.

Noch das frisch gestärkte Laken über das Bett; oben einmal umgeschlagen. 'Und nun kommt etwas, was für uns immer am schönsten ist', sagt Schwester Erika lächelnd. Ein Strauß hellrosa Rosen war von der Gärtnerei geholt worden, und nun wird eine kleine Girlande um das Kopfende des Bettes gelegt. Die schönen Rosen und etwas Grün umrahmen das kleine helle Gesicht von Frau Riemann, und wenn man sie so anschaut, könnte man meinen, sie sei stolz und zufrieden."

Und Stephen Levine schreibt in seinem Buch *„Wer stirbt?"* über die Erfahrung eines Krankenpflegers, der auf der Notaufnahme arbeitet:

„Eines Tages wurde ein Alkoholiker von der Straße eingeliefert, der schon zuvor einige Male behandelt worden war. Um ihn herum entstand ein Wirbel von Betriebsamkeiten und medizinischer Apparatur, doch alle Wiederbelebungsversuche blieben ohne Erfolg. Die Ärzte schoben die Gerätschaften beiseite, sagten: ‚Das war's für ihn' und verließen den Raum. Überall war Blut und Erbrochenes. Es war ein einziges Durcheinander. Nun war es Sache des Pflegers, alles wieder sauberzumachen und den Leichnam in den Kühlraum zu bringen. Normalerweise war er darüber aufgebracht und verärgert, und so beeilte er sich, diesen Vorgang hinter sich zu bringen. ‚Verdammt nochmal! Warum bleibt dieser Scheiß-Job immer an mir hängen?' Er wischte das Erbrochene auf, beseitigte das Blut auf dem Tisch mit einem Schwamm und wollte ‚den Steifen' so schnell wie möglich in den Leichenraum bringen. Aber als er ihn gerade hinausschieben wollte, dachte er: ‚Moment mal. Das ist ein Mensch, der ein sehr schweres Leben hatte. Er hat so gut wie kein Ansehen genossen. Warum muß auch ich noch dazu beitragen?' So setzte er sich für einen Moment neben den Leichnam, um die Hektik des Notfalls, die eben noch geherrscht hatte, in sich abklingen lassen.

Dann stand er auf, holte eine Schüssel mit warmen Wasser und ei-

nen Schwamm und fing an, den alten, zerschundenen Körper sorgsam zu waschen und die ganze Zeit über sanft mit ihm zu sprechen. ‚Was für ein Leben muß das für dich gewesen sein. Es war sehr schwer, oder? Jahrelang hast du auf der Straße gelebt, aber nun kümmert dich das alles nicht mehr. Sei gut zu dir selbst. Es gibt nichts, wovor du dich fürchten müßtest, und alles wird in Ordnung sein'. Er betrachtete die Wunden und Narben am Körper des Toten, als wären es die Geißelmale am Körper Jesu. Er wusch ihn und sang ihm von der Freiheit vor: ‚Was für ein schweres Leben – komm nun sanft zur Ruhe – dies alles hast du jetzt hinter dir – versuche nun anzuwenden, was du gelernt hast, damit du verstehst, welches Leid du dir selbst zugefügt hast. Vergib dem Leid und vergib dir selbst – laß ganz sanft los – weiche nicht vor dem Licht zurück – gehe den Weg jetzt weiter – dies ist der Augenblick deiner Befreiung.' Er sagte später, daß er nicht wisse, wie es für diesen Burschen gewesen sei, der gestorben war, aber für ihn selbst sei es der bewußteste Tod gewesen, an dem er je teilhatte."

Uns hat die Wandlung der Einstellung – von der Ablehnung, dem Ärger, das jetzt machen zu müssen, zu der Hinwendung und Einfühlung in den Verstorbenen und seinen Körper tief berührt und begleitet uns immer wieder in unserer Arbeit. Es ist also möglich, auch jemanden, den wir gar nicht kannten oder den wir ablehnten, mit Achtung und Sorge zu pflegen.

Die Totenwache

„Wir hatten das Glück, daß wir Mama, nachdem sie gestorben war, noch drei Tage aufbahren durften. Ich hielt die erste Nacht Totenwache. Es war mir ein großes Bedürfnis, dies zu tun. Dabei hielt ich mich nicht an irgendwelche Regeln, sondern folgte allein meinem Gefühl. Und dazu gehörte dann auch, daß ich einen Brief schrieb. Ich schrieb über ihr Leben, über mein Leben und ließ all das in den Brief fließen, was aus mir raus wollte. Zwischendurch immer wieder Blicke zu ihr hinüber, meine Hand auf ihrer Haut, die allmählich immer kälter wurde.
Am nächsten Morgen frühstückten wir, wie immer in den letzten Monaten, an ihrem Bett. Auch für sie stellten wir noch Becher und Teller an den gewohten Platz. Und dann sagten wir den Freunden und Verwandten Bescheid. Wer kommen wollte, um Abschied zu nehmen, sollte das tun. So wurde unser Haus an diesem Tag zu einem Haus der offenen Tür. Wir aßen mit ihnen zu Mittag und tranken Kaffe – am Bett

von Mama. Wir redeten, schwiegen oder weinten. Es war wie selbstverständlich, und auch die, denen das zunächst merkwürdig vorkam, spürten bald, wie ‚tröstlich' auch das Miteinander mit einem toten Menschen sein kann.

Das Wohnzimmer mußte aber die Tage über relativ kühl bleiben. Für Durchzug sorgten die offenen Türen und der Wind, der auf diese Weise durchs Haus zog und für mich auch symbolischen Charakter gewann. Auf der Fensterbank hatte sich ein Blumenmeer aufgetan. Wir ließen weiter Kerzen brennen, bedufteten die Luft mit Weihrauch und Myrrhe. Musik wurde uns in diesen Tagen immer wichtiger. Wie in den Wochen zuvor, machten wir auch jetzt Fotos, um diese uns tief bewegenden Stunden in Form von Bildern festzuhalten.

Die letzte Nacht, die Mama bei uns blieb, wachte ich nochmal an ihrer Seite – lesend, schreibend, nachdenkend, trauernd, sie streichelnd und hoffend. Bis jetzt hatte sie ihren friedlichen Ausdruck im Gesicht beibehalten, die äußerlichen Veränderungen waren minimal gewesen.

Am Morgen des vierten Tages wurde sie abgeholt."

Von dieser Beschreibung geht große Ruhe und Frieden aus. Die Familie sorgt dafür, daß sie Zeit hat, Abschied zu nehmen und die Verstorbene und ihren Körper noch über den Tod hinaus zu begleiten. Leben und Tod kommen hier zusammen. Der Sohn läßt sich dabei von seinen inneren Gefühlen leiten – die Mutter lebt in dieser Zeit noch mit ihnen. Das alles gibt ihm ein Gefühl, daß sich der Prozeß des Sterbens ganz vollenden kann.

Vielleicht hatten Sie beim Tod eines nahen Menschen auch diesen Wunsch, – wußten aber nicht, ob es erlaubt ist, den Toten so lange im Hause zu behalten.

Früher war es üblich, den Toten bis zur Beerdigung im Haus aufzubahren.

Man kann dann auch sehen, wie die Gesichtszüge weicher und weicher werden; vielleicht wie ein besonderes Lächeln auf dem Gesicht entsteht. Das Gesicht scheint friedlicher als in den letzten Tagen oder Wochen des langen Sterbens. Vielleicht hat man sogar den anderen nie zuvor so gesehen. Haben wir diese Zeit, um bei dem Toten anwesend zu sein, so kann unsere Seele langsam etwas mehr begreifen, daß dieser Körper, den wir vielleicht über viele Jahre geliebt haben, nun nicht mehr beseelt ist, wir uns aber trotzdem mit dem anderen verbunden fühlen können. Ein Gefühl des Aufgehobenseins, der Teilnahme an einer tiefen

Wahrheit, der Zusammengehörigkeit innerhalb eines viel Größeren kann in uns, neben dem Schmerz um den Verlust, entstehen.

Ein junger Mann erzählte uns:

„Als meine Frau damals starb, war das einerseits das Schlimmste, was ich je erlebt habe: Diese rücksichtslose Härte des Todes – aber andererseit ging tiefer Frieden und Einwilligung von meiner Frau aus. Der Moment ihres Sterbens und die Zeit danach, in der wir bei ihr wachten, war erfüllt von Wehmut, aber vielmehr noch von Liebe. Da löste sich für diese Zeit all mein Widerstand und meine Auflehnung, und ich war einverstanden mit allem, was geschehen war."

Es ist möglich, den Verstorbenen noch sechsunddreißig Stunden ohne besondere Kühlung zu Hause aufzubahren.

Manchmal müssen Sie vielleicht erst Widerstände oder Bedenken überwinden, um dies möglich zu machen, da es leider nicht mehr dem „Üblichen" entspricht. Da gibt es sogar immer noch berufliche Helfer, die meinen, daß dies nicht möglich wäre oder sogar gefährlich sei. Wir würden uns sehr wünschen, daß diese Einstellung sich umkehrte: daß Angehörige ermutigt und unterstützt werden, den Verstorbenen noch zu Hause zu behalten, um selbst die Zeit des Abschiednehmens zu haben – aber auch, um den Verstorbenen zu begleiten.

In der anthroposophischen Christengemeinschaft ist es sehr wichtig, den Toten aufzubahren. Jede Gemeinschaft hat von daher einen Aussegnungsraum für verstorbene Mitglieder. Der Körper des Verstorbenen wird von unten gekühlt, so daß es auch im Sommer kein Problem ist, den Verstorbenen dort bis zur Beerdigung aufzubahren. Zwei Kerzen stehen am Kopfende. Sie sind höher als der Aufgebahrte, so daß kein Schatten auf sein Gesicht fällt. Für die ganze Zeit bleiben die Kerzen als Zeichen des Lichtes brennen.

Eine freiwillige Helferin des Hospiz-Dienstes erlebte dies beim Tod eines Freundes: *„Drei Tage und drei Nächte lang war Jörg in dem großen, schönen Raum aufgebahrt. Es war Februar und recht kalt draußen. Zur Vorsicht war der Sarg aber auch noch auf Eis gebettet. Viele Menschen, Erwachsene und auch Kinder kamen, um von Jörg Abschied zu nehmen. Der Raum hatte eine sehr feierliche und schöne Atmosphäre, und auch die Kinder gingen tief bewegt nach ihrem Abschiedsbesuch davon.*

Auch in den Nächten war immer jemand da, meist die näheren Freunde. Jeder hatte das Gefühl, dem Toten noch einen Dienst zu tun und ihm damit noch einmal seine Liebe und Zuneigung auszudrücken. Es wurde fast die ganze Zeit aus dem Evangelium vorgelesen. Zwei große Kerzen brannten links und rechts von seinem Kopf, und in diesem Schein konnte man sehen, daß Jörg von Tag zu Tag schöner wurde. Am dritten Tag hatten wir dann aber auch das Gefühl, daß er sich schon stark von seinem Körper gelöst hatte."

Die Hilflosigkeit beim plötzlichen Tod

Was aber können wir bei einem plötzlichen Tod noch tun? Hier haben wir nicht die Zeit, uns innerlich darauf einzustellen, schon im voraus zu überlegen, was wir möchten und was hilfreich für uns und den Verstorbenen wäre, sondern wir sind überrascht und überwältigt von dem Ereignis. Meist fühlen wir uns zunächst wie gelähmt von dem Schrecken, können gar nicht handeln, lassen alles die anderen machen, oder aber wir funktionieren wie eine Maschine, wie „man" sich eben verhalten soll, halten uns an vorgegebene Meinungen, ohne zu spüren, was für uns richtig wäre.

Silke wurde von dem Tod ihrer Großmutter überrascht und überließ alles anderen, was sie später sehr schmerzte:

„Am Morgen telefonierte ich noch mit meiner Großmutter. Sie sagte mir, sie fühle sich heute nicht besonders wohl, wolle aber trotzdem in die Stadt gehen.

Ungefähr zwei Stunden später rief mich eine Verkäuferin eines Geschäftes an. Meine Großmutter war zusammengebrochen. Man hatte den Notarzt gerufen, der sich noch um sie bemühte. Meine Telefonnummer hatte sie zum Glück bei sich gehabt. So schnell wie möglich fuhr ich in die Stadt. Der Rettungswagen stand vor dem Geschäft. Ich klopfte an die Tür, aber man bat mich zu warten. Schon nach wenigen Minuten kam der behandelnde Arzt heraus und sagte mir, er habe wirklich alles getan, aber leider habe er nicht mehr helfen können. In meiner Bestürzung wußte ich gar nicht, was ich jetzt tun sollte. Der Arzt versuchte mich zu trösten und sagte mir, ich bräuchte mich um gar nichts zu kümmern. Er bringe meine Großmutter zum Pragfriedhof und würde alles Nötige veranlassen. Es genüge völlig, wenn wir dort am nächsten Tag vorbeikommen würden.

Ich befolgte seine Anweisungen, da ich viel zu benommen und gelähmt war. Ich verließ mich auf ihn, weil ich ja auch keinerlei Erfahrung mit solchen Dingen hatte. Am nächsten Morgen fuhren wir zum Pragfriedhof. Zu unserem großen Entsetzen fanden wir unsere Großmutter in einer Zinkwanne liegend in einem schrecklichen Zustand vor. Sie wirkte auf uns wie eine Puppe, die nach dem Spielen achtlos weggeworfen worden war. Arme und Beine hingen verrenkt über den Rand der Wanne hinaus, und das Schlimmste war der Ausdruck auf ihrem Gesicht. Man hatte versäumt, ihr das Kinn hochzubinden, und so war das Gesicht ganz entstellt. Sie war immer eine stolze Frau gewesen, eine Dame vom Scheitel bis zur Sohle! Wir regten uns sehr über diese unwürdige Behandlung auf, aber es war niemand zu finden, der dafür verantwortlich war. Für mich habe ich gelernt, daß ich nie wieder einen Angehörigen oder Freund, der gestorben ist, alleine lassen würde. Ich würde darauf bestehen, mitzufahren und mich an Ort und Stelle darum kümmern, daß der Tote mit Achtung behandelt wird und er nachher so aussieht, daß es seiner Würde und Person entspricht und daß sich Freunde noch von ihm verabschieden können.“

Für berufliche Helfer, die immer – vielleicht Tag für Tag – mit vielen Toten umgehen, braucht es sicherlich viel Achtsamkeit und Bewußtheit, daß dies ein Körper ist, der vor wenigen Stunden noch belebt war. Es geschieht so leicht, daß der Körper nur noch als Objekt betrachtet wird, was ja unsere Menschenwürde verletzt. Vielleicht ist es auch für berufliche Helfer kaum zu ertragen, den Tod immer so bewußt vor Augen zu haben.

Was geschieht nun mit dem Verstorbenen, wenn der Tod auf der Straße, also nicht zu Hause, eintritt:

– Wenn der Sterbende beim Eintreffen des Notarztes schon tot ist, so darf der Tote nicht mehr vom Notarztwagen mitgenommen werden. Bei unklarer Todesursache (Mordverdacht oder Suizid) wird der Notarzt die Polizei mithinzuziehen, und der Verstorbene wird von der Staatsanwaltschaft „beschlagnahmt“, d. h. die Staatsanwaltschaft hat das Recht, eine Obduktion zu veranlassen.

Bestehen jedoch keine Zweifel an einem natürlichen Tod, so wird der Verstorbene von einem Bestatter, den Sie wählen können, abgeholt. Sie können auch bestimmen, daß der Verstorbene zu Ihnen nach Hause gebracht werden soll, wenn Sie ihn dort aufbahren möchten. Dies bedeutet allerdings zwei Transporte zusätzlich, die ca. DM 800,– in einer Großstadt kosten.

– Stirbt der Betroffene jedoch im Notarztwagen oder auf der Trage, dann wird diese gleichsam zur Bahre. Der Leichnam wird dann zu einem Hauptfriedhof gebracht, wenn Sie nichts anderes veranlassen. Bei einem natürlichen Tod können Sie auch hier veranlassen, daß der Verstorbene zu Ihnen nach Hause gebracht werden soll. Stirbt der Betroffene im Notarztwagen, ist dies auch für die Rettungshelfer sehr schwierig, denn ihre Aufgabe, ihr ganzes Streben geht ja dahin, Leben zu retten und zu erhalten. Sie erleben den Tod als Versagen, als nicht ausreichende Hilfe, die Grenzen ihrer Machbarkeit, ihres Wollens werden ihnen so deutlich gezeigt. Und wahrscheinlich verstecken sie diese Hilflosigkeit, Zweifel und Ohnmacht oftmals hinter harten, nüchternen Worten oder bestimmenden Anweisungen. Sie brauchen sich dann nicht mit ihren oder den Gefühlen der Angehörigen oder Umstehenden auseinanderzusetzen. Ein Rettungsbeamter selbst beschreibt dies so:

„Für mich persönlich ist eine der schlimmsten Erfahrungen, einen Toten zum Friedhof bringen zu müssen. Dort wird der Tote dann sozusagen von Experten übernommen. Als ich die Atmosphäre dort zum erstenmal erlebte, war sie für mich die Hölle. Man kommt nach unten in die Halle, wo alles gefliest und total steril ist. Man schmeißt den toten Körper in eine geschlossene Trage. Für jemand, der versucht, Menschen zu retten, Leben zu bringen, ist das Erleben dieser Atmospähre sehr schlimm" (epd-Dokumentation Nr. 2/95).

Uns ist sehr wichtig, in diesem Buch berufliche Helfer nicht zu kritisieren, sondern auch ihre Belastung anzuerkennen und gleichzeitig ein mögliches, anderes, hilfreicheres Verhalten aufzuzeigen.

Margret, deren Sohn sich im Wohnzimmer erschoß, war der Situation, den Handelnden – den beruflichen Helfern, aber auch ihrem Ehemann – ganz ausgeliefert. Erst hinterher konnte sie spüren, was für sie richtig gewesen wäre:

„Dann kam die Polizei, ein Beamter schritt energisch ins Wohnzimmer, blickte auf Dominique und – verlangte sofort das Telefon. ‚Er ist ex', war seine Meldung. Dieses Wort ‚ex' über den gerade verstorbenen Dominique, über einen Menschen, der seinem Leben selbst ein Ende gesetzt hat, der doch sicher in einer unendlich verzweifelten Lage war! Am liebsten hätte ich den Beamten geschüttelt, aber wozu? Er nahm mich doch gar nicht wahr, blickte an mir vorbei, war nur mit seinen ‚Pflichten' beschäftigt, die keinen Platz für ein Wort des Beileids oder Trostes ließen.

Der Tod wurde allmählich zum ‚Tag der offenen Tür‘: Kriminalbeamte kamen, Bestattungsunternehmer, unser Hausarzt.

Als mein Mann nach Hause kam, gab er dem Bestattungsunternehmer Anweisungen, Dominique in dem Sarg liegen zu lassen, in dem er jetzt lag, und ihm diese Kleider anzulassen, die er trug. Er bestimmte, daß er verbrannt würde und wir keinen Pfarrer bräuchten, sondern sein Patenonkel eine Rede halten würde. Ich stand daneben und hatte das Gefühl, hier in dieser Welt wird nur ‚gemacht‘. Ich war zu gelähmt, um diesem Geschehen ein Ende zu setzen.

Erst am nächsten Tag konnte ich diese Lähmung überwinden, als der Bestattungsunternehmer sagte, daß die Särge mit den Leichen bis zum Tag ihrer Verbrennung (ca. 3 Wochen) in einem Kühlhaus ‚aufeinandergestapelt werden, bis sie dran sind.‘ Da platzte ich und bestand auf einer Beerdigung ohne Verbrennung. Ich konnte es nicht mehr ertragen zu wissen, daß Dominiques Körper irgendwo in einem anonymen, kalten, unpersönlichen Leichenhaus ‚gestapelt‘ wird. Ich wollte ihm ‚seinen‘ Platz geben, ihn in seinem Grab zu Ruhe kommen lassen, ihn Frieden empfinden lassen.

Was hätte ich mir gewünscht?

Menschen, die mich halten, damit ich mich dem Schmerz hingeben kann, denn alleine hatte ich Angst.

Ich wäre dankbar gewesen, wenn Menschen mich zu dem Toten begleitet hätten, um von ihm Abschied zu nehmen, um den Tod überhaupt wahrnehmen zu können und zu begreifen.

Ich hätte Dominique gerne selbst gewaschen, ihn hergerichtet für sein Leben im Jenseits.

Ich hätte gerne mit jemandem an seinem Totenbett gebetet, ich hätte gerne eine Kerze angezündet, ich hätte gerne diesen geliebten Körper nochmals gestreichelt.

Ich wünschte mir, ich wäre vor dem toten Dominique nicht davongerannt.“

Ja, in solchen Schocksituationen brauchen wir die Hilfe von jemandem anderen, der vielleicht solch eine Situation schon mal erlebt hat oder weniger in Angst und Schrecken gefangen ist und uns an die Hand nehmen und in die Situation hineinführen kann.

Aber oftmals spüren wir erst hinterher sehr schmerzlich, was wir gerne getan hätten, was wir versäumt haben, was gut und hilfreich für uns gewesen wäre. Auch wir haben beim Tod von nahen Angehörigen vieles versäumt, zu schnell reagiert, anstatt zuerst zu spüren, was wir noch für den Verstorbenen hätten tun können, obwohl wir es ja eigentlich hätten besser wissen müssen aufgrund unserer Beschäftigung mit diesem Thema.

Aber auch wir waren zum Teil wie benommen, funktionierten. Dieses Versäumnis bleibt ein Schmerz in der Seele, manchmal belastet mit Schuldgefühlen, manchmal mit Verständnis und Nachsicht für sich selbst. In dem Sinne: Ja, ich war damals zu belastet, konnte nicht mehr – ja, es ist verständlich – ich bitte den Verstorbenen um Vergebung. Es ist wichtig, daß wir uns nicht zusätzlich mit Schuldgefühlen quälen, die uns nicht zur Ruhe kommen lassen oder sogar manchmal unsere Trauer verhindern, sondern daß wir auch uns mit Nachsicht und Verstehen begegnen.

Beate, deren Mann an einem Asthmaanfall in der Praxis der Hausärztin gestorben ist, kann trotz des Schreckens spüren, was für sie gut ist, um Abschied zu nehmen:

„Mein Gehirn verweigert sich. Im Sprechzimmer liegt mein Mann regungslos da. Kann es sein, daß er wirklich tot ist? Aber warum denn? Ich registriere den aufgeschnittenen Pullover, das aufgerissene Hemd, den entblößten Oberkörper, Erbrochenes, ein wenig Blut. Warum?

Zunächst möchte ich nur diesen erbärmlichen, entwürdigenden Zustand ändern. Alles andere schalte ich aus. Es kann doch gar nicht sein, daß er mich mit den drei kleinen Kindern alleine läßt. Unmöglich.

Wie betäubt stehen unsere Ärztin und ich da. Mechanisch richtet sie Wasserschüssel und Tücher. Gemeinsam waschen wir Hansi, bringen ihn wieder in einen menschenwürdigen Zustand. Die Kinder – unsere drei Kinder – der einzige Gedanke, den mein Gehirn zuläßt. Ich kann mir ein Leben ohne meinen Mann, ohne den Vater unserer Kinder nicht vorstellen.

Völlig verzweifelt lege ich meinen Kopf auf Hansis Brust. Plötzlich atmet er hörbar aus! Ein irrer Gedanke durchfährt mich. Lebt er doch noch? Ich bin tatsächlich für einen Moment dieser wahnwitzigen Hoffnung erlegen, mein Mann könnte doch noch leben. Alles ist so unwirklich. Ich hoffe, aus diesem Alptraum aufzuwachen. Hansi würde einfach aufstehen und endlich mit mir heimgehen.

Nur eines weiß ich: Ich will diese Nacht noch einmal neben meinem Mann verbringen. Er liegt wie schlafend da. Sein Gesichtsausdruck ist friedlich und entspannt. Ganz gelöst und selig sieht er aus. Auch wür-

devoll und vollkommen ruhig. Ich schaue meinen Mann lange an und bekomme das deutliche Gefühl, daß ich mich um ihn nicht mehr sorgen muß. Ihm geht es jetzt gut.

Unsere Hausärztin bringt mir Decken und eine Kerze. Ich lege mich neben meinen Mann. Er ist immer noch mein Mann, kein toter Körper. Er ist noch ganz warm.

Langsam verfärben sich seine Ohren und andere Bereiche seines Gesichts dunkelblau. Wir binden dann das Kinn hoch.

Die Ärztin läßt uns allein. Ich decke meinen Mann zu, will ihn warmhalten. Ich merke nicht, wie unmöglich und zwecklos mein Handeln ist.

Ich spreche mit meinem Mann, schaue ihn an, streichle ihn, seine weichen Haare oder liege einfach nur da. Ich versuche verzweifelt, seinen Körper warmzuhalten. Ich will ihn noch nicht hergeben.

Es gibt keine Worte, die den Schmerz und die tiefe hilflose Verzweiflung beschreiben können, wenn der Körper eines geliebten Menschen langsam aber unaufhaltsam kälter und kälter wird.

Irgendwann ist es Morgen. Der Körper meines Mannes ist jetzt schon eiskalt! Sein Gesicht hat noch immer denselben wunderschönen Ausdruck.

Da Samstag ist, sind keine Patienten zu erwarten. Ich lasse meinen toten Mann alleine und würge in der Küche eine Tasse Tee hinunter. Ich wundere mich darüber, daß die Uhr weiterläuft, obwohl mein Mann tot daliegt. Ich wundere mich, daß mein Magen knurrt. Es kann doch überhaupt nicht sein, daß alles weiterläuft, als ob nichts passiert wäre!

Es wird langsam Zeit, das Beerdigungsinstitut anzurufen. Ich kann gleich vorbeikommen. Es ist schwierig für mich, meinen Mann alleine zu lassen. Die Ärztin begleitet mich.

Hier begegne ich zwar dumpf so etwas wie Freundlichkeit und Mitgefühl, aber trotzdem soll ich sofort einen Sarg für meinen toten Mann aussuchen!

Möchte ich ein Totenhemd für meinen Mann? 100% Baumwolle, wird mir versichert, wegen der vollständigen Verrottbarkeit. Oder soll er besser eigene Kleidung tragen? Welchen Blumenschmuck für wieviel DM auf den Sarg, für die Leichenzelle, für die Trauerfeier, fürs Grab? Wünsche ich eine Traueranzeige? In welcher Form? In welchen Zeitungen? Sollen Karten verschickt werden? Welche Musik soll der Organist spielen?

Ich beantworte Fragen, entscheide, weine verzweifelt und unter-

schreibe schließlich einen Auftrag über mehrere tausend DM. Das Geschäft mit den Toten.

Wir gehen zurück zu meinem toten Mann. Immer noch liegt er unverändert da. Habe ich etwas anderes erwartet? Gerade eben habe ich doch einen Sarg für ihn ausgesucht.

Irgendwann kommen zwei Männer vom Beerdigungsinstitut, um meinen Mann abzuholen. Sie werden ungeduldig, weil ich mich nicht von ihm lösen kann. Einer der beiden meint schließlich: ‚Am Montag, im Leichenschauhaus, da sehen sie ihn doch wieder!'

Was meint er? Es hört sich so an, als ob am Montag alles wieder gut sei. Ein zweites Mal werde ich aus dem Zimmer geschickt. Diesmal mit den Worten: ‚Das ist kein schöner Anblick!'

Es geht sehr schnell. Die Türen werden geöffnet, der Sarg mit einem Ruck hochkant gestemmt. Drin ein rutschendes Geräusch, welches mir einen körperlichen Schmerz verursacht. Ich will ‚Vorsicht' rufen – und merke, daß mir meine Stimme fehlt. Sie sind schon auf der Treppe. Für diese Menschen ist das ihre Arbeit, ihr Alltag.

Für mich ist die ganze Welt eingestürzt."

Trotz des Schreckens kann Beate für sich spüren, daß Sie die letzte Nacht noch neben ihrem Mann verbringen möchte, ja beinahe um ihn zu wärmen, um den Tod abzuhalten, aber andererseits auch, um den Tod wirklich zu erfahren und zu begreifen. Ihr ist es so möglich, ihren Mann zu begleiten, bis er eingesargt und auf den Friedhof gebracht wird.

Nach der Geburt eines toten Kindes

Wie ist es nun, wenn wir ein Kind nach einer nicht vollendeten Schwangerschaft tot gebären müssen? Alle Hoffnungen, alle Wünsche und Träume in den Wochen, in denen das Leben in uns wuchs, sind mit einemmal zerstört. Wir müssen von etwas Abschied nehmen, was wir noch gar nicht gehabt haben – nur in den Träumen, Vorstellungen und im spürbar wachsenden Leben im Bauch.

Von außen betrachtet mag es nicht so schlimm erscheinen. Da werden Eltern dann getröstet: „Ihr könnt es ja wieder versuchen" – „Ihr habt Euch ja erst wenige Wochen daran gewöhnt!". Häufig wird der damit verbundene Schmerz und die Bedeutung für die Eltern von außen nicht wahrgenommen.

Nach den gesetzlichen Bestimmungen ist ein totgeborenes Kind, das unter 500 Gramm wiegt, eine ***Fehlgeburt.*** Bei einer Fehlgeburt wird dem wachsenden Wesen kein menschliches Leben zugesprochen, sondern es wird als „Sondermüll" behandelt. Wie hart mag das für Eltern klingen, die sich schon so auf dieses Wesen gefreut haben und sich auch schon mit ihm verbunden fühlten! Eine Fehlgeburt ist also nicht bestattungspflichtig. Im Einzelfall kann jedoch eine Bestattung auf Verlangen der Eltern zugelassen werden.

Wiegt das totgeborene Kind über 500 Gramm, so ist es eine ***Totgeburt.*** Es wird jedoch nicht ins Geburtenbuch oder in den Familienstammbaum der Eltern eingetragen, sondern nur ins Sterbebuch. Hier gibt es viele Elternselbsthilfegruppen, die sich dafür einsetzen, daß auch die Namen dieser totgeborenen Kinder in die Personenstandsbücher eingetragen werden. Eine Totgeburt muß bestattet werden.

Früher bestand in den Kliniken die Meinung, daß Frauen ihre Kinder nicht mehr sehen sollten. Alles was an Schwangerschaft und Geburt erinnerte, sollte vermieden werden. Das totgeborene Kind sollte im Unbekannten verschwinden, keinen Namen und auch keinen Ort haben. Man meinte, daß es leichter für die Frauen zu verkraften wäre, wenn man so tun würde, als wäre nichts geschehen, so als ob es nie eine Schwangerschft gegeben hätte.

Untersuchungen haben dann jedoch folgendes ergeben:

Frauen, die Gelegenheit hatten, das tote Kind noch einmal zu sehen, vielleicht auch zu berühren oder zu streicheln und ihre Gefühle von Schmerz, Trauer und Wut zuzulassen und auch hierbei Hilfe bekamen, fühlten sich weniger lange von Trauer belastet.

So unterstützt das Pflegepersonal heute Mütter und Väter, Abschied von ihrem Kind zu nehmen. Ein Arzt in einer Frauenklinik:

Nach unseren Erfahrungen möchte etwa ein Drittel aller Frauen ihr Kind sehen oder in den Arm nehmen. Ein weiteres Drittel betrachtet oder berührt ihr totes Kind auf unser eindringliches Zuraten hin. Das letzte Drittel will das Kind nicht sehen, betrachtet es aber häufig am nächsten Tag in unserer Begleitung oder will jedenfalls eine Fotographie anschauen (Gottfried Lutz und Barbara Künzer-Riebel, *Nur ein Hauch Leben*).

Mit sehr viel Würde, Zeit und Achtung war es einer Freundin von uns möglich, ihr totgeborenes Baby zu verabschieden. So konnten sie und ihr Mann trotz des Schmerzes um den Verlust auch das Wunder dieses Lebens spüren:

„An einem Morgen in der 21. Schwangerschaftswoche leitete die Hebamme die Geburt ein. Noch nie habe ich so wahnsinnige Schmerzen gehabt. Doch endlich gleitet sie, unsere Tochter, aus mir hinaus. Sie ist tot.

Mein Mann und ich betrachten den kleinen Körper mit Scheu und doch voller Neugier. Anfangs getrauen wir uns kaum, ihn zu berühren. Ich ermuntere Beni, meinen Mann, das Kind aufzunehmen und mir auf die Brust zu legen. Der kleine Körper ist noch ganz warm, kühlt dann aber erstaunlich schnell ab. Alles an diesem Kind ist perfekt ausgebildet. Es ist ein wunderschönes Mädchen. Unvorstellbar, daß sie nicht leben kann. Die Haut ist extrem dünn, durchsichtig fast, schmetterlingsartig fein. An mehreren Stellen hat sich die Haut dunkelviolettt verfärbt, wie wenn sich das Mädchen an etwas gestoßen hätte. Die Augen sind geschlossen. Wir legen den kleinen Körper so auf meine Brust, daß er bequem auf der Seite liegt. Die winzig kleinen, perfekten Hände legen sich mit den Handinnenflächen nach oben und bilden eine schalenartige Form. Wir entdecken kleinste Handlinien, und das berührt uns tief. Die Öhrchen liegen dicht am Köpfchen an. Das Kind hörte seit etwa einer Woche Töne. Ich ließ es häufig Mozarts Wiegenlied hören. Noch einmal spielen wir ihr dieses Lied. Wir streichelten das Kind, dankten ihm für sein Dasein, für die Freude, die es uns gebracht hat, für die Hoffnung, die es leben ließ. Wir danken ihm auch für seine Schönheit und versuchen unter all dem Schmerz anzunehmen, daß es nicht länger leben wollte.

Die Hebamme ist während der ganzen Zeit mit uns, teilt mit uns die Freude und den Schmerz. Sie hat es mir ermöglicht, das Kind daheim zu gebären und nun zu verabschieden.

Nach zwei, drei Stunden nehmen wir Abschied. Der letzte Blick, das letzte Wort, die letzte Berührung und ein letzter Dank.

Beni hat die marmorierte, wunderschöne Schachtel, die ich von einer Reise aus Venedig mitgebracht habe, mit Papier ausgelegt, und wir legen unser Kind hinein. Die Hebamme nimmt das Kind mit in das Geburtshaus und wird den Leichnahm dort aufbewahren, solange, bis wir den Kremationsschein bekommen und das Kind in das Krematorium bringen können. Es ist mir sehr wichtig zu wissen, wo das Kind bis zur Verbrennung aufbewahrt wird.

Ein paar Tage später gehen die Hebamme und ich zum Bestattungsinstitut. Das Mädchen tragen wir in der Schachtel wohlbehütet mit uns. Der Mann vom Bestattungsinstitut übergibt uns den kleinsten

Sarg, den sie haben. Er ist schneeweiß. Für Kinder haben sie weiße Särge. Wir sargen das Kind ein. Ich nehme es behutsam aus der Schachtel. Es sieht immer noch wunderschön aus, tiefgefroren ist es nun. Doris, die Hebamme, sagt, sie hätte es manchesmal betrachtet. Das empfinde ich schön. Ich bette das Mädchen in den weißen Satin des Sarges.

Wir fahren in das Krematorium. Hier muß ich den Sarg abgeben. Unser Mädchen wird morgen kremiert. Da es mir, trotz intensivster Bemühungen meinerseits, nicht gestattet wird, bei der Kremation dabei zu sein, zeigt mir der Mann, der die Kremation vornehmen wird, die Leichenhalle, wo das Kind aufbewahrt wird, und die Kremationsöfen. Ich bin ihm dafür dankbar, so kann ich morgen das Geschehen besser in Gedanken begleiten.

Am nächten Tag holen dann mein Mann und ich die Urne ab. Auf dem Karton steht: Dubs, Mädchen, Nummer 100007. Unser Mädchen!

Wir fahren zu uns nach Hause und graben das kleine Tännchen aus, das ich aus dem Wald geholt und in unserem Garten gepflanzt habe, als ich die Gewißheit hatte, daß ich schwanger bin.

Es ist schon sehr gewachsen. Dann gehen wir in den Wald und suchen uns eine schöne Stelle aus mit viel Licht und Blick ins Weite, etwas erhöht. In der Nähe steht eine große, alte Tanne, sie soll das kleine Tännchen und unser Mädchen beschützen. Wir graben ein Loch, legen die Asche von unserem Mädchen hinein und setzen das Tännchen. Drei Kerzen brennen an ihrem Grab, und Beni und ich beten ein Vaterunser."

Nach plötzlichem Kindstod

Der plötzliche Kindstod ist die häufigste Todesursache im Säuglingsalter. Noch ist die Ursache nicht bekannt. Meistens sterben die Kinder im Schlaf, ohne daß sie vorher krank waren. Für die Eltern ist dies eines der schrecklichsten Ereignisse. Sie kommen morgens ins Kinderzimmer hinein, vielleicht mit ahnungsloser Freude, daß das Kind heute so lange geschlafen hat, und erschrecken dann zutiefst. Die Unfaßbarkeit, die Fragen, die Schuldgefühle und der unvorstellbar große Schmerz überfallen sie. Häufig können Sie auch das Kind nicht bei sich behalten. Denn je nachdem, welche Todesursache der Arzt angibt, ob er meint, daß es ein natürlicher Tod oder unnatürlicher Tod war, wird die Kriminalpolizei miteingeschaltet. Dies bedeutet, daß das Kind obduziert werden muß, um die wirkliche Todesursache festzustellen. Dadurch werden in den Eltern die Schuldgefühle bestärkt. Auch ist es zusätzlich belastend, daß sie nicht Abschied von ihrem Kind nehmen können, sondern daß alles so schnell geht. Darum ist es wichtig, daß berufliche Helfer ihnen die Gründe erklären. Dann kann es sich in den Eltern wandeln, so wie es eine Mutter sagte: *„Doch, es war schon ganz richtig, auch wenn es zusätzlich schwer war, daß Maximiliane dann so schnell von uns fortgenommen wurde. Aber es werden heute doch so viele Kinder mißhandelt, und der Notarzt und die Polizei können ja nicht wissen, mit wem sie es zu tun haben."* Wohnt die Familie in einem kleineren Ort, fangen häufig auch Spekulationen an: *„Bei Familie K. ist das Baby gestorben. Und dann kam ja sogar noch die Polizei. Da war sicherlich nicht alles in Ordnung."* Eine Hilfe wäre sicherlich, wenn in den Medien mehr über den plötzlichen Säuglingstod berichtet werden würde. Dies ist auch ein Anliegen der Gesellschaft zur Erforschung des plötzlichen Säuglingstods in Karlsruhe.

Der Arzt kann jedoch auf dem Totenschein bestätigen, daß es ein natürlicher Tod war, dann kann das Kind länger zu Hause bleiben und muß nicht obduziert werden. Gerburg und Hans-Peter, deren Sohn vor wenigen Monaten starb, erzählten uns:

Gerburg: „Ich ging am Morgen zusammen mit unserem älteren Sohn Jakob ins Kinderzimmer, um zu schauen, ob Manuel auch schon wach war. Er hatte Masern, aber das hohe Fieber war nach drei Tagen zurückgegangen, also ein scheinbar ganz normaler Verlauf. Schon beim Reingehen im Halbdunkel war es für mich merkwürdig, daß ich kein vernehmliches Atmen gehört habe – Manuel hatte häufig Schnupfen. Ich bin dann mit angehaltenem Atem an sein Bett gegangen und habe ihn angefaßt – er war schon ganz kalt. Ich habe sofort nach meinem Mann gerufen. Erst als er da war, habe ich das Licht angemacht. Da lag er dann auf dem Bauch, halb auf dem Mund. Wir haben ihn gemeinsam umgedreht, und in mir waren zweierlei Gedanken. Zum einen: ‚Er wird doch wohl nicht erstickt sein? Wir werden ihn doch wohl nicht überhört haben? Haben wir etwas falsch gemacht?' Und zum anderen: ‚Es hat wohl doch so kommen müssen; ich hatte das schon immer mal wieder befürchtet; so lösen sich manche Probleme, nämlich ob ich beide Kinder auf eine Tagung mitnehme.' Gefühlsmäßig war das eine Achterbahn: einerseits Unverständnis, Ratlosigkeit und tiefer Schmerz und andererseits ein Sich-Hineingeben in das Unausweichliche. Ich hatte schon kurz nach seiner Geburt die Befürchtung, daß er nicht lange bei uns bleiben würde. Ich dachte dabei allerdings eher an achtzehn Jahre. Manuel war ein Kind mit Down-Syndrom, einer geistigen Behinderung, die früher Mongolismus genannt wurde; doch daraus ließ sich nicht eine so kurze Lebenserwartung ableiten. Jedenfalls werden wir nie erfahren, ob er an den Masern starb oder an etwas anderem."

Hans-Peter: „Wir standen zu dritt vor Manuels Bett, konnten es nicht fassen und weinten. Es war eine Mischung aus Weinen und Schluchzen und Schreien und Stummsein. Einige Augenblicke hielt ich Gerburg im Arm, dann war ich wieder auf Manuel konzentriert.

Zuerst dachte ich, wir sollten Manuel nicht bewegen – vielleicht will ja der Arzt sehen, wie er lag, als er starb. Er hatte wie immer auf dem Bauch geschlafen, lag halb auf der Backe, halb auf dem Kinn, und ein kleines Rinnsal Blut war aus seinem Mund auf das Bettuch gelaufen und geronnen. Dann wollten wir ihn doch anfassen und ihn bei uns haben. Ich nahm ihn aus dem Bett in meine Arme. Zuerst war es ein sehr fremdes Gefühl, seinen kalten, schlaffen Körper zu halten, aber es war so viel besser, als ihn im Bett liegenzulassen. Ihn immer wieder zu betasten und ihn so zu spüren, war ganz wichtig, um zu verstehen: Er ist tot."

Gerburg: „Ja, ich habe Manuel dann auch viel gestreichelt und im Arm gehalten. Mir war so, als ob ich ihm noch viel Liebe durch die tote Hülle vermitteln wollte. Ich habe ihn auch mit vielen Kosenamen bedacht.

Jakob, er war damals dreieinhalb, konnte es am schwersten ertragen, daß wir beide nur noch heulten. Er hat uns dann mit Fragen bedrängt. Wir haben immer wieder versucht, ihm zu erklären, was das jetzt heißt, daß Manuel tot ist. Er hat spontan gesagt, er solle wieder krabbeln. Er wollte auch wissen, ob er denn schläft, und er solle doch aufwachen. Wir haben das aber verneint und haben ihm von Anfang an die Wahrheit zugemutet. Es war für uns beide nicht immer einfach, seinen Fragen nicht auszuweichen. Manchmal war es auch schmerzlich, mit welcher Selbstverständlichkeit er die Realitäten benannnt hat. Z.B. verkündete er am Nachmittag im Treppenhaus laut, daß Manuel jetzt nicht mit spazierengehen kann, weil er ja tot ist.

Meine größte Sorge war, daß bei der Diagnose ‚plötzlicher Kindstod' uns unser Kind gleich genommen und uns keine Zeit bleiben würde, uns in unserer Form von Manuel zu verabschieden."

Hans-Peter: „Gerburg kam bald auf die Idee, noch einige Fotos von Manuel zu machen. Für mich sind die schönsten von diesen letzten Bildern von Manuel die, wie er tot in Gerburg oder meinem Schoß liegt. Ich bin jetzt froh darüber, daß ich sie immer wieder anschauen kann.

Schon bald setzten meine Gedanken ein, und ich wunderte mich, wie klar sie waren.

Die ersten zwei Stunden, in denen wir noch alleine waren, habe ich als ganz wichtige Zeit empfunden, als eine erste Möglichkeit, den Abschied von Manuel allmählich nach innen dringen zu lassen. Zu dritt oder zu viert saßen wir im Kinderzimmer auf dem Teppich, hielten abwechselnd Manuel im Arm, weinten und versuchten, Jakob nicht ganz aus dem Blick zu verlieren.

Ich hatte zwischendurch noch öfters telefoniert, weil der Arzt schwer zu erreichen war. Aber es war mir lästig, dauernd wegzugehen. Im nachhinein denke ich, ich hätte damit auch noch länger warten können. Der Arzt kam dann gegen neun Uhr, um den Totenschein auszustellen.

Am Vormittag kam spontan ein befreundetes Paar zu uns. Es war gut, daß sie Hilfe anboten, aber noch wichtiger fand ich, daß einfach jemand da war; auch daß jemand für Jakob da war, z.B. um sein kaputtes Auto zu reparieren, das ihm jetzt wichtig war.

Wir haben Manuel wieder in sein Kinderbett gelegt und zündeten daneben eine Kerze an. Immer wieder gingen wir im Laufe des Tages einzeln oder gemeinsam ins Kinderzimmer, um Manuel anzuschauen. Jakob ging manchmal mit hinein; manchmal hatten wir den Eindruck, daß es ihm zu nah ist, dann blieb er draußen oder an der Tür stehen; zweimal bemerkte ich, wie er alleine hineinging und sich Manuel kurz anschaute. Für mich war es wichtig, immer wieder alles andere sein zu lassen und kurz bei Manuel zu sein, zu weinen oder zu ihm zu sprechen, ihn anzufassen – auch mal ganz alleine für mich, ohne Geburg oder Jakob.

Einer der merkwürdigsten Momente war für mich, als mein Blick auf einen hölzernen Drachen fiel, der in der Nähe von Manuels Bett von der Decke hängt. An zwei Schnüren hängt er im Gleichgewicht, und mittels einer Zugschnur untendran kann man die Flügel zum Schwingen bringen. Ich spürte den Impuls in mir, den Drachen ‚fliegen' zu lassen mit dem Satz dazu ‚Flieg, Manuel, flieg' – aber gleichzeitig hatte ich eine seltsame Scheu, das wirklich zu tun, es kam mir ein bißchen kindisch oder abergläubisch vor. Ich tat es dann doch, sagte diesen Satz ganz leise und brachte ihn kaum über die Lippen, so sehr mußte ich dabei weinen. Das habe ich lange nicht gewagt, Freunden zu erzählen – wohl aus der Scheu heraus, es könnte von einer zu naiven Vorstellung von der Seele zeugen, aber auch aus dem Empfinden heraus, da etwas ‚Heiliges' erlebt zu haben.

Mit dem Bestattungsinstitut haben wir gute Erfahrungen gemacht. Uns war klar, daß wir Manuel noch mindestens über Nacht bei uns haben wollten. Und wir wurden darin sogar vom Bestatter unterstützt. Er ging auch sofort darauf ein, daß wir Manuel selbst umziehen wollten und keine kosmetische Behandlung mehr wünschten; wir fanden, Manuel sollte, wenn der Sarg vor der Beerdigung noch einmal offen sein würde, so aussehen, wie der Tod es eben mit sich bringt."

Gerburg: „Ja, er hat uns ganz sachlich und gut beraten – ohne Gefühlsduselei und Rauheit. Er hat uns auch von sich aus gefragt, ob wir nicht eine eigene Decke und ein Kissen mit in den Sarg legen wollten – er fände das zum Kauf angebotene Material nicht besonders schön. Ebenso war er bereit, einen schlichten Kiefernholzsarg zu nehmen, falls uns ein anderer Sargschreiner einen machen würde; er gab uns selbst dessen Telefonnummer. Wir hatten bei allem den Eindruck, daß er nicht vorrangig an uns verdienen wollte, sondern ein Gespür für unsere Wünsche hatte und sie achtete.

Am Abend, als Jakob schlief, haben wir Manuel dann saubergemacht. Wir zogen ihm seine Taufkleider an, einfache und schöne Alltagskleider, und legten ihn auf ein sauberes Bettuch in sein Bett."

Hans-Peter: „Die Nacht war für mich sehr wichtig. Wir wußten überhaupt nicht im voraus, wie wir damit umgehen wollten. Es war ein Schritt-für-Schritt-Weitergehen und Ausprobieren. Zuerst zündeten wir im Kinderzimmer neben Manuels Bett seine Taufkerze an. Dann kamen nochmals Freunde für zwei Stunden: Wir saßen zu viert im Kinderzimmer auf dem Teppich, erzählten Aktuelles und viele Erinnerungen, schwiegen, eine Freundin las ein Gebet vor, das sie mitgebracht hatte; wir sprachen auch über ganz anderes und Zukünftiges und lachten dabei, dann schwiegen wir wieder und weinten – alles hatte seinen Platz."

Gerburg: „Als wir dann wieder alleine waren, ließen wir die Kerze brennen und haben abwechselnd bei Manuel im Kinderzimmer geschlafen. Am frühen Morgen lagen wir dann zu zweit im Kinderzimmer und haben uns gegenseitig getröstet und über Manuel gesprochen."

Hans-Peter: „Dabei entstand die Idee, von Manuel noch einen Fußabdruck zu nehmen: Wir hatten auf den Geburtsanzeigen unserer Kinder jeweils einen Fuß mit schwarzer Fingerfarbe angestrichen und als erstes Lebenszeichen abgedrückt – jetzt wollten wir nochmal einen Abdruck als letztes Zeichen von ihm auf die Todesanzeige setzen. Ich spürte auch da eine Scheu, denn der tote Manuel konnte sich ja nicht mehr wehren. Vielleicht hatte es auch etwas mit Pietät zu tun? Wir entschieden uns dafür, und ich habe es nie bereut. Es war seltsam, aber auch wohltuend, auf diese Weise noch einmal mit dem toten Körper in Berührung zu kommen. Wie nach seiner Geburt strichen wir den Fuß schwarz ein, drückten ihn auf ein Papier, wuschen ihn ab und zogen ihm die Socke und das Schühchen wieder an. Auch das – wir merkten es erst beim Tun – war eine Art Ritual des Abschiednehmens.

Dann schoben wir Manuels Bett aus der Ecke in die Mitte des Zimmers, in die Mitte, eben wie bei einer Aufbahrung, und eine erste kleine Etappe auf dem Weg hinaus aus unserer Wohnung."

Gerburg: „Am nächsten Morgen kam dann der Mann mit dem Sarg, um Manuel ins Kühlhaus zu bringen. Er zog aus Gewohnheit seine Gummihandschuhe an, um Manuel in den Sarg zu legen. Da wir uns – unausgesprochen – einig waren, daß wir das selbst tun wollten, fragte ich ihn, ob ich das auch machen könnte. Ich konnte Manuel dann in den Sarg legen und ihn zudecken. Mein Mann und er haben dann den Sarg verschlossen."

Hans-Peter: „Wir fuhren dann mit Jakob hinter dem Leichenwagen her zu dem Kühlhaus, wo Manuels Leichnam bis zur Beerdigung aufbewahrt wurde – nicht aus Mißtrauen, sondern es war für uns alle drei wie ein Teil des letzten Weges ins Grab, den wir einfach mitgehen wollten, eine Station, die wir sehen wollten."

Gerburg: „Am Samstagabend sprachen wir mit einem befreundeten Paar über die Beerdigung. Der Mann war auch bei Manuels Taufe dabei gewesen und hatte ihn gekannt. Das war uns wichtig. Daß er evangelischer Pfarrer ist und wir katholisch sind, war für uns in diesem Augenblick nicht wichtig und vielleicht ein Ausdruck von dem, was Manuel in Bewegung gesetzt hat in seinem kurzen Leben: über Grenzen zu gehen. Wir suchten mit ihm gemeinsam nach unserer Form, diesen Abschied zu gestalten.

Von Anfang an war uns klar, daß wir eine große Trauergemeinde wollten.

Am Donnerstag kamen über hundert Menschen zur Beerdigung. Es tat uns sehr gut, soviel Mitleiden und Mitfühlen zu erleben. Während der Ansprache standen wir alle draußen im Regen, zum Ende brach dann die Sonne durch. Manuels Paten haben seinen Sarg in die Erde gelassen, und wir haben viele Blumen in sein Grab geworfen. Wir hatten vereinbart, so lange am Grab zu bleiben, bis es von den Friedhofsarbeitern zugeschaufelt war – ein Kompromiß zu der Ursprungsidee, dies mit Freunden selber zu tun. Alle Kinder standen sehr aufmerksam dabei, ebenso ein Teil der Erwachsenen. Mit der Erde kamen auch die Gebeine von anderen Toten wieder zurück in das Grab, was mir ein Kind ganz aufgeregt erzählte. Da wurde mir deutlich, daß die Toten bei den Toten begraben werden.

Der anschließende Beerdigungskaffee tat gut, weil hier wieder spürbar war, wie wir unter vielen sehr unterschiedlichen Freunden und Verwandten aufgehoben waren. Die Beerdigung war so für uns ein gutes Stück Trauerarbeit: Wir konnten mit vielen Menschen Manuels Körper der Erde zurückgeben. Seitdem hören Jakobs Fragen nicht auf, was mit seinem Bruder passiert ist. Wir sind froh darüber, daß er sie stellt und daß er andere Kinder hat, mit denen er über Manuel, seinen Tod und den Ort, wo seine Seele jetzt ist, sprechen kann.

Bei mir bleibt, trotz der Verbundenheit und Betroffenheit, die ich von anderen spüre, auch immer wieder das Gefühl, daß wir mit dieser Erfahrung einsam bleiben werden. Das ist schmerzlich – und zugleich unsere ganz eigene Familiengeschichte."

Es hat uns sehr berührt, mit wieviel Liebe und Zeit Gerburg und Hans-Peter sich von Manuel verabschiedeten. Sie folgten dabei ganz intuitiv ihrem inneren Gefühl, auch wenn manche Impulse für sie selbst zunächst fremd waren.

Nach dem Tod im Krankenhaus

Auch in den Krankenhäusern verändert sich langsam die Art und Weise, wie Schwestern und Krankenpfleger mit dem Toten umgehen. Nicht immer werden die Angehörigen rausgeschickt, wenn der Tote gerichtet wird. Immer öfter werden sie gefragt, ob sie dabei bleiben wollen oder sogar helfen möchten.

Meist wird es dem Sterbenden ermöglicht, im Raum alleine zu sein, indem Mitpatienten in andere Zimmer verlegt werden. So können die Angehörigen auch nach dem Tod noch alleine mit dem Verstorbenen sein und Abschied nehmen. Leider ist diese Zeit oftmals kürzer, als die Angehörigen oder Freunde, die etwas weiter weg wohnen, es sich wünschen würden. Hier ist zu spüren, daß der Tod ein Teil in einem Routinealltag ist. Da wird das Bett dann wieder für einen neuen Patienten gebraucht. Von seiten des Krankenhauses nur allzu verständlich, aber für Angehörige und Freunde oftmals schmerzlich und viel zu abrupt.

Vielleicht wäre hier eine hilfreiche Lösung, schön gestaltete Aufbahrungsräume zu schaffen, und zwar nicht nur irgendwo versteckt im Keller, sondern an einem gut zugänglichen Ort. Dann wären die Angehörigen noch mit den Menschen zusammen, die den Verstorbenen auch gepflegt haben. Ein solcher Raum wird mit Blumen und Kerzen ausgeschmückt und ist für die Angehörigen immer offen.

Das Eingepreßtsein in einen Krankenhausbetrieb spürt auch Gabriele beim Abschiednehmen von ihrem Mann:

„Mein Mann starb auf der Intensivstation. Trotz der vielen Apparate war sein Sterben sehr ruhig und friedlich. Die Schwestern und Ärzte ließen uns viel alleine mit ihm. Als er dann starb, durfte ich ihn alleine waschen. Ich war sehr dankbar, ganz in Ruhe und für mich allein von seinem Körper Abschied zu nehmen, mit Schmerz und mit Dankbarkeit, daß ich ihn über diesen Körper lieben durfte. Danach saßen wir, seine Freunde und ich, noch an seinem Bett , in der Stille, und nur manchmal wurde leise ein Wort gesprochen. Ich hätte gerne noch die ganze Nacht durchgewacht, es ging so viel Ruhe und Frieden von ihm aus – aber die Schwestern drängten uns dann, uns zu verabschieden. Auf der Intensivstation haben sie die Vorschrift, nach dem Tod eines Patienten das Bett schnell wieder für einen etwaigen Notfall frei zu haben.

Damals war ich wohl zu erschöpft von all dem Geschehen, und so ließen wir meinen Mann alleine. Heute, rückwirkend erlebt, tut es mir sehr weh. Ich hätte mir gewünscht, ihn länger zu begleiten und darauf zu bestehen, z.B. in einem anderen Zimmer oder einem Aussegnungsraum bei ihm zu bleiben. Dann hätten auch andere Freunde von ihm noch die Möglichkeit gehabt, sich zu verabschieden. Auch für sie schmerzt es mich. Hinzu kommen noch die Zweifel, was mit ihm dann geschah. Wo wurde er hingebracht? Wurde wirklich keine Obduktion gemacht? Ich hatte eine schriftliche Erklärung abgegeben, daß ich keine Obduktion möchte, aber woher weiß ich, daß sie wirklich beachtet wurde? Ob sie wirklich zu der Akte gelegt wurde und nicht verloren ging? Fragen, die mich auch jetzt noch immer beschäftigen. Heute würde ich bei ihm bleiben, bis er vom Beerdigungsinstitut abgeholt würde."

In den Krankenhausbetrieb eingefügt, hat sie nicht genügend Zeit, Abschied zu nehmen. Hinzu kommen noch die vielen Fragen, die sie quälen. Hier wird das Krankenhaus dann nicht mehr als sicher angesehen.

Auch wenn der Verstorbene im Krankenhaus gestorben ist, ist es möglich, den Verstorbenen vom Bestattungsunternehmer nach Hause bringen zu lassen und dort aufzubahren.

Die meisten von uns wissen dies jedoch nicht und lassen diesen Wunsch gar nicht in sich zu. Für manche ist es aber sehr wichtig und heilsam, in der privaten Atmosphäre Abschied zu nehmen, noch einmal ganz ungestört Zeit zu haben. Sie können dann mit Freunden den Abschied so gestalten, wie es für sie stimmt und auch eine würdige und angemessene Feierlichkeit erfährt.

Die Herstellung einer Totenmaske

Das Antlitz eines Toten bewahren? Eine Vorstellung, die Ihnen vielleicht im ersten Moment seltsam oder erschreckend erscheint?

Wer einmal die Totenmaske eines Menschen gesehen oder sogar berührt hat, hat vielleicht für sich erfahren, daß von diesen Masken eine intensive und lebendige Wirkung ausgehen kann.

Da stehen wir vielleicht staunend vor einem unfaßbaren Lächeln, das die Lippen umspielt, oder auch vor der Würde und Hoheit auf dem Gesicht eines Kindes.

So wie heute die Fotographie ein Medium geworden ist, das auf sehr schöne Weise das Antlitz eines Toten für uns bewahren kann, so erscheint es uns auch eine ganz besondere Form der Totenbewahrung und auch Verehrung, daß von dem Verstorbenen eine Totenmaske abgenommen wird.

Ganz selbstverständlich ist es uns, daß es sich hier nicht um ein Privileg berühmter oder „außerordentlicher" Menschen handeln kann, denn wir erfahren ja immer wieder im Betrachten eines Verstorbenen, wie „außerordentlich" jedes Antlitz im Tode wird.

Vielleicht kann eine solche Totenmaske auch eine Hilfe für die abschiednehmenden Menschen sein, daß es ihnen über das Betrachten der Maske langsam möglich wird, den Tod des geliebten Menschen tatsächlich als wahr zu verstehen und anzunehmen.

Für die Herstellung einer solchen Maske bedarf es nicht unbedingt des „Fachmannes". Es ist durchaus vorstellbar, daß Sie oder ein hilfreicher Freund, eine hilfreiche Freundin, diese handwerkliche Ausführung übernehmen.

Wir werden Sie in kleinen Schritten durch den Ablauf der Arbeit führen, und vielleicht haben Sie Lust, eine solche Maske, sozusagen probehalber, erst einmal an einem „Lebenden" zu machen.

Was Sie brauchen:

- Stirnband oder eine Mullbinde zum Zurückbinden der Haare;
- Fettcreme (z. B. Nivea);
- Eine Schachtel Gipsbinden, die Sie in der Apotheke oder einem Orthopädiefachgeschäft kaufen oder bestellen können (Plastrona);
- Für lebende Modelle zwei Strohhalme oder Papierröllchen, die sie in die Nasenöffnungen stecken, damit die Person ohne Behinderung weiteratmen kann;
- Gips, den Sie entweder in einem Malergeschäft oder Baumarkt erhalten.

Wie Sie vorgehen:

1. Binden Sie, wenn es notwendig ist, die Haare der Person so, daß sie nicht in das Gesicht fallen.

2. Cremen Sie das Gesicht großzügig ein. Besonders an den Augenbrauen, den Wimpern oder an einem eventuell vorhandenen Bart.

3. Schneiden Sie die Gipsbinden mit einer Schere in kleine Stücke von einer Länge zwischen 5 und 10 Zentimetern. Schneiden Sie sie in der Menge großzügig zu, so daß sie genügend Teile während ihrer Arbeit zur Verfügung haben.

4. Tauchen Sie nun das erste Gipsbindenstückchen in Wasser, etwa 20 Sekunden bei lauwarmem Wasser, und legen sie es dann flach auf das Gesicht. Es ist günstig, zuerst mit den größeren Gesichtsflächen zu beginnen, also Wangen und Stirn. Tauchen Sie nun ein Läppchen nach dem anderen ins Wasser und legen Sie sie, sich leicht überlappend auf das Gesicht.

5. Die kleineren Stückchen werden für die kleineren Gesichtspartien benutzt, wie z. B. die Nase, den Mund, das Kinn und die Augen.

6. Die Begrenzung des Gesichtes geht rings um am Haaransatz entlang und geht am Untergesicht bis leicht zum Halsansatz.

7. Arbeiten Sie langsam und ruhig. Es hat keine Eile, die Gipsmullstücke verbinden sich auf jeden Fall miteinander.

8. Die Nasenlöcher bleiben beim Verstorbenen wie auch beim Lebenden offen. (Der Lebende hat ja in den Nasenöffnungen entweder zwei Strohhalmröhrchen oder zwei konisch zusammengeklebte Papierröhrchen. Beim lebenden Modell haben sie sich vor Beginn der Arbeit darüber verständigt, daß die Person gut und bequem atmen kann. Die Person muß zum Herstellen der Maske auf jeden Fall liegen, vielleicht mit einem Kopfkissen unter dem Kopf.)

9. Immer dann, wenn Sie ein neues Mullteil auflegen, verstreichen sie es ganz saft mit dem danebenliegenden.

10. Es ist günstig, die Maske in etwa zwei bis drei Lagen übereinander herzustellen. Sie hat dann für den Gipsausguß genügend Stabilität.

11. Nachdem die ganze Gesichtsfläche zwei bis dreifach abgedeckt ist, warten Sie noch etwa 10 Minuten. Lösen Sie dann die Maske von den Rändern her vorsichtig ab, und lösen Sie sie dann ganz vom Gesicht.

12. Überprüfen Sie, ob die jetzt entstandene Maske, also die negative Form des Gesichtes, kein Loch oder eine durchlässige Stelle hat, indem sie Sie vor ein helles Licht halten, um die Dichte überprüfen zu können. Befindet sich irgendwo eine undichte Stelle, legen Sie noch ein paar angefeuchtete Gipsmullbinden von außen darüber.

13. Sie können nun das Gesicht des Verstorbenen (oder auch Lebenden) mit mehreren Wattebäuschchen von den groben Resten der Fettcreme befreien und im Anschluß daran mit warmem Wasser gut abwaschen.

14. Ist die Negativmaske ganz getrocknet, fetten Sie sie nun nochmals leicht ein.

15. Legen Sie sie daraufhin waagerecht hin, mit der Öffnung nach oben, so daß sie gut ausgegossen werden kann. Sie können sich die Negativform z.B. in ein Kissen legen, so daß sie, von unten her, weich gehalten ist.

16. Setzen Sie nun eine genügende Menge Gips in einem Plastik- oder Gummigefäß an. Gips wird immer so angesetzt, daß eine entsprechende Menge Wasser unter Umrühren mit eingestreutem Gips aufgefüllt wird. Unter beständigem Umrühren streuen Sie so lange Gips ein, bis die Masse sämig wie etwa Yoghurt ist. In der Gipsmasse sollten möglichst keine Klümpchen oder Luftblasen sein. Klümpchen können Sie am

besten mit den Fingern auflösen. Luftbläschen steigen auf und zerplatzen, wenn Sie mit einem Gegenstand, z.B. einem Kochlöffel, leicht an den Rand des Gefäßes klopfen.

17. Ist die Masse glatt und gußfähig, gießen Sie nun die Negativform vorsichtig und gleichmäßig bis zum Rand hin aus.

18. Klopfen Sie im Anschluß wiederum noch eine Zeitlang ganz sanft an die Außenform, daß die eventuell beim Einguß entstandenen Luftbläschen sich auch noch lösen können. Nach etwa einer halben Stunde können Sie mit einem Eßlöffel von der gesammten Gipsmasse hinten etwas wegnehmen, damit sie nicht zu schwer ist. Die Wandstärke der Maske sollte aber nicht unter zwei cm liegen. Wollen Sie die Maske lieber nicht aushöhlen, graben Sie aber eine Vertiefung in der Mitte der Stirnpartie von hinter her ein, in die Sie die Maske später aufhängen können.

19. Nach zwei bis drei Tagen können Sie die Negativform von der ausgegossenen Form trennen. Das machen Sie am besten, indem Sie mit einem scharfen Papierschneidemesser oder einer Rasierklinge kleine Flecken der Gipsmullflächen vorsichtig einschneiden, ohne die darunterliegende Positivmaske zu verletzen, und die einzelnen Flecken dann abheben. Diese Arbeit erfordert etwas Geduld und Fingerspitzengefühl.

20. Die behutsame Vorgehensweise wird Ihnen reich belohnt werden, wenn dann die eigentliche Totenmaske, das lebendige Abbild eines Verstorbenen, in ihren Händen liegt.

21. Vielleicht erleben Sie einen schmerzhaft schönen Moment, wenn Sie betrachtend erleben, daß Ihnen etwas „unzerstörbares" von dem nahen, geliebten Menschen zurückbleibt.

Es gibt, wenn Sie sich diese Herstellung einer Totenmaske selber nicht zutrauen, Bildhauer/innen oder Bühnenbildner/innen, die diese Arbeit sachgerecht ausführen können. (In diesem Fall ist allerdings der Kostenpunkt einer solchen Totenmaske ein unter Umständen kritischer Faktor.) In unseren Augen darf die vollständige Herstellung einer Totenmaske unter keinen Umständen zwischen 5000 oder 10000 DM liegen, wie wir das einer Zeitungsnotiz entnahmen. (Sonntag Aktuell Nr. 47)

Ein für uns vorstellbarer Preis, wenn Sie die Maske von einer/m „Professionellen" machen lassen, läge zwischen 1000 und 2000 DM.

Vom Einsargen

Mit einer der schwersten Schritte auf dem Weg des Abschiednehmens vom Körper der Verstorbenen ist das Einsargen. Es ist ein weiteres, sehr deutliches Signal des Todes und der Endgültigkeit. Auch da mag uns ganz spontan der Impuls kommen: „Liegt der Verstorbene auch gut?" oder „Er kriegt doch gar keine Luft mehr!" Das ist von uns her gesehen sehr natürlich. Immer wieder denken wir noch, daß der andere noch am Leben ist, daß er doch atmet - die Unfaßbarkeit ist zu groß.

Häufig werden Angehörige für den Moment des Einsargens rausgeschickt mit den Worten: „Das ist zu belastend". Für viele mag das stimmen – aber für andere ist es wichtig, auch in diesem Moment anwesend zu sein, auch hierbei den Verstorbenen zu begleiten. Vielleicht wäre es leichter, wenn Angehörige und Freunde einfach gefragt würden, ob sie dabei sein möchten, und man ihnen die Freiheit der Entscheidung ließe, anstatt sie zu bevormunden.

Der junge Schreiner Herr Pölz hat uns am Eingang des Altersheims abgeholt.

Er ist gekommen, um Frau Kraus einzusargen. Ein paar Treppen geht's hinunter ins Untergeschoß. In einem kleinen, von Neonlicht erhellten Raum steht die Tragbahre auf Rädern, mit der Frau Kraus heute morgen, in aller Frühe, heruntergebracht worden war.

Der Sarg, den die beiden Schreiner aus ihrem Lager mitbrachten, steht auch schon da. Der Deckel ist geöffnet, so daß wir die Innenausstattung ganz genau betrachten können. Da ist eine kleine Matratze, weiß überzogen, das Kopfkissen, und neben dem Sarg abgelegt, liegt ein Tuch, die Zudecke, und ein kleines Schleiertüchlein.

Alles ist vorbereitet, so kann es an die Arbeit gehen.

Die beiden Männer ziehen sich, vorsichtshalber (!) Einmalhandschuhe an. Es ist für sie sicherlich verstehbar, sich vor einer eventuellen Krankheit des Leichnams zu schützen, einen Betrachter mutet es befremdlich an. Vielleicht vermeiden sie so auch, den Tod direkt zu spüren. Nun wird das Bett mit dem toten Körper von Frau Kraus herangerollt, sie liegt unter einem weißen Leinentuch. Auch ihr Gesicht ist damit bedeckt.

Das Leinentuch wird von dem toten Körper entfernt, und mit einem kundigen sicheren Griff wird Frau Kraus in den Sarg hineingelegt. Man spürt, daß diese Arbeit schon oft ausgeführt wurde, denn der Körper liegt exakt an der richtigen Stelle, und der Kopf von Frau Kraus ruht nun auf dem Kissen. Da liegt sie nun. Mit ebenso raschen Bewegungen wird die Binde, die das Kinn hochband, gelöst.

Frau Kraus liegt mit einem lächelnden, kindlichen Ausdruck auf ihrem Gesicht da. Die Haut ist weißlich gelb, aber sonst hat man das Gefühl, als läge sie mit ihrem ganzen Wesen, mit ihrer ganzen Person in ihrem frisch gemachten Bett. Nun wird das Nachthemd heruntergestreift und das frische, hinten offene Hemd über den toten Körper gebreitet. Es raschelt ein wenig und erinnert an gestärkte Hemden. Irgendwie paßt dieser Spitzenkragen und dieses festliche Weiß zu Frau Kraus, sie sieht nun richtig würdig angezogen aus. Auch die Hände werden noch zusammengelegt, und der Rosenstrauß, den sie in der Frühe mitbekommen hatte, wird unter die Hände geschoben.

Nun noch ein paar weiche Polster unter die Arme, die Bettdecke über den Körper und an der Seite eingestopft, und darüber noch eine am Rande mit Spitzen verzierte Decke.

Der ältere der beiden Männer zieht aus seiner Jackentasche einen Kamm und kämmt Frau Kraus über die feinen weißen Härchen, beide betrachten noch einmal, ob alles recht und an seiner Stelle ist. Mit einem feuchten Tuch werden noch Spuren am Mund von Frau Kraus gereinigt, und ich denke für einen Moment an das Taschentuch meiner Mutter, mit dem sie mir in meiner Kindheit manchmal den Mund abwischte, wenn dort etwas nicht zu ihrer Zufriedenheit war.

Nun noch ein Blick. Ja, alles ist richtig und in Ordnung. Der Sarg kann verschlossen werden. Die tote Frau Kraus liegt schön anzusehen in all dem frischen Weiß, und auch das zarte, transparente Tüchlein bedeckt nun schützend ihr Gesicht.

Der Sargdeckel wird geschlossen, die Flügelschrauben werden zugedreht. Die beiden Männer können den Sarg ohne große Mühe die paar Treppen nach oben tragen. Frau Kraus war eine eher kleine und zarte Frau. Bei sehr schweren Menschen sei das Gewicht schon erheblich größer, und man brauche dann manchmal vier Personen zum Tragen, meinen die Schreiner.

Draußen auf dem Hof steht ein silberner Combiwagen ohne jede Aufschrift. Der Sarg wird in den Innenraum geschoben und noch ein Holzriegel in eine Vorrichtung geschoben, daß der Sarg bei der Fahrt nicht im Innern des Autos ins Rutschen kommt.

Am Fußende klebt noch ein hellblaues Zettelchen: **Kraus, Marie,** *es wird keine Verwechslung geschehen können. So wird sie nun hinaus-*

gefahren zum städtischen Friedhof, wo der tote Körper auf seine Einäscherung in wenigen Tagen warten wird.

Vielleicht ist es Ihnen schwergefallen, diese Berichte zu lesen. Vielleicht haben Sie gespürt, wie wenig wir von dieser Zeit direkt nach Eintritt des Todes in der Regel wissen. Die Zeit unmittelbar nach dem Tod eines nahen Menschen ist häufig so schmerzhaft, daß es schwer für uns ist zu handeln.

Helfen kann uns in solch einer Situation, wenn wir uns schon früher gedanklich mit dieser Zeit beschäftigt haben und vielleicht zu Einsichten und einer eigenen Meinung gefunden haben. So wird es uns dann in einer tatsächlich eingetretenen Situation eher möglich sein, für „unseren Toten" zu sorgen und auch zu spüren, was für uns gut wäre. Wir können dann später das Gefühl haben, daß auch diese Handlungen mit Liebe, Sorgfalt und Achtung geschehen sind.

7. „Es war alles so anonym und fremd"
Erfahrungen in der Pathologie

Da liegen sie bereit, als ob es gälte,
nachträglich eine Handlung zu erfinden,
die miteinander und mit dieser Kälte
sie zu versöhnen weiß und zu verbinden;

denn das ist alles noch wie ohne Schluß.
Was für eine Name hätte in den Taschen
sich finden soll? An dem Überdruß
um ihren Mund hat man herumgewaschen:

er ging nicht ab; er wurde nur ganz rein.
Die Bärte stehen, noch ein wenig härter,
doch ordentlicher im Geschmack der Wärter,

nur um die Gaffenden nicht anzuwidern.
Die Augen haben hinter ihren Lidern
sich umgewandt und schauen jetzt hinein.
(Rainer Mairia Rilke, *Gedichte*)

„Meine Tante hat vor 5 Jahren Suizid begangen. Sie hat sich mit einem Strick erhängt. Es war ganz schlimm für uns alle, besonders quälend waren für uns die Schuldgefühle. Immer wieder dachten wir, ob wir es nicht doch hätten verhindern können. Das Ergebnis der Obduktion war dann eine große Hilfe für uns. Es stellte sich heraus, daß sie eine organisch bedingte Erkrankung hatte. Das war für uns eine Entlastung."

Die Sektion, also die Leichenöffnung zur Feststellung der Todesursache, auch Obduktion genannt, berührt ein großes Tabu, eine Dunkelzone. Besonders deutlich wurde es uns daran, daß es uns nur nach mehreren Anfragen möglich war, bei einer Sektion dabei zu sein. Die Pathologen, also die Ärzte, die die Sektion durchführen, lehnten es ab, weil sie meinten, daß es für Nicht-Mediziner zu belastend wäre.

Die Pathologie ist die Lehre und Erforschung von Krankheiten. So werden 40 % aller klinischen Diagnosen aufgrund von Obduktionen korrigiert, oft mit Konsequenzen für die Therapie und Prognosen einer

Krankheit. Ärzte dieses Fachgebietes sind jedoch nicht nur für die Obduktion zuständig, sondern sie untersuchen z.B. auch entnommenes Gewebe auf Krebszellen hin.

Durch die Obduktion kann die Todesursache festgestellt werden. Sie wird also bei allen gewaltsamen oder unnatürlichen Toden, wie z.B. Selbstmord oder Mord durchgeführt. Sie wird auch durchgeführt, wenn man die Todesursache nicht genau kennt.

In Universitätskliniken geben wir als Patient mit der Unterschrift des Aufnahmevertrags ins Krankenhaus auch die Zustimmung zu einer Sektion im Falle unseres Sterbens in der Klinik. Da Unikliniken ihren Schwerpunkt in Wissenschaft, Forschung und Lehre haben, muß für eine Sektion hier nicht erst eine Erlaubnis von den Angehörigen eingeholt werden. Mit dem Aufnahmevertrag anerkennen wir auch die Anstaltsordnung der jeweiligen Krankenhäuser. Hierin werden auch Fragen der Obduktion geregelt. Meistens wird in der Anstaltsordnung die Zustimmung zur Obduktion gegeben, wenn die Angehörigen nicht nach dem Tod widersprechen. Meistens wissen jedoch die Angehörigen nicht, daß eine Obduktion dann vorgenommen werden darf, wenn sie nicht innerhalb von vier Stunden nach dem Tod widersprechen. In kleineren Krankenhäusern müssen Angehörige jedoch vorher um ihre schriftliche Zustimmung zur Sektion gebeten werden. Oftmals bitten Ärzte darum, damit sie die Todesursache herausfinden und daraus lernen können. Manchmal kann es für den Arzt auch eine Entlastung sein. Bei einer nicht klar zu erkennen Todesursache oder einer nicht gelungenen Reanimation belasten ihn innere Vorwürfe und Schuldgefühle. Erfährt er dann aber z.B., daß vielleicht noch eine weitere Erkrankung vorgelegen hat, kann ihn das von eigenen Versagensvorwürfen entlasten. Auch für Angehörige kann das Ergebnis einer Sektion wichtig sein. So kann es sein, daß die Angehörigen von sich aus eine Obduktion wünschen oder diese auch aus versicherungstechnischen Gründen notwendig ist. Damit die Versicherung zahlt, kann sie bei unklarer Todesursache eine Obduktion fordern.

Die neueren Obduktionsräume sind heute technisch gut ausgestattet. So gibt es eine Lüftungsanlage, die alle Gerüche, die von dem Leichnam ausgehen, nach oben abzieht. Früher muß das Geruchsproblem für die Pathologen sehr belastend gewesen sein. Eine andere Buchautorin machte beim Besuch des Obduktionssaales folgende Erfahrung: *„Vier Polizeileichen waren über Nacht eingetroffen. Die Toten waren notdürftig mit weißen Tüchern bedeckt. Eines war an verschiedenen Stellen* *blutdurchtränkt. Unter einem anderen ragten rechts und links die gekrümmten und ärmlich bekleideten Beine einer offensichtlich alten Frau hervor. An dem zierlichen Körper einer weiteren Leiche zeigte mir der Professor, daß zur Vermeidung von Verwechslungen Zettel mit allen verfügbaren Angaben zur Person nicht nur an der Kleidung, sondern auch auf der Haut befestigt werden. Jeder Tote liegt auf einem Tisch aus Edelstahl, auf dem er, auch während der Sektion, liegenbleibt"* (Stella Baum, *Der verborgene Tod*).

Bei der Sektion wird der Bauch des Leichnams und die Brust geöffnet. Früher wurden die einzelnen Organe im Körper untersucht. Man war bedacht, so wenig wie möglich zu verändern. Heute werden jedoch die Organe zur Untersuchung aus dem Körper herausgenommen. Von den Organen wird häufig eine Gewebeprobe zur genaueren Untersuchung entnommen. Meistens werden die Organe wieder in den Körper zurückgelegt und die Naht von dem Sektionsgehilfen zugenäht. Aber es kann auch mal vorkommen, daß die Stellen, wo vorher die Organe waren, mit Zellstoff ausgefüllt werden.

Ferner wird der Schädel auf der Rückseite aufgeschnitten und die Hirnhaut vorgezogen, so daß das Gehirn für die Untersuchung freiliegt. Es gilt die Regel, daß möglichst kein Schnitt am Gesicht oder den Händen vorgenommen wird. Nach der Untersuchung wird die Hirnhaut wieder zurückgezogen und zugenäht. Der Leichnam wird so wieder hergerichtet, daß die Würde der Persönlichkeit erhalten bleibt.

Eine Sektion dauert durchschnittlich eine dreiviertel Stunde und kostet ca. 1000 DM. An größeren Unikliniken finden jährlich bis zu 1500 Sektionen statt.

Es ist ein schöner Sommermorgen. Viel zu früh bin ich vor der Pathologie und gehe noch über den Friedhof. Was wird mich erwarten? Wie werde ich mit den Eindrücken umgehen? Ich betrachte die Gräber und denke: Ja, dann erst haben die Toten wirklich ihren Frieden.

Dann kommt der erste Arzt und läßt mich schon in den Sektionsraum. So habe ich Zeit, in Ruhe die ersten Eindrücke auf mich wirken zu lassen. Ein ganz gekachelter Raum, in der Mitte steht eine Stahlbahre. Oben an der Decke befinden sich drei Fenster, so daß Tageslicht herein kommen kann. Nach einiger Zeit kommt dann auch der Professor und sein Sektionsgehilfe. Ich werde freundlich und offen begrüßt und bin froh darüber.

Der Tote, Herr H., wird in seinem Sarg hereingefahren und vorsichtig mit Gurten und einer Maschine auf die Stahlbahre gelegt. Da liegt er nun. Die Ellbogen gekrümmt, die Beine ganz abgemagert, der Bauch aufgebläht. Langsam wage ich, auch in sein Gesicht zu schauen. Ganz weit geöffnet sind die Augen, als würde er mich direkt mit seinem großen, ja, irgendwie kindlichen Blick, anschauen. Herr H. war 59 Jahre alt geworden und mongoloid. Ob er uns jetzt wohl sieht? Ob er all dies noch mitbekommt oder sich längst schon von seinem ausgezehrten Körper gelöst hat? Er ist schon seit drei Tagen tot – zum Glück für ihn denke ich, hatte er so doch wenigstens noch diese Zeit der Ruhe. Bei Herrn H. ist die Todesursache ungekärt, darum wurde eine gerichtsmedizinische Obduktion angeordnet.

Zuerst wird der äußere Zustand von Herrn H. beschrieben: Groß ist er gewesen und wiegt jetzt nur noch 54 kg. Immer wieder schaue ich auf seine Augen, die neben dem kindlich offenen Blick auch etwas Ängstliches ausdrücken. Oder scheint es nur mir so? Ist es vielleicht mehr meine Angst, die sich da widerspiegelt?

Dann beginnt die Untersuchung der inneren Organe. Hierzu wird der Bauch ganz aufgeschnitten. Es fällt mir schwer zu sehen, wie die unbeschadete Haut verletzt wird. Ich staune zuerst, daß gar kein Blut kommt, aber Herr H. ist schon zu lange tot. Dieses Geschehen ist wohl auch nur für einen Nicht-Mediziner schwer anzuschauen, denn für Chirugen oder Anästhesisten ist dies ja tägliche Arbeit. Der Schnitt wird dann zum Hals weitergeführt. Dann wird der Bauchraum auseinandergezogen und die Organe einzeln herausgeschnitten. Es tut mir richtig weh zuzuschauen, wie die Organe abgeschnitten werden. Die Organe werden gewogen und einzeln untersucht. Dann wird die Haut von den Rippen abgterennt, damit diese freiliegen, und ein Teil von den Rippen abgeschnitten, um an das Herz und die Lunge zu kommen. Beim Aufschneiden kommt mir der Vergleich von den Brathähnchen, die wir früher mit der Geflügelschere zerteilten. Zuerst erschrecke ich über diesen Vergleich. Unterscheidet uns denn dann nichts mehr von einem toten Tier? Ist der gestorbene Körper dann gleich?

Während dieser Untersuchung schneidet der Sektionsgehilfe einen Schnitt um die Stirn und den Hinterkopf, so daß die Kopfhaut über das Gesicht gezogen werden kann. Dann geschieht was ich am schwersten aushalten kann: Der Schädel wird aufgesägt, so daß die obere Schädeldecke abgenommen werden kann und das Gehirn offenliegt. Auch das Gehirn wird für die Untersuchung entnommen. Das ganze erinnert mich ein wenig an Gruselfilme. Und ich muß an eine Freundin denken, *die vor wenigen Tagen am Kopf operiert wurde, auch bei ihr muß ein ähnlicher Eingriff, nicht in dieser Dimension, aber dennoch stattgefunden haben. Vielleicht ist in diesem Tun, im Untersuchen und Forschen nach möglichen Ursachen, für die Ärzte gar kein Unterschied, ob dieser Mensch jetzt tot ist oder in Narkose liegt.*

Das Arbeiten der beiden Ärzte und des Sektionsgehilfen geht sehr ruhig und konzentriert vor sich. Ich spüre ihre Gewissenhaftigkeit und Präzision. Es ist gut, dies wahrzunehmen, und ich empfinde sehr viel Achtung vor ihrer Tätigkeit. Die Ergebnisse werden gleich diktiert bzw. die Gewichte der Organe notiert. Trotz guter Abzugslüftung geht immer wieder ein unangenehmer Geruch von dem toten Körper aus. Zwischendurch habe ich den Impuls, am liebsten rauszugehen. Ich hoffe, daß sie bald fertig sind, weil die offenen Schnitte, die Organe, der offene Körper mir irgendwie weh tun. Es ist nicht so, daß mir schlecht oder schwach würde, aber ich empfinde einen dumpfen körperlichen Schmerz.

Während die beiden Ärzte noch die einzelnen Organe untersuchen, fängt der Sektionsgehilfe schon an, den Kopf wieder herzustellen. Dafür wird der Innenraum des Kopfes mit Zellstoff ausgefüllt und die durchgesägte Schädeldecke wieder daraufgesetzt. Dann wird die Kopfhaut wieder zurück über den Schädel gezogen und zugenäht. Zuerst erscheint es mir, als ob die Kopfhaut gar nicht reichen würde, aber die Nähte halten die Kopfhaut wieder zusammen. Genäht wird mit einer Kordel, die wie eine gewöhnliche Kordel aussieht, mit der sonst Pakete verschnürt werden. Das befremdet mich, ist wohl aber am haltbarsten. Dann werden alle Organe, auch das Gehirn, wieder zurück in den Bauchraum getan und auch diese Naht wieder geschlossen. Jetzt ist es nicht wichtig, wo welches Organ eigentlich hingehört.

Jetzt erkenne ich Herrn. H. wieder und bin froh darüber. Zwischendurch hatte ich den eigentlich unsinnigen Gedanken, daß es gut war, daß seine Augen durch die Hirnhaut verdeckt waren, als ob er dann nichts mitbekommen würde. Kindliches Denken. Herr H. wird noch abgeduscht, so daß alle Spuren, bis auf die groben Nähte verschwinden.

Dann wird er wieder zurück in den Sarg gezogen. Ich denke, nun hast du es endlich hinter dir und spreche im Inneren noch zu ihm.

Ich bin froh, dann gehen zu können. Ich hätte nicht noch gleich bei einer weiteren Obduktion dabei sein können.

Draußen tut mir die Wärme der Sonne, das Licht, das Grün der Natur gut, lösen den dumpf empfundenen Schmerz.

Später stellte ich mir die Frage: Wie wäre es, wenn ich wüßte, daß eine solche Obduktion bei einem von mir geliebten Menschen gemacht würde? Es fällt mir schwer, diesen Gedanken auszuhalten. Aber ich will mir auch die nächste Frage in aller Aufrichtigkeit stellen: Wäre ich bereit, den mir so nahen Menschen auch durch diesen Prozeß hindurch noch zu begleiten? Ich spüre, wie sich alles in mir vor Schmerz zusammenzieht! Und dennoch – ich spüre ganz deutlich: Ja, auch wenn es noch so schwer für mich wäre, ich würde den anderen nicht alleine lassen wollten. Ich hätte den Wunsch, dem geliebten Toten auch in diesem Prozeß liebevoll zur Seite zu stehen.

Möglicherweise kann man diesen Beruf nur ausführen, wenn man gar nicht mehr die *Person*, die einmal diesen Körper belebt hat, sieht. Eine andere denkbare Möglichkeit wäre die, eine Obduktion als einen Schulungsweg anzusehen. Menschen könnten dann auf diesem Schulungsweg immer tiefer sich mit der Vergänglichkeit des Körpers und den Fragen nach der Unsterblichkeit der Seele auseinandersetzen. Mit dem eigenen Tun breitet sich dann möglicherweise immer mehr die Frage im Inneren aus: Wer oder was ist denn eigentlich gestorben? So führten früher in Ägypten die Priester die Einbalsamierungen durch. Für sie war diese Tätigkeit ein Einweihungsweg, um immer tiefer die Endlichkeit und gleichzeitig die Unsterblichkeit der menschlichen Seele zu erfahren.

Die Einbalsamierung von Toten hat ihren Ursprung in Ägypten. Die Ägypter glaubten, daß die Seele den Körper nach dem Tod nicht verläßt, sondern in dem Körper gefangen bleibt und danach in einen anderen lebenden Körper wechselt. Verwest der Körper jedoch, so geht die Seele in die Körper niederer Tiere über. Heute finden Einbalsamierungen meistens in der Pathologie statt, da sie einer ärztlichen Aufsicht bedürfen. Hierzu läuft über mehrere Stunden eine Infusion mit Formalin in den Leichnam. Formalin hemmt den Fäulnisprozeß. Der Körper wirkt dadurch jedoch aufgedunsener und wird härter. Eine Einbalsamierung ist für die Überführung in Länder wie z.B. Griechenland oder die Türkei wegen der Infektionsgefahr vorgeschrieben. Dadurch wird auch die Geruchsbildung, die ja durch den Fäulnisprozeß entsteht, verhindert.

Seit wenigen Jahren gibt es in Deutschland Bestatter, die sich im europäischen Ausland zum Thanatologen weitergebildet haben. Sie dürfen die Einbalsamierungen vornehmen. Sie bemühen sich darum, den toten Körper so zu behandeln, daß er vom Verwesungsprozeß für wenige Tage verschont wird.

In den USA ist es gesetzlich erlaubt, den Leichnam einzufrieren und so den Verwesungsprozeß aufzuhalten und den Körper zu bewahren. Hiermit verbindet sich die Hoffnung bei den Angehörigen, daß der medizinische Fortschritt es irgendwann ermöglicht, diese Erkrankung, an der der Tote gestorben ist, zu heilen.

Wir sprachen mit einem Pathologen über seine Arbeit. Im Laufe des Gesprächs wurde er immer aufgeschlossener und erzählte von seinen Erlebnissen. Die Belastung dieses Berufes kam vielleicht am deutlichsten zum Ausdruck, als er ganz spontan und heftig beteuerte, daß er selber nicht obduziert werden möchte. „Nein, auf keinen Fall". Er betont dies mehrmals mit Nachdruck.

Beim aufmerksamen Zuhören hat uns der Gebrauch der Sprache nachdenklich gemacht. Da werden die Organe wieder in die Leiche „gepackt"; da wurde betont, daß bei einer Sektion nicht gegessen oder geraucht oder gesungen werden darf. Wir fragten uns, warum dies extra betont werden muß? Und auch, warum es immer wieder abgelehnt wurde, bei einer Sektion dabei zu sein. War es wirklich Rücksicht auf uns oder nicht vielmehr Angst vor Kritik und Unsicherheit? Wir fragen dies nicht, um anzuklagen oder um zu kritisieren. Uns ist die Belastung dieses Berufszweiges sehr deutlich geworden, aber auch, daß auf diesem Gebiet vielleicht mit eines der größten Tabus im Umkreis von Sterben und Tod liegt. Würde diese oftmals notwendige und wichtige Tätigkeit nicht viel mehr Würde bekommen, wenn sie aus diesem verborgenen Tabu, aus dieser Dunkelzone herausgeholt werden könnte? Wenn es für den, der es möchte, möglich wäre, bei der Obduktion eines nahen Angehörigen dabei zu sein.

Wir würden uns z. B. wünschen, wenn ein von uns geliebter Mensch obduziert werden müßte, wenigstens dabei sein zu dürfen. Wahrscheinlich könnten wir tatsächlich gar nicht hinschauen, aber uns wäre es wichtig, dann auch mit geschlossenen Augen, vielleicht im stillen Gebet und in der Zwiesprache mit dem Verstorbenen diesem Geschehen Würde zu geben und es zu begleiten. So erzählte uns ein Mann:

„Meine Frau hat in unserer Wohnung Selbstmord gemacht. Das war schlimm, aber dann kam noch hinzu, daß wir sie nicht bei uns zu Hause aufbahren durften, da sie obduziert werden mußte. Sie war damit dann einfach weg von uns und in den Händen anderer. Dabei wäre es doch für uns die letzte Zeit mit ihr gewesen! Wir wußten auch gar nicht, wann die Obduktion stattfand – es war alles so anonym und

fremd. Obwohl sie ja schon tot war, machten wir uns trotzdem Sorgen um sie, ob sie denn gut behandelt würde. Das klingt vielleicht absurd – aber ich habe sie doch so geliebt, und jetzt war sie für die letzten Stunden und Tage den Händen fremder Menschen ausgeliefert."

So bringt die Art und Weise, wie mit der Obduktion umgegangen wird, oft zusätzliches Leid für die Angehörigen.

Vielleicht wäre es für uns berufliche Helfer wichtig, daß wir uns immer wieder daran erinnern, was dieser Tod *für den Angehörigen* bedeutet, als nur auf eine abspaltende Art und Weise unsere Arbeit zu vollziehen.

Alles was sich im Geheimen abspielt, entwickelt ja oftmals ein Eigenleben. Das „Geheime", das Tabuisierte, bildet nur allzuleicht den Raum für Spekulationen oder unwürdige Art des Handels. Da werden dann vielleicht doch Hornhäute entnommen, ohne vorher die Angehörigen zu fragen, oder die Hirnhaut, die ja sowieso für die Sektion abgezogen werden muß, wird eben nicht in den „Sondermüll" gegeben, sondern an die Pharmaindustrie weiterverkauft. Aus Hirnhäuten stellt die Pharmaindustrie ein teures Arzneimittel her, das bei Hauttransplantationen benötigt wird. Für eine Hirnhaut werden dann 30 DM bezahlt. Dieses Geld bekommen entweder die Sektionsgehilfen bar und können sich so ihr niedriges Gehalt aufbessern, oder es wird von der Pharmaindustrie an das Krankenhaus überwiesen. Aber alles unter Geheimhaltung. So dürfen z.B. auch die Bestattungsunternehmer nicht die Institute betreten, um den Toten einzusargen, sondern sie müssen den Sarg abgeben. Der Tote wird dann vom Sektionsgehilfen in den Sarg gelegt. Auch die Bestattungsunternehmer sollen nicht sehen, wo überall der Tote Schnitte hat.

So fordert jetzt der Pathologenverband, daß für die Entnahme von sogenannten „kleinen Leichenteilen", etwa für Augenbulbi, Hörknöchelchen, Duren oder Muskelhüllgewebe bei einer Obduktion nicht erst die Erlaubnis der Angehörigen eingeholt werden muß. Die Angehörigen müßten dann von sich aus widersprechen, wenn sie diese Entnahme nicht wollten. Aber welcher Angehörigen weiß schon, daß er dafür Widerspruch einlegen muß, und daß die Unantastbarkeit der Würde des Verstorbenen nicht selbstverständlich ist.

Die Ärzte glauben aber schon jetzt, sie dürften sich bei Leichen, die ihnen zur Obduktion überlassen worden sind, ohne weiteres bedienen. Das Sortiment von „Leichenteilen", die gebraucht werden, hat sich inzwischen in den Jahren deutlich erweitert. So werden Hüftgelenke aus Titan entnommen oder auch Muskelhaut aus den Oberschenkeln, die für Bindegewebspräparate gebraucht werden. Die Industrie schafft jährlich Hirnhäute zu Zehntausenden aus den Sektionssälen heraus.

Daß wir mit dem Thema der Obduktion eine Dunkelzone berühren, zeigt auch der unvollkommene rechtliche Schutz des toten Körpers. Findet eine Obduktion gegen den Willen des Patienten statt, so ist dies zwar eine rechtswidrige Handlung, da sie gegen das allgemeine Persönlichkeitsrecht verstößt. Dieses gilt über den Tod des Menschen hinaus und geht nach dem Tod auf die nahen Angehörigen über. Die rechtswidrige Handlung ist aber nicht strafbar, da die Angehörigen keinen materiellen Schaden erleiden. Daher käme als Sanktion allenfalls ein sogenanntes Schmerzensgeld in Betracht. Dies wird jedoch abgelehnt, da es im Endeffekt einer Bezahlung gleichkommen würde und so einer Kommerzialisierung Vorschub leisten würde.

Eine Obduktion verstößt auch nicht gegen die Störung der Totenruhe, da dies lediglich die *Wegnahme* der Leiche aus dem Besitz des Berechtigten betrifft. Der Berechtigte ist jedoch das Krankenhaus, solange sich der Tote dort befindet.

Ein weiteres offenes Problem bildet die Frage, in welchem Umfang der Patient bzw. die Angehörigen über die genaue Art der geplanten Weiterverwendung des Leichnams aufzuklären sind. Reicht es aus, wenn allgemein davon gesprochen wird, daß „wissenschaftliche Versuche“ durchgeführt werden sollen, oder ist konkret über „Crash Tests“ zu informieren? Also darüber, daß Autounfallversuche mit toten Körpern anstatt mit Stoffpuppen durchgeführt werden, da sie so mehr den realen Bedingungen entsprechen und man so hofft, die bessere Verhütung von Verletzungen herauszufinden?

Die Rechtsordnung sorgt also nicht für einen hinreichenden Schutz des Verstorbenen im Tod, denn eigentlich gilt, *daß ein Veto des Verstorbenen auch gegenüber dem Lebensrecht anderer Menschen und auch gegenüber der Freiheit von Wissenschaft und Forschung wirkt.*

Von daher ist es wichtig, daß wir uns damit auseinandersetzen, was nach unserem Tod mit unserem Körper geschehen darf oder auch nicht, und daß wir mit unseren Angehörigen und Freunden darüber sprechen:

Möchten wir nach unserem Tod obduziert werden?
Möchten wir, daß unsere Hornhäute und andere sogenannte kleinen Leichenteile entnommen werden?
Möchten wir, daß unser toter Körper für wissenschaftliche Versuche verwendet wird?

Sie können in Ihrem Testament auch festlegen, daß Sie Ihren Leichnam der Forschung übergeben möchten. Ihr toter Körper wird dann in den Anatomiekursen ein Semester lang von Medizinstudenten präpariert. Es kann bis zu einem Jahr vergehen, bis Ihr toter Körper dann beerdigt wird.

Unsere eigene Auseinandersetzung mit der Obduktion und dem Umgang mit den Toten in der Pathologie war für uns sehr aufwühlend und belastend. Wir bekamen das Gefühl, daß wir nicht mehr geschützt sind, wenn wir tot sind. Uns wurde es wichtig, mit unseren Freunden und Angehörigen über unsere eigenen Wünsche, was mit unserem Körper nach dem Tod geschehen soll und was nicht, zu sprechen. Sie sind die einzigen, die hier für uns eintreten können.

Wir würden uns wünschen, daß mit dem toten Körper in der Pathologie achtungsvoller umgegangen würde und nicht, daß die „Brauchbarkeit von einzelenen Leichenteilen" im Vordergrund stände.

8. „Wir machen den Sarg dann zu“

Welche Sorge und welche Handlungen können wir für den Verstorbenen übernehmen?

Sieh her,
dieser Kranz ist so schwer.
Und sie werden ihn auf dich legen,
diesen schweren Kranz.
Kanns dein Sarg aushalten?
Wenn er bricht
unter dem schwarzen Gewicht,
kriecht in die Falten
von deinem Kleid
Efeu.
(Rainer Maria Rilke, *Gedichte*)

„Mutter war tot. Alles war nun so endgültig. Wir saßen noch einige Augenblicke bei ihr. Dann stand meine Schwester auf und wollte den Arzt anrufen, dabei war es doch erst sechs Uhr in der Frühe. Sie lief ganz unruhig in der Wohnung umher, öffnete Schubladen und Schränke und begann, die Unterlagen und Dokumente von Mutter zu suchen. Irgendwie hatte ich das Gefühl, daß das nicht richtig war. Aber vor lauter Unruhe und Unsicherheit fing auch ich an zu suchen. Wir stürzten uns richtig in ein hektisches Getriebe und ließen Mutter einfach alleine in ihrem Schlafzimmer liegen.“

Vielleicht ist es Ihnen irgendwann einmal im Leben ähnlich ergangen, und im nachhinein hatten Sie dann das Gefühl, daß es eigentlich nicht richtig war. Sie hatten das Gefühl, alles müsse nun schnell gehen, und Sie wußten auch nicht genau, was alles zu tun sei.

Manchmal verbirgt sich hinter der Hast und der Betriebsamkeit eigene Angst und Unsicherheit im Zusammensein mit dem Toten. Viele Menschen erleben es als schwierig, länger bei dem Verstorbenen sitzen zu bleiben und ihn noch eine Zeit in sein nachtodliches Sein hinein zu begleiten.

Manchmal ist es auch der Gedanke, nichts falsch machen zu wollen.

Ihre Zuneigung und Liebe drücken sich dann in diesem Bemühen aus, alles gut und schnell regeln zu wollen.

Ein ganz wichtiger Leitgedanke ist deshalb:

Sie haben Zeit.
Lassen Sie sich und auch dem Verstorbenen Zeit.

Viele Menschen haben später, in der Zeit der Trauer, oftmals den Eindruck, alles zu schnell „erledigt" zu haben. Sie haben das Gefühl, lieblos oder wie auf der Flucht gewesen zu sein. Sie haben nicht gewagt, die Wirklichkeit des Todes auf sich wirken zu lassen.

Das macht uns manchmal die Trauer noch schwerer und belastet sie durch Schuldgefühle. Oft entsteht das Gefühl: Ich habe eigentlich doch nicht recht Abschied genommen, es ging alles so schnell.

So erzählte uns eine Frau:

„Plötzlich standen die Leute vom Bestattungsunternehmen im Raum. Und einige Augenblicke später trugen sie meinen Mann das Treppenhaus hinunter. Die Männer waren eigentlich nett und freundlich, aber ich hatte das Gefühl, sie stehlen mir einfach meinen Mann."

Was muß getan werden?
Die Formalitäten nach dem Tod

1. Das Ausstellen einer Todesbescheinigung, auch kurz Totenschein genannt (s. Anhang S. 223).

Der Tod eines Menschen muß durch einen Arzt oder eine Ärztin festgestellt werden. Er/sie füllt dann den Totenschein, der auch Totenbescheinigung genannt wird, aus. Auf diesem Totenschein wird die Todesursache und die Uhrzeit des Todes eingetragen. Nach dem Eintreten des Todes bleibt Ihnen jedoch Zeit, den Arzt zu benachrichtigen. *Wenn der Tod vorhersehbar war, müssen Sie ihn nicht unmittelbar nach Eintreten des Todes verständigen.* Sie können selber die Uhrzeit aufschreiben und den zuständigen Hausarzt dann in angemessener Zeit anrufen und ihn bitten vorbeizukommen. Wenn der Tod zum Beispiel in der Nacht oder am frühen Morgen eingetreten ist, können Sie warten, bis der Arzt in seiner Parxis zu erreichen ist.

Ereignet sich der Sterbefall an einem Wochenende, müssen Sie den Arzt leider in seiner Freizeit anrufen und um seinen Hausbesuch bitten.

Ist ihr Hausarzt in Urlaub, so rufen sie seine Stellvertretung an. Es ist gut, wenn Ihr Hausarzt vor seinem Urlaub seinen Stellvertreter oder Stellvertreterin über die Erkrankung und den Zustand des Patienten informiert, um ihn auf den möglichen Tod vorzubereiten.

Denn kommt ein fremder Arzt oder der Notarzt, so hat er den Verstorbenen nicht gekannt und weiß nichts von seiner Erkrankung. Besteht für ihn Zweifel an einer natürlichen Todesursache durch eine Erkrankung, dann gibt er auf dem Totenschein die Diagnose „Todesursache unbekannt" an. Dies bedeutet jedoch, daß die Todesursache durch eine Obduktion, also Öffnung des Leichnams, herausgefunden werden muß.

Bei einer ansteckenden Erkrankung wie z.B. bei eine Volksseuche oder offenen TB wird dies auf der Todesbescheinigung deutlich gekennzeichnet. Der Sarg darf dann nicht mehr geöffnet werden.

AIDS ist keine ansteckende Erkrankung, jedoch wird dies auch auf der Todesbescheinigung gekennzeichnet, damit das Friedhofspersonal bei offenen Wunden des Vertorbenen vorsichtig ist und sich schützt. Es kann ein ganz normaler Sarg gewählt werden.

Wünschte der Verstorbene verbrannt zu werden, so muß der Arzt noch einen Antrag auf Erlaubnis zur Feuerbestattung ausfüllen (s. Anhang S. 224).

2. Wenn Sie sich entscheiden, alle weiteren Schritte einem Bestattungsunternehmer zu übertragen, so können Sie ihn als nächstes anrufen. Er wird dann auch die Überführung des Verstorbenen veranlassen und wird die weiteren Formalitäten mit Ihnen besprechen und Sie bei den folgenden Entscheidungen beraten:

- Auswahl des Sarges;
- Blumengebinde auf dem Sarg, in der Aufbahrungshalle;
- Dekoration bei der Trauerfeier;
- Terminabsprache für die Trauerfeier bzw. Beerdigung mit dem Friedhofsamt und dem Pfarrer/Redner.
- Soll jemand die Feier mit Musik, z.B. Orgel, begleiten? Welche Musik wünschen Sie?
- Beratung bei der Auswahl der Grabstelle.
- Möchten Sie eine Traueranzeige in der Zeitung aufsetzen? In welcher?
- Möchten Sie Trauerkarten, mit denen Sie den Tod bekanntmachen und zur Trauerfeier einladen?
- Möchten Sie die Anwesenden nach der Trauerfeier noch zu einem

Kaffee oder Imbiß einladen? Wo wollen Sie einen Raum reservieren? Im Cafe oder im Gemeindehaus?

3. Der vom Arzt ausgestellte Totenschein muß am darauffolgenden Werktag vom zuständigen Standesamt amtlich beglaubigt werden. Es wird dann die ***Sterbeurkunde*** ausgestellt. Die Sterbeurkunde ist die wichtigste Unterlage, die für alle weiteren Schritte und Formalitäten benötigt wird. Die Ausfertigung von drei Exemplaren kann ausreichen. Sie können selber aufs Standesamt gehen oder dies vom Bestattungsunternehmer erledigen lassen.

Zur Ausstellung der Sterbeurkunde werden folgende Unterlagen gebraucht:
bei Ledigen die Geburtsurkunde,
bei Verheirateten die Heiratsurkunde,
bei Geschiedenen das Scheidungsurteil,
bei Verwitweten die Heiratsurkunde mit Sterbeurkunde des Ehegatten.
Wenn Sie ein Familienbuch besitzen, brauchen Sie die anderen Urkunden nicht.

4. Im Todesfall zahlen die ***gesetzlichen Krankenkassen*** ihren Mitgliedern, die vor dem 1. 1. 1989 in der Krankenkasse versichert waren, ein sogenanntes Sterbegeld. War der Tote vollversichert, so zahlt die Krankenkasse DM 2100,– und DM 1050,– beim Tod des Angehörigen des Vollversicherten. Für alle, die am 1. 1. 1989 noch nicht krankenversichert waren, gibt es kein Sterbegeld mehr. Deshalb muß der Sterbefall der Krankenkasse gemeldet werden. Der Bestatter rechnet in der Regel direkt mit der Kasse ab. In diesem Fall müssen Sie eine sogenannte Abtrittserklärung unterschreiben.

5. In einem Sterbefall entsteht in der Regel die Notwendigkeit, bestimmte Ämter, Behörden, Institutionen oder Unternehmen zu unterrichten.
Dazu gehören:
- das Standesamt;
- die Kirchengemeinde (Pfarrer);
- eventuell die Diakoniestation, Sozialstation usw.;
- andere Hilfsdienste;

- der Arbeitgeber;
- das Notariat (wegen des Nachlasses oder eines Erbscheins);
- Banken, Sparkassen, Kreditanstalten;
- der Steuerberater;
- das Fernmeldeamt (bei Ab- oder Ummeldung);
- Firmen oder Verlage (wegen laufender Lieferungen);
- Versicherungen wie:
  Krankenversicherung;
  Privatversicherungen wie z. B. Lebensversicherung;
  Rentenversicherung (wegen der Hinterbliebenenbezüge);
  Unfallversicherung;
  Kfz-Haftpflichtversicherung;
  sonstige Haftpflichtversicherung;
- Rechtsschutz;
- Vermieter;
- Versorgungsamt.

Dies sind die Formalitäten, die auf Sie zukommen werden. Sie können fast alles dem Beerdigungsunternehmer überlassen oder ihn nur um bestimmte Dinge bitten.

Überlegen Sie sich, welche weiteren Schritte Sie selber machen wollen und welche Sie eventuell an Freunde oder an den Bestatter abgeben möchten.

Diese Entscheidung hat zwei Seiten, die bedacht sein wollen:

a) Es ist schön, noch Dinge für den Vertsorbenen zu tun. In diesem Tun kann sich Ihre Liebe oder Zuneigung ausdrücken.

b) Wenn Sie von zu vielen Dingen und Erledigungen in Atem gehalten werden, kommen Sie vielleicht davon ab, den Verstorbenen innerlich zu begleiten und sich Ihrer Trauer zuzuwenden.

Es kann auch sein, daß Sie sich in der gegenwärtigen Lage einfach überfordert fühlen, irgend etwas selbst zu entscheiden und sie alles abgeben möchten.

Eine hilfreiche Regel ist vielleicht die:
Tun Sie die Dinge, die Ihr Gefühl als wichtig erachtet.

Für viele ist es so, daß alle nahen, persönlichen Handlungen helfen, durch die Ihnen der Tod bewußt und erlebbar wird. In ihnen vollziehen wir bereits wichtige Schritte des Abschiednehmens und der Trauer.

Unter persönlich und nah verstehen wir zum Beispiel:
- Bei dem Toten bleiben;
- Sein Zimmer richten;
- Ihn waschen, vielleicht einölen und bekleiden;
- Ihn aufbahren oder in den Sarg betten;
- Ihm vorlesen oder zu ihm sprechen usw.

Beim Bestatter

Herr Ort sitzt in dem hellen und schön eingerichteten Büro des Bestattungsdienstes von Herrn R. Für Herrn R. ist es wichtig, daß er die Bezeichnung „Bestattungsdienst“ für sein Unternehmen gefunden hat. Er sieht seine Arbeit als Dienstleistung an. Sein Anliegen ist es, daß alles, was mit der Bestattung zu tun hat, auf eine realistische und natürliche Weise abläuft. Es werde da viel gemacht, was eigentlich nicht notwendig sei und die Leute nur viel kosten würde, meint er.

Im Laufe der Beratung von Herrn Ort wird deutlich, daß Herr R. wirklich bestrebt ist, seine Klienten fachkundig zu beraten und dabei nicht so sehr auf seinen eigenen Verdienst zu schauen. So sagt er zu Herrn Ort: „Nehmen Sie doch lieber den billigeren Sarg.“ Eine hohe innere Werthaltung! Wird sie sich in der Zukunft mehr durchsetzen? Denn häufig ist es eher umgekehrt. Da drängen Bestattungsunternehmer ihre Klienten, einen teuren Sarg zu nehmen und viel Geld für Blumenschmuck auszugeben. So nutzen sie manchmal das schlechte Gewissen der Angehörigen aus. Angehörige bekommen dann Sätze zu hören, wie: „Ist Ihnen Ihre Mutter, Ihr Vater das nicht wert?“ – „Sonst denken doch die anderen Verwandten, daß Sie Ihren Mann nicht geliebt haben?“ Und gerade nach dem Tod eines nahen Menschen haben wir nicht die Kraft, etwas gegen diesen Druck zu setzen. Aber Herr R. hofft darauf, daß sich da etwas verändert. Er sagt: „Wissen Sie, ich möchte meinen Ruf auf folgendes gründen: Die Leute sollen wissen, daß wenn sie zu mir kommen, sie sich wirklich darauf verlassen können, daß ich sie so berate, daß sie sich hinterher weder ‚über den Preis, den sie am Ende zahlen sollen‘ wundern, noch darüber ärgern, daß nicht alles in Ordnung war.“

So wie man Freunde nach einem guten Arzt, einem guten Friseur fragt, so wäre es vielleicht wichtig, daß wir uns auch frühzeitig nach einem guten, ehrlichen Beerdigungsdienst umhören.

Herr Ort trägt eine helle Sommerhose und ein farbiges Hemd. Nur an seinen Augen sieht man eigentlich, daß heute nacht seine Mutter im Alter von vierundachtzig Jahren gestorben ist. „Wissen Sie, wir wußten eigentlich seit einer Woche, daß meine Mutter sterben wird. Wir konnten uns darauf vorbereiten. Das war ganz anders als bei meinem Vater, der starb plötzlich. Das war schlimm damals." Herr Ort kommt ins Erzählen, berichtet vom Tod seines Vaters, der jetzt beim Tod der Mutter wieder ganz lebendig in Erinnerung kommt. Herr R. hört geduldig zu, obgleich er eigentlich darauf wartet, den Auftragsbogen für die Beerdigung auszufüllen.

Später sagt er: „Wissen Sie, als Bestattungsberater muß man sich wirklich Zeit nehmen. Die Menschen sind ja in einer ganz anderen Situation als ich, die haben gerade etwas für sie ganz Wichtiges und oftmals Schweres erlebt. Das ist manchmal gar nicht so einfach, aber das muß man wissen, wenn man diesen Beruf ergreift. Da muß man sich einfach Zeit für so eine Beratung nehmen. Manchmal bin ich am Abend ganz schön fertig, ich höre ja auch viele Schicksale, und dann muß ich ja auch noch hinter der Erledigung der Formalitäten her sein."

Die Besprechung der Formulare nimmt aber dann doch ihren Verlauf. Erst einmal werden die ganzen Formalitäten besprochen, die Herr R. für Hern Ort übernehmen wird. Herr Ort war lediglich mit dem Familienbuch und dem Totenschein ins Büro gekommen, und das reichte auch, weil alles andere nun über Herrn R. erledigt wird. Da müssen natürlich noch manche Daten erfragt werden, und zwischendurch ruft Herr R. schon beim Friedhofsamt an, um die Beerdigungstermine abzuklären. Da Herr Ort und seine Mutter nicht in der Kirche waren, möchte er einen Redner. Herr R. empfiehlt ihm zwei und macht mit dem einen auch gleich einen Besprechungstermin aus. Zum Glück kann er auch den Zeitpunkt der Beerdigung wahrnehmen.

Herr Ort ist sichtlich erleichtert, daß er all das nicht selbst machen muß, er hat ja noch genug an anderes zu denken.

Im zweiten Teil müssen dann die Einzelheiten, wie Sarg, Sargschmuck, Feier, Karten und Anzeigen besprochen werden. „Oh, je", sagt da Herr Ort, „muß ich das alles selber entscheiden? Es wäre doch ganz gut, wenn meine Frau noch mitgekommen wäre, dann hätte man das zu zweit entscheiden können."

Aber es ist dann doch nicht so schwer, vor allen Dingen deshalb, weil Herr Ort spürt, daß Herr R. ihm nichts aufschwatzen oder „verkaufen" will.

„Nun müssen wir noch entscheiden, ob der Sarg endgültig zugemacht wird nach der Einsargung oder ob er offen bleibt?"

Herr Ort versteht erst nicht ganz genau, worum es geht, und wird dann aufgeklärt.

Man kann den Sarg nach der Einsargung gleich schließen und verriegeln, wenn seine Mutter vom Bestatter mit dem Sarg aus dem Altenheim abgeholt wird. Der Sarg wird dann nicht mehr geöffnet. In der Aufbahrungshalle des Friedhofes kann dann nur noch der verschlossene Sarg angeschaut werden, nicht aber die Verstorbene. Im anderen Fall wird der Sargdeckel nach Wunsch wieder geöffnet, damit der eine oder andere noch Abschied von der Verstorbenen nehmen kann.

Da gibt es so sein Für und Wider! „Nein, ich möchte nicht, daß da einfach Leute kommen und meine Mutter anschauen! – Andererseits, meine Schwester, die aus Afrika kommt, vielleicht will sie die Mutter noch sehen? Ach, nein, ich denke nicht, ich glaube, wir machen den Sarg zu!"

Hier wäre es sicher erleichternd, wenn die Angehörigen früher einmal darüber gesprochen hätten, welche Wünsche und Bedürfnisse sie beim Todes der Mutter hätten.

„Ja, das wars", sagt Herr R. zu seinem Klienten, der ganz erleichtert und erstaunt aussieht, daß alles so problemlos und schnell zu besprechen war. Auch Herr Ort hat sich den Beerdigungstermin und -tag aufgeschrieben und bekommt noch einen kleinen Stadtplan mit nach Hause, auf dem man die Zufahrt zum Friedhof gut ablesen kann.

Bei der Frage, welches Bestattungsunternehmen Sie beauftragen möchten, ist es hilfreich zu wissen:

Es gibt Bestattungsunternehmen sehr unterschiedlicher Art:

Da gibt es sehr seriöse und verantwortlich handelnde Unternehmer, und es gibt solche, bei denen die Rentabilität ihres Geschäftes deutlich im Vordergrund steht.

Es gibt solche, die in ihrem Umgangston natürlich, echt und herzlich sind, und es gibt solche, die meinen, aus „Pietät und Takt" eine unechte übertriebene Trauerhaltung an den Tag legen zu müssen. Es gibt solche, denen Sie sich gerne anvertrauen und die Sie über alle einzelnen Punkte eines solchen Bestattungsauftrages unterrichten, und es gibt solche, die eventuell die Situation ihrer eigenen Betroffenheit und Hilflosigkeit dazu benutzen, keine detaillierten Absprachen mit Ihnen zu treffen und Sie sich dann am Ende über eine allzu hohe Rechnung wundern, zu der Sie sich im einzelnen nicht erinnern können, „ja" gesagt zu haben.

Sinnvoll und gut ist es, sich schon früher die für Sie oder Ihre Familie in Frage kommenden Bestattungsunternehmen anzuschauen und zu überprüfen, für welche Sie sich bei einem Sterbefall entscheiden möchten.

Eine wichtige Regel im Umgang mit Bestattungsunternehmen ist:
1. sich alle Posten eines Bestattungsauftrages erklären zu lassen und jeden einzelnen Posten anzunehmen oder abzulehnen;
2. sich zu überlegen, ob eine teure Bestattung, die Ihnen der Bestatter vielleicht nahelegen möchte, tatsächlich Ihrem und dem Wunsch des Verstorbenen entspricht;
3. für die meisten Posten eines Bestattungsvertrages gibt es alternative Wahlmöglichkeiten, die letztendlich auch über die Kosten einer Bestattung entscheiden.

Was müssen Sie bedenken, wenn Sie kein Bestattungsunternehmen in Anspruch nehmen möchten?

Es ist grundsätzlich möglich, einen Verstorbenen ohne die Hilfe eines Bestattungsunternehmers bis zu seiner Beisetzung selbst zu begleiten.

Nur für den Transport des Verstorbenen brauchen Sie den Dienst eines Bestattungsunternehmens. Der Transport muß in einem vom Amt für öffentliche Ordnung zugelassenen Leichenwagen gemacht werden.

Sie können also ab der Feststellung des Todes entscheiden, was Sie selber tun möchten. Aus unserer Erfahrung heraus möchten wir Ihnen Mut machen, solche Handlungen und Tätigkeiten zu übernehmen, die Sie als „Dienst für den Verstorbenen" tun möchten. Es erscheint uns aber wichtig, daß Sie überlegen, ob Sie wirklich alle Dinge selber machen wollen.

Denn es ist gut möglich, auch einige, vielleicht wenige Dinge von einem Bestattungsunternehmen ausführen zu lassen.

Sollten Sie sich dafür entscheiden, bis auf den Transport alles alleine zu machen, gibt es einige Dinge, die Sie wissen und bedenken sollten.

1. Mit dem sogenannten „Totenschein" muß am darauffolgenden Werktag eine „Sterbefallanzeige" bei Ihrem Standesamt gemacht werden. Dafür brauchen Sie neben dem Totenschein die Geburtsurkunde, Heiratsurkunde. Das Standesamt stellt dann die Sterbeurkunde aus, die Sie in mindestens dreichfacher Ausfertigung brauchen. Die Sterbeurkunde bzw. eine Kopie der Sterbeurkunde brauchen Sie für die Kündigung der Krankenkasse und der Versicherungen.

2. Der Totenschein, in manchen Bundesländern die Sterbeurkunde, dient u. a. zur Genehmigung für die Beerdigung oder Feuerbestattung und dann auch für die Kündigung der Krankenkasse oder Versicherungen.

3. Treffen Sie Vereinbarungen für den Tag und die Uhrzeit der Bestattung oder der Trauerfeier mit dem Friedhof und mit dem Pfarrer oder einen Redner. Planung der Trauerfeier. Dekoration mit Blumen und Kerzen.

4. Die gesetzliche Frist für die Erd- oder Feuerbestattung ist frühestens nach 48 Stunden bis zu fünf Tagen nach dem Tod. Aus wichtigen Gründen kann diese Zeit auch verlängert werden. Der Leichnam muß dann jedoch gekühlt werden, was am Tag ca. DM 130,– kostet.

5. Es ist Pflicht, den Verstorbenen in einem verschlossenen Sarg zu begraben oder einzuäschern.

6. Ein Sarg kann entweder selber gefertigt, von einem Schreiner gemacht oder bei einem Beerdigungsinstitut gekauft werden.

7. Für die Größe des Sarges gibt es bestimmte Abmessungen. Sie richten sich nach der Größe des Leichnams und nach bestimmten Vorschriften der Friedhöfe. Sie können sich nach diesen Bedingungen bei dem in Frage kommenden Friedhof telefonisch erkundigen.

8. Der Sarg ist aus „Naturholz" und leicht verrottbarem Material herzustellen.

9. Der Sarg für eine Feuerbestattung muß vollständig aus brennbarem Material hergestellt sein. Bis jetzt darf der Tote noch seine eigene Kleidung anhaben. Es sind jedoch gesetzliche Veränderungen vorgesehen, die wahrscheinlich vorschreiben werden, daß die Kleidung aus Naturmaterialien hergestellt sind oder ein sogenanntes Leichenhemd getragen werden muß. Der Tote sollte jedoch nur ein Hemd anhaben, da er vor der Verbrennung noch einmal vom Amtsarzt untersucht wird. Diese amtsärztliche Untersuchung ist notwendig, um sicher zu gehen, daß ein

natürlicher Tod vorliegt. Das bedeutet, daß der Sarg noch nicht endgültig verschlossen sein darf, bevor diese „Leichenschau" stattgefunden hat.

10. Organisieren Sie mit einem Beerdigungsinstitut den Transport des Sarges zum Friedhof.

11. Ob Sie Trauerkarten verschicken oder Traueranzeigen in den Zeitungen aufsetzen, bleibt ganz Ihnen überlassen.

Was können Sie nicht machen? Was ist verboten?

Die Aufbahrung zu Hause kann nur in Ausnahmefällen länger als 36 Stunden dauern.

Es ist in Deutschland nicht möglich, einen Toten im eigenen Garten, in einer schönen Landschaft oder an einem anderen Ort als dem Friedhof zu begraben oder zu verbrennen.

In Deutschland gibt es die folgenden Formen der Beisetzung:

- die Erdbestattung;
- die Urnenbeisetzung;
- die Seebestattung als Urnenbestattung;
- Urnenbeisetzung in einer sogenannten Urnenhalle (diese Urnenhallen gibt es in einigen größeren Städten. Sie müßten sich beim städtischen Friedhofsamt erkundigen, ob es eine solche Urnenhalle in Ihrer Stadt gibt. In einer Urnenhalle werden die Urnen in Wandfächern oder auch Sarkophagen aufbewahrt.);
- die Bestattung in einer Familiengruft;
- die Urnenbestattung im anonymen Urnenfeld.

Es ist nicht erlaubt, den Leichnam vor dem Ablauf von 48 Stunden nach dem Tod zu bestatten. Diese Gesetzesvorschrift ist für Menschen jüdischen oder islamischen Glaubens eine gewisse Erschwernis, da sie von ihrer Religion her dazu verpflichtet sind, den Leichnam so schnell wie möglich zu bestatten.

Das Gesetz legt weiterhin fest, daß ein Leichnam eigentlich innerhalb von fünf Tagen begraben werden muß, es sei denn, daß juristische oder andere maßgebende Gründe vorliegen.

Wird der Verstorbene in einer Leichenhalle aufgebahrt, sind die von dem jeweiligen Friedhofsamt festgesetzten Besuchszeiten für Trauernde und Abschiednehmende festgelegt. Es ist deshalb dort nicht möglich, Totenwachen von 12, 24 oder mehr Stunden abzuhalten.

Die Gräber haben bestimmte festgelegte Abmessungen, und auch die Wahl eines Grabsteines unterliegt in der Regel gewissen Bedingungen und Regeln des jeweiligen Friedhofs. Es ist also nicht möglich, eine andere Form oder Größe des Grabes zu gestalten.

Auch die Gestaltung eines Gedenksteines, einer Gedenktafel ist festgelegten Bestimmungen unterworfen, die von Friedhof zu Friedhof unterschiedlich sein können. Es ist aber möglich, für einen besonderen „Grabstein" eine Sondergenehmigung einzuholen. Bei einer eventuellen Ablehnung muß eine besondere Begründung von seiten der Friedhofsleitung oder der Stadtverwaltung gegeben werden.

Es gibt Friedhöfe, die die Aufstellung eines Steines nur von einem anerkannten Steinmetz oder dem dortigen Friedhofspersonal erlauben.

Manche Friedhöfe besorgen die Bestattungen auf ihrem Friedhof durch eigene Träger und Bestatter. Wenn Sie diese Handlungen also von Freunden und Angehörigen ausführen lassen wollen, müssen Sie sich bei dem in Frage kommenden Friedhof nach einer solchen Möglichkeit erkundigen.

Möglichkeiten, den Tod eines nahen Menschen bekannt zu machen

„Es ist eine der schönen Erinnerungen aus dieser schweren Zeit. Mein Mann war gestorben, die Bestatter hatten ihn am Nachmittag aus dem Haus getragen, und der Pfarrer war noch dagewesen. Dann stellten wir die Hausklingel und das Telefon für eine Weile ab, und ich setzte mich zusammen mit den Kindern an den Eßtisch. Wir haben viel gesprochen und miteinander die Todesanzeige aufgesetzt und entworfen. Wir haben Briefumschläge geschrieben und Briefmarken geklebt, bis spät in die Nacht hinein. Ich glaube, das war auch für die Kinder eine gute Zeit. Wir waren beisammen und hatten etwas für den ‚Papa' zu tun. Die Kinder hatten das Gefühl, mit ihren Ideen auch dabei sein zu dürfen, und am Ende kam eine ganz schöne Anzeige dabei heraus. Wir hatten das Gefühl, daß es richtig unser ‚kleines Werk' war.

Besonders in belasteten Situationen ist es manchmal schwieriger, ganz eigene Entscheidungen zu fällen und der eigenen inneren Stimme zu folgen.

Und doch kann es uns ein Gefühl von guter innerer Übereinstimmung bringen, wenn wir es wagen, innerlich für einen Moment anzuhalten und uns zu besinnen:
- *Was möchte ich gerne in der Anzeige mitteilen?*
- *Was würde sich der Verstorbene wünschen, was würde ihm entsprechen?*

Mit einer Todesanzeige oder mit Trauerkarten wird Menschen, die dem Toten, seinen Angehörigen oder Freunden nahe stehen, der Tod mitgeteilt.

Eine solche Anzeige kann sich aus folgenden Informationen und Texten zusammensetzen:
- Vor- und Nachname, Geburtsname des Verstorbenen;
- Geburts- und Sterbedatum;
- Geburts- und Sterbeort;
- Hinweis auf die Todesursache;
- Wann und wo die Trauerfeier stattfindet;
- In welcher Form sie gedacht ist;
- Sprüche, Texte, Zitate, Gedichte, Zeichnungen, Bilder, Symbole, Fotos;
- Gedanken zu seinem Leben, seinem Sterben oder seinem Tod;
- Hinweise, Bitten, Wünsche der Verwandten und Freunde;
- Hinweise in bezug auf Kränze, Blumen oder Spenden mit entsprechendem Spendenkonto;
- Hinweise auf eine spätere Gedenkfeier;
- Ausspruch des Dankes;
- Aussagen über Besuche, Telefonate oder andere Kommunikationsformen (z.B. in der Form: Ich würde mich sehr über Briefe von Euch freuen);
- Namen der engsten Angehörigen.

In den letzten Jahren hat sich eine neue Sensibilität im Umgang mit Sterben und Tod entwickelt. Diese veränderten Gefühle drücken sich auch in den Anzeigen, Texten, Reden und Feiern im Umkreis des Todes aus. Das kann zum Beispiel einen Ausdruck dadurch finden, daß die Todesursache oder die vorausgehende Krankheit benannt wird. Auch daß die Worte „sterben", „gestorben" oder „Tod" verwendet werden, anstatt unklare und beschönigende Worte wie zum Beispiel: nach langem, schweren Leiden ging unser lieber Opa heim – heute entschlief – ist heimgerufen worden.

Wir bemühen uns heute darum, aufrichtiger und ehrlicher unsere Gefühle auszudrücken. Wir lernen, daß Menschen nicht durch falsches Pathos berührt werden, daß unechte Worte manchmal sogar eher verletzen und leere Floskeln niemandem nützen.

Dank dieser veränderten Einstellung gibt es heute immer mehr Anzeigen, die einen wirklichen Bezug zum Verstorbenen und seinen Nahestehenden haben.

So haben Gerburg und Hans-Peter den Tod ihres beinahe zweijährigen Manuels auf sehr individuelle Weise und mit viel Liebe bekannt gemacht. Manuel war ein Kind mit Down-Syndrom, einer geistigen Behinderung, die früher Mongolismus genannt wurde, und starb durch den plötzlichen Kindstod. Zur Geburtsanzeige und auch jetzt zur Todesanzeige machten sie einen Abdruck von seinem Fuß.

Wir trauern um

M A N U E L

* 1.5.1993 + 10.2.1995

Er hatte seit drei Tagen sichtbar die Masern und schien gerade auf dem Weg der Besserung zu sein. Irgendwann in den frühen Morgenstunden des 10. Februar starb er im Schlaf. Mehr wissen wir nicht, doch wir sind sicher, daß er nicht gelitten hat.

Es stimmt: Manches Schwere wird uns jetzt erspart bleiben. Aber noch viel schwerer wiegt der Schmerz, weil er uns fehlt. Noch einmal bewahrheitet sich das Gedicht, das wir - noch nichts von seiner Behinderung ahnend - zu seiner Geburt gefunden hatten. In unseren Herzen lebt er weiter.

Als wir im Oktober die Taufe unserer Kinder feierten, war einer der Wünsche für sie, "daß sie das Leben in Fülle haben" (Joh 10,10). Für Manuel scheint das volle Maß erreicht gewesen zu sein. Wir Eltern erlebten mit ihm eine Zeit der Dichte und Intensität. Jetzt erfahren wir eine andere Seite des vollen Lebens.

Wir danken allen Menschen, die Manuel und uns in seinem kurzen Leben begleitet und unterstützt haben.

Am Donnerstag, den 16. Februar, um 13.30 Uhr
geben wir ihn auf dem Friedhof von Benningen
der Erde zurück.
Wer diesen Gang mit uns teilen will (soweit es uns
betrifft, wünschen wir uns dabei auch Eure Kinder),
ist anschließend zum Kaffee eingeladen.

Gerburg, Hans-Peter und Jakob C.

Eine andere Anzeige hat uns sehr bewegt. Sie wurde noch während der Zeit der Erkrankung von der Patientin selbst aufgesetzt.

Du bist mein Gott,
meine Zeit steht in deinen Händen.
Psalm 31

Meine Kraft ist zu Ende.

Ich danke meiner von mir so sehr geliebten Familie
meinem Mann **Werner**
meinem Sohn **Uli**
meiner Tochter **Gaby**
ihrem Mann **Glenn** und den Töchtern **Susan** und **Jenny**
meinem Sohn **Michael**, seiner Frau **Ellen** und ihrem Sohn **Michael**

für alle Liebe und Fürsorglichkeit, die sie mir bis zuletzt entgegengebracht haben.
Sie haben mir den Abschied sehr schwer gemacht.

Jutta B.

den 27. Januar 1995

Wir können den verstorbenen Menschen auch dadurch ehren, daß wir seine Person und unsere Trauer um ihn auf natürliche, individuelle und aufrichtige Art und Weise ausdrücken.

Nach einigen Wochen ist es Ihnen vielleicht ein Bedürfnis, den Freunden und Bekannten für ihre Anteilnahme und Zeichen des Gedenkens zu danken. Sie können dies durch eine Anzeige in der Zeitung, durch gedruckte Dankeskarten tun oder indem Sie jedem persönlich schreiben. Spüren Sie, welcher Weg für Sie gut ist.

Zu anderen Zeiten und in anderen Kulturen gab es ganz andere Wege der Bekanntgabe eines Todes, als wie wir sie heute kennen. Es wurde nicht einfach nur sprachlich und schriftlich auf den Tod eines Menschen hingewiesen, sondern um Menschen darauf aufmerksam zu machen, hat man die Lebensbereiche des Verstorbenen geschmückt und umgestaltet.

In unseren jetzigen Bekundungen und Anzeigen sind wir zurückhaltender und vorsichtiger geworden. Vielleicht einmal, weil Abschied, Trauer und Schmerz sich in ihrem Ausdruck viel mehr nach innen gewendet haben und auch, weil die Anteilnahme am Leid anderer stiller, zurückhaltender und vorsichtiger geworden ist.

Zum anderen mögen Massensterben, Kriege, das Wissen um Hungersnöte und Katastrophen den Tod des einzelnen in eine andere Dimension gestellt haben. Da entsteht vielleicht in uns die Frage danach, ob wir berechtigt sind, den Tod eines einzelnen Menschen im Wissen um den ständig sich ereignenden Tod von Kindern, Armen und einsamen Menschen so herauszuheben und zu verkünden. Vielleicht hat sich eine Art Bescheidenheit im Bewußtsein der Menschen gebildet, die heute um so viel Tod, Schmerz, Trauer und Elend wissen.

Und doch müssen wir uns fragen, ob wir uns nicht zu sehr davon abgewendet haben, den Tod sichtbar werden zu lassen, und zwar so sehr, daß sich mit ihm nun schon fast Scham und Unsicherheit verbinden und wir ihn auf diese Weise zu verstecken suchen, ihn verharmlosen und verkleinern, ihm letztendlich kaum mehr Raum geben in unserer Gesellschaft und in unserem Leben.

Da kann es zum Beispiel sein, daß jemand sagt: „Nein, zu der Beerdigung von Herrn Kramer kann ich leider nicht kommen, da ich eine wichtige Sitzung am Nachmittag habe.“ Oder jemand verlangt von sich: „Ja, am Montag ist mein Mann gestorben, am Donnerstag ist die Beerdigung, und ich weiß nicht, ob ich nicht am Freitag wieder ins Geschäft gehen muß.“

Vielleicht können wir es so beschreiben: Sterben und Tod haben in unserer Zeit nur noch wenig Raum, wenig ganz persönliche, individuell geprägte Zuwendung im Ausdruck und in der Gestaltung und auch häufig wenig Zeit, um erlebt werden zu dürfen.

Eine Veränderung des Bewußtseins hieße damit auch, daß wir es wieder wagen, dem Tod in der einen oder anderen Dimension mehr Raum und Ausdrucksmöglichkeit zu geben.

Das kann und könnte sich vielleicht wieder verstärkt im Tragen einer besonderen Kleidung ausdrücken oder darin, daß die Wohnung mit Zeichen der Trauer geschmückt wird, die auch nach außen hin ein Zeichen setzen. In einer Veröffentlichung aus Holland wurde zum Beispiel beschrieben, daß die Familienmitglieder eine schwarze Fahne im Garten hißten.

Vielleicht können sich Menschen in Zukunft entschließen, ganz bewußt auf den Tod eines geliebten Menschen eine Trauerzeit für sich selber festzusetzen und sie nach ihren Bedürfnissen zu gestalten. In einem afrikanischen Stamm zum Beispiel wird achtzig Tage lang um einen Verstorbenen getrauert und werden entsprechende Tänze und Rituale vollzogen.

„Ich zog mich für einen Monat gänzlich vom Leben zurück. Ich nahm Urlaub und sagte allen meinen Freunden und Verwandten, daß ich mich für meine Trauer nun zurückziehen wollte. Ich bat sie darum, meine Entscheidung zu respektieren. Ich war dann viel mit mir und meinen Erinnerungen alleine. Ich nahm mir viel Zeit zum Beten und habe innerlich den Toten zu begleiten versucht. Hin und wieder habe ich jemanden aus meinem Freundeskreis eingeladen und mit ihm zusammen Bilder angeschaut oder vom Verstorbenen gesprochen."

Die Trauerfeier

Die Trauerfeier gibt uns als Angehörigen, Freunden und Bekannten die Möglichkeit, von dem Verstorbenen Abschied zu nehmen. Bei einer Feuerbestattung findet diese mit dem Sarg vor der Kremation entweder auf dem Friedhof oder in der Trauerhalle des Bestattungsdienstes statt. Die Urnenbeisetzung ist dann drei bis vier Wochen später. Der Termin wird von dem Bestattungsunternehmer mit den Angehörigen und mit der Friedhofsverwaltung festgelegt.

Die Trauerfeier bei einer Erdbestattung findet entweder in der Trauerhalle des Friedhofes oder direkt am Grab statt.

Wünschen Sie, daß ein Pastor, Priester oder Redner Sie durch die Feier und Aussegnung führt, so wird er einige Tage vorher mit Ihnen sprechen. Er wird Sie nach dem Lebenslauf und dem Wesen des Verstorbenen fragen, nach seinen Besonderheiten, seinem Leiden und Sterben. Sie können mit ihm auch absprechen, welcher Psalm, Bibelvers oder welches Gedicht für den Verstorbenen besonders wichtig war und welche Lieder Sie gerne singen möchten.

Ein junger Mann erzählt von der Beerdigungsfeier seiner Mutter:

„Mit dem Pfarrer unserer Gemeinde besprachen wir die Gestaltung des Requiem, das am Morgen des Beerdigungstages stattfinden sollte. Lieder und Texte, die Mama sich selbst gewünscht hatte oder die in engem Zusammenhang mit ihr standen, wurden in den Ablauf der Totenmesse eingeflochten. Auch wollte ich selber einen Meßtext sprechen. Einige der engsten Freunde von Mama trugen eigene Fürbitten vor. Wir stellten für jeden, der kam, ein kleines Textheft zusammen. Dieses enthielt die Liedertexte und den Ablauf der Beerdigungsfeier, aber auch vier Photos, auf denen wesentliche Stationen ihres Lebens nochmal in Erinnerung gerufen wurden mit wörtlichen Äuße-

rungen von ihr, entweder aus alten Briefen oder von Tonbandaufzeichnungen.

Die Feier hätte ihr gefallen. Sie war in ihrem Sinne. Über die vielen Blumen hätte sie sich mit Sicherheit gefreut, und auch mir kam nicht der Gedanke, daß das Geld besser für einen anderen Zweck hätte ausgegeben werden können. Für mich war es tröstlich, viele der Menschen noch einmal zu sehen, die für Mama wichtig gewesen waren. Und – auch das hätte ich früher nicht für möglich gehalten – ich habe mich gefreut über jeden, der gekommen war ... obwohl ich doch bisher Beerdigungen im ‚großen Stil' eher skeptisch gegenüberstand."

Es ist eine schöne Idee, den Menschen, die zur Abschiedsfeier kommen, ein kleines Heft mitzugeben mit Photos oder Erinnerungen aus dem Lebenslauf. So können die anderen den Verstorbenen noch einmal in seiner Ganzheit sehen. Dieses Textheft ist auch ein schönes Zeichen der Erinnerung an dieses Leben. Und oft bringt es Freude, dieses Heft zu gestalten. Als Angehörige haben wir dann das Gefühl, für den Verstorbenen noch etwas zu tun.

Sie können jedoch auch die Trauerfeier ganz allein gestalten. Das ist oftmals schwierig, weil wir ja als Betroffene noch ganz in unserer Trauer gefangen sind und uns damit vielleicht überfordert fühlen. Aber für manche ist dies sogar eine große Hilfe und Herausforderung. Sie können, vielleicht zusammen mit Freunden, Texte, Gedichte, Gebete, die für Sie und den Verstorbenen wichtig waren, heraussuchen und vorlesen. Sie können sich Stichworte zu seinem Leben machen und diese dann mitteilen. Sie können auch einige Minuten der Stille lassen, so daß sich jeder an das Leben des Verstorbenen hinspüren kann. Musik ist auch hier eine große Hilfe. Musik, die Sie tröstet und den Verstorbenen im Spüren nahe sein läßt.

Eine Frau berichtet uns von der Abschiedsfeier ihres Freundes:

„Die Abschiedsfeier meines Freundes gestalteten wir sehr liebevoll. Es war für alle ein Zusammenkommen, um die Liebe zu spüren, die wir alle miteinander geteilt hatten. So fühlten wir uns sehr verbunden. Es war ein Zeichen, wie lebendig er in uns weiterleben wird. Sein Tod erfuhr dadurch einen ganz anderen Zusammenhang.

Vor der Beerdigung hatte ich drei seiner engsten Freunde und seine Geschwister eingeladen, um den Sarg gemeinsam zu gestalten. Ich hatte einen einfachen Kiefernsarg ausgesucht, und den bemalten wir mit Bildern, die uns mit ihm verbanden. Die Geschwister und ich waren nicht so geschickt im Malen, und darum haben wir dann Fotos draufgeklebt, die uns wichtig waren. Fotos von ihm allein, wo etwas ganz Typisches von ihm zu sehen war, oder Fotos von gemeinsamen Reisen und Festen. Dazwischen klebten wir immer wieder Blätter, Zweige, Blüten aus dem Wald, denn für ihn war die Natur und besonders der Wald so wichtig. Es war ein sehr stilles und doch verbundenes miteinander Gestalten des Sarges, so als ob er noch unter uns wäre und uns führen würde. Es waren sehr besondere Stunden, so ganz herausgehoben aus der Zeit.

Die Halle, in der die Trauerfeier stattfand, hatten wir mit Zweigen und Blumen geschmückt und stellten die Bilder, die er gemalt hatte, aus. Er war ganz deutlich im Raum zu spüren. Durch die Feier führte uns dann ein gut befreundeter Pfarrer. Es war sehr stimmig, und dafür bin ich sehr dankbar.

Danach hatten wir alle Freunde und Angehörige ins Gemeindehaus eingeladen. An der Eingangstür bekam jeder eine kleine brennende Kerze, als Zeichen des Lichtes und der Hoffnung. Wir saßen in einem Kreis, und ich fing dann an, über ihn und sein Sterben sehr persönlich zu sprechen. Es hat mich schon viel Überwindung gekostet, aber dann ging es. Und es hat auch die anderen ermutigt, eigene Erfahrungen mit ihm zu erzählen, nachdem ich sie darum gebeten hatte. Es waren so viele Erinnerungen: von der Kindheit, von der Arbeit, von Schwierigkeiten, von seinen Eigenarten. Manche sprachen ganz leicht, für andere war es schwierig, verbunden mit Weinen, aber auch Lachen bei manchen Erinnerungen. Beides war in diesen Stunden da. Es war so, als ob sein ganzes Leben noch einmal aufleuchten würde vor uns allen, die wir ja immer nur bestimmte Ausschnitte von ihm kannten. Wir beendeten diesen Austausch dann mit einem Musikstück, das er sehr liebte. Dann kam der lockere Teil: Jeder konnte sich am Büffet, welches Freunde von uns zusammengestellt hatten, bedienen. Es wurde dann noch viel in kleinen Gruppen weiter geredet. Zum Abschied bekam jeder noch eine gelbe Rose mit, als ein Geschenk meines Freundes.

Diese nahe Art hat mir sehr geholfen. Ich fühlte mich sehr getragen und verbunden mit denen, die da waren, und durch die Erzählungen habe ich auch meinen Freund nahe gespürt."

9. Das Grab war in einer Felsenhöhle

Von der Erdbestattung

Laßt im Grünen mich liegen unter Blumen und Klee,
unter Blumen mich schmiegen, unter Blumen und Klee!
(Friedrich Rückert, *Die Kindertotenlieder*)

Nachdem wir über eine kürzere oder etwas längere Zeit von dem Verstorbenen Abschied genommen haben, braucht der tote Körper nun einen Ort, der ihm in einer würdigen Weise seine Auflösung, seine Zersetzung und Verwandlung möglich macht.

In der Regel findet die Bestattung am dritten oder vierten Werktag nach Eintritt des Todes statt. In den meisten Bundesländern besteht eine Frist von 96 Stunden.

Die leibliche Hülle des Menschen löst sich nun auf. Das Stoffliche kehrt wieder zurück in die Welt der Elemente: Erde, Feuer, Wasser und Luft. Dieser Zersetzungs-, Gärungs- und Fäulnisprozeß wirkt auf die menschlichen Sinne befremdlich und abstoßend. Ganz besonders, wenn wir einen Verstorbenen über drei Tage aufgebahrt haben und ihn in dieser Zeit begleiteten, spüren wir zu einem bestimmten Zeitpunkt, daß die Körperhülle nun endgültig verlassen ist und nun ein Leichnam vor uns liegt, der sich zu zersetzen und aufzulösen beginnt. Der Körper riecht nun vielleicht stärker, er bildet Fäulnis- und Schimmelprozesse, er fällt mehr und mehr in sich zusammen. Das zu sehen schmerzt zutiefst und ist uns auch unheimlich, weil uns so stark vor Augen steht, daß auch unser Körper sich einmal durch diese Verfallsprozesse auflösen wird.

Das stellt uns dann ganz radikal vor die schwere und bewegende Frage:

Was bleibt dann von mir?

Zumindest in heutiger Zeit empfinden wir das so, denn wir wissen von Zivilisationen mit andersartigen Empfindungen und Reaktionen. Diese Empfindungen gegenüber dem Leichnam haben sich offensichtlich über lange Zeitepochen hinweg verändert und verwandelt.

In allen Zeiten und Kulturen hat es unterschiedliche Reaktionen auf diesen naturhaft-organischen Prozeß gegeben.

Das „Versorgen der Toten" war abhängig von den Lebens- und Umweltbedingungen der Menschen, von geologischen, sozialen und kulturell-religiösen Bedingungen und Vorstellungen.

Unterschiedliche Lebensbedingungen schufen somit auch ganz unterschiedliche Bestattungsformen, und manchmal gab es in ein- und demselben Kulturraum auch mehrere verschiedenartige Formen nebeneinander.

Was für die eine Kultur- und Zeitepoche richtig und stimmig war, wurde in einer anderen als befremdlich, abstoßend oder auch makaber empfunden.

So gab es zum Beispiel Kulturen, die den Leichnam ***Vögeln*** oder ***Hunden*** zum Fraß überließen. Die Menschen sammelten dann die zurückbleibenden Knochen, um diese zu bestatten.

Andere Zeugnisse besagen, daß es in einigen Kulturen üblich war, den Leichnam *zu **zerstückeln*** oder einzelne Teile oder Organe zu entnehmen.

Häufig wurden der ganze Körper oder auch einzelne Organe ***einbalsamiert,*** und diese wurden zum Beispiel in ***irdenen Gefäßen*** oder steinernen ***Kästen*** aufbewahrt.

Noch bis in die Gegenwart konnte man in Griechenland weit abliegende, auf felsigem Boden liegende Dörfer finden, in denen die Bewohner dem Brauch folgten, ihre Toten von der Höhe einer Klippe ins ***Meer*** hinunterzuwerfen. Ein Brauchtum, das sich aus den extremen Bodenverhältnissen dieses Lebensraumes ergab.

Im Johannesevangelium lesen wir von der Bestattung des Lazarus:

*Das Grab war in einer **Felsenhöhle,** und ein Stein lag davor.*

Aus Berichten von Naturvölkern entnehmen wir, daß sie ihre Toten hoch oben in den Wipfeln der ***Bäume*** anbrachten, eine Bestattung in der Luft sozusagen. Wieder andere Zivilisationen bauten den Toten ***Häuser*** oder setzten die Körper in ***Boote***, um sie auf die Reise ins „Land der Toten" zu schicken.

An dieser Stelle mag sich für uns vielleicht die Frage stellen: Haben die vielen verschiedene Bestattungsformen, über diese äußeren Unterschiedlichkeiten hinweg, auch unterschiedliche Bedeutung für den Toten? Hat denn die Form der Bestattung auch für ihn noch eine Bedeutung, die irgendwie nachvollziehbar ist? Gibt es eine „bessere" oder eine „schlechtere" Form der Bestattung für den Toten?

Der katholische Glaube hieß bis ins Ende des 19. Jahrhunderts nur die Erdbestattung gut. Bis dahin schien der Auferstehungsglaube mit der Verbrennung des Körpers nicht vereinbar.

Heute ist jedoch der Glaube, daß das menschliche Ich, das Wesen, der Kern der Persönlichkeit, unabhängig von der Auflösungsform des Körpers, weiterexistieren kann, weitgehend verbreitet.

Vom nachvollziehenden Empfinden gibt es vielleicht gewisse Unterschiedlichkeiten, ob ein Körper auf eine schnelle, eher vehemente Art wie bei der Verbrennung aufgelöst wird, oder ob diesem Geschehen lange Zeit, also Jahre, zur Verfügung stehen.

Die Beisetzungsarten unterscheiden sich wohl im Wesentlichen einmal durch diesen Zeitfaktor und zum anderen durch die Unterschiede der Form, durch die der Leichnam wieder den ***Elementen*** übergeben wird.

Einmal steht das Element ***Erde*** im Vordergrund, in der anderen Form das ***Feuer***, die aufsteigende Wärme und die zurückbleibende Asche.

Wenn wir über die für uns in Frage kommende Form der Bestattung nachdenken, können verschiedene Faktoren für die Entscheidung wesentlich sein:

- *Welche Form der Bestattung paßt zu mir, zu meiner Einstellung, zu meinem Leben und Wesen und zu meiner religiösen Überzeugung?*
- *Existiert schon eine Grabstelle, zum Beispiel ein Familiengrab?*
- *Möchte ich mich in die Tradition meiner Familie einreihen oder möchte ich eine andere Form?*
- *Welche Form würde sich meine Familie, meine Freunde und Angehörigen wünschen?*
- *Gibt es Menschen, die mein Grab gerne besuchen werden und es pflegen möchten?*

Hin und wieder verfügen Hinterbliebene über keine eindeutige Festlegung oder Hinweise des Verstorbenen, seine Bestattung betreffend. Es ist dann die Aufgabe der Hinterbliebenen, eine Entscheidung „im Sinne des Verstorbenen" zu finden.

Läßt sich keine gemeinsame Entscheidung finden, hat der nächste

Nachkomme in direkter Linie, also zum Beispiel die Witwe (nicht die Kinder) das Recht, die Bestattung zu bestimmen.

Gibt es gar keine Anordnungen oder Hinweise, heißt es vom Gesetzgeber her ganz deutlich: „im Zweifelsfall eine Erdbestattung".

Heinrichs Beerdigung

„Hell klangen die Glocken im Dachstuhl der kleinen Kirche. Mühsam erhob ich mich, ich wußte, nun war der Gottesdienst für Heinrich beendet, nun würde es noch den kurzen Weg hinauf zum Friedhof geben und dann ... Weiter mochte ich gar nicht denken. Ich wußte, es ging nun um den letzten, endgültigen Abschied, zumindest den auf der Erde.

Links und rechts von mir gingen unsere beiden Kinder und ganz so, als ginge es gar nicht anders, hängten sie sich in meine Arme, und wir gingen ganz nah und dicht miteinander den steilen Weg hinauf. Hinter mir hörte ich Stimmen. Ja, da gingen die anderen, Wortfetzen erreichten mich, aber ich verstand sie nicht.

Da war die Stelle, da war es, wo sie am Tag zuvor die Erde ausgehoben hatten, die nun nebenan aufgetürmt lag. Wie eine Wunde, dachte ich kurz, und über dieses Empfinden konnten mich auch die vielen Blumen und Kränze, die rings um das Grab lagen, nicht hinwegtrösten.

Da kam auch schon der niedrige Wagen, von sechs Trägern begleitet über den Hauptweg herangerollt. Auf dem schwarzen Gestell: der Sarg ... und nun wurde es mir ganz eng und beklommen ums Herz; ich wußte ja, in diesem Sarg lag Heinrich, mein Mann und der Vater der Kinder ... nein, es gab kein Zurück mehr. Ich spürte, wie mir die Kälte über den Rücken zog, wie ich das Gefühl hatte, daß meine Beine mich nicht mehr recht trugen, und auch die Kinder kuschelten sich haltsuchend noch dichter an mich.

Wie gut war das, ich werde es nie vergessen: Mein Bruder und meine Schwägerin Maria lösten sich von der etwas abseits stehenden Trauergesellschaft, kamen zu uns herüber und stellten sich ganz dicht links und rechts zu uns. Sie legten einfach die Arme um uns drei, und so war es besser, so gab es mir das Gefühl, daß ich das Kommende irgendwie überstehen könnte.

Von dem Ablauf der Beisetzung weiß ich bis heute nicht mehr sehr viel.

Es war, als befände ich mich ein wenig wie in einem Nebel, der alles blasser, undeutlicher, aber auch weniger schmerzlich machte. Der Pfarrer sprach noch ein paar Worte, der Sarg wurde behutsam hinabgelassen, dann aber dröhnten doch die Erdbrocken in der Tiefe aufs Holz, so daß ich weh zusammenzuckte. Zwei Arbeitskollegen und der Chef von Heinrich redeten noch. Alles kam mir so furchtbar lang vor, denn ich hatte das Gefühl, all das nicht mehr lange durchstehen zu können. An einer Stelle der Ansprache hätte ich eigentlich gerne ganz laut gelacht, denn für einen Augenblick war mir, als mache Heinrich eine seiner typischen albernen Bemerkungen, die er oft gemacht hatte, wenn er gerade von diesem Kollegen erzählte.

Dann, irgendwann, auch die Kinder traten schon von einem Fuß auf den anderen, war wohl die Feierlichkeit beendet. ‚Mutti, muß ich da noch dableiben?' flüsterte mir unser Jüngster ins Ohr, und er meinte damit das nun folgende Ritual der Kondolenz. ‚Nein, geh ruhig zu deinen Schulkameraden', sagte ich ihm ebenso leise; ich spürte einfach, daß es ihm zu viel werden würde, die vielen Menschen, die da alle kommen würden."

Das Begräbnis

Bis noch vor einigen Jahren war die Erdbestattung in den meisten Gegenden Deutschlands die vorherrschende Art der Beisetzung. In den letzten Jahren kann man aber überall eine starke Zunahme der Feuerbestattung feststellen.

Der Ablauf:

1. Die Friedhofsverwaltung muß die Todesbescheinigung oder in manchen Bundesländern die Sterbeurkunde, die gleichzeitig die Genehmigung für die Beerdigung ist, erhalten.

2. Entweder ist der Tote bereits durch ein Bestattungsunternehmen zum Friedhof gebracht worden, oder er wird nun zur angesetzten Zeit von der Aufbahrung zu Hause, im Krankenhaus oder Heim zur Friedhofskapelle gebracht.

3. Es findet nun entweder in einer Kapelle, Trauerhalle oder direkt am Grab eine Trauerfeier nach individueller Gestaltung statt.

4. Den ersten Teil der Feierlichkeiten nennt man entweder Bestattungsritual oder auch Aussegnung. (Diese Aussegnung kann aber auch schon zu Hause stattgefunden haben.)

5. Diese Gottesdienste können aber auch erst als Feier am Grab stattfinden, z. B. wenn keine Friedhofskapelle da ist.

Zur kirchlichen Bestattung gehören:
- Eine Lesung aus dem Evangelium
- Gebet
- Lieder
- Fürbitte
- Segen.

Im katholischen Ritus kann die Abfolge wie die Feier einer Heiligen Messe mit einer darauf folgenden Begräbnisfeier sein.

Am Anfang und am Schluß wird meistens Musik gespielt.

Jede Friedhofsordnung legt für Bestattungen eine *bestimmte Zeitdauer* fest. Oft finden davor und im Anschluß weitere Bestattungen statt. Dadurch ist die Einhaltung einer vorgegebenen Zeit verpflichtend. Diese begrenzende Zeitregelung gilt selbstverständlich nur, wenn eine Trauerhalle zur Feier benutzt wird. Ist dies nicht der Fall, ist lediglich eine zeitliche Vereinbarung mit den Friedhofsangestellten zu treffen, da diese für die endgültige Versorgung der Grabstelle verantwortlich sind.

Uns hat erschreckt, wie kurz die Zeit für eine Beerdigung ist. Die übliche Zeit, sowohl für die Benutzung der Trauerhalle als auch die Zeitplanung des Pfarrers, liegt üblicherweise bei dreißig Minuten. Die Zeiten sind im Laufe der Jahre immer kürzer geworden. Hier wäre es wichtig, daß sich Pfarrer sowohl bei ihren kirchlichen Vorgesetzten als auch bei den Friedhofsvorstehern für eine längere Zeit einsetzen.

Die Trauerfeier, dieser wichtige und sehr schmerzliche Moment des Abschiednehmens, braucht auch einen angemessenen Zeitrahmen.

Für Menschen, die eine andere als die konfessionelle Beisetzung wählen, gibt es durchaus verschiedene Möglichkeiten der Gestaltung. Bei besonderen Riten und Handlungen sollten diese allerdings unbedingt mit dem zuständigen Friedhofsamt abgesprochen werden.

Welche Möglichkeiten und welche Bedingungen gibt es ein Begräbnis auch ohne Beerdigungsinstitut zu regeln und durchzuführen?

Welche Formen eine privat gestaltete Beisetzungsfeier haben kann, unterliegt den Bestimmungen des jeweiligen Friedhofs, und diese sind regional sehr unterschiedlich. Es ist also notwendig, diese Handlungen mit der Verwaltung des Friedhofs abzusprechen.

- Eine Trauerfeier kann, innerhalb des zeitlichen Rahmens, individuell in der Trauerhalle durchgeführt werden, so kann jeder ein Teelicht oder eine Kerze als Zeichen der Hoffnung anzünden.

- Auf fast allen Friedhöfen ist es möglich, den Sarg durch Freunde und Angehörige selbst zum Grab zu tragen. (Es sollten *mindestens sechs Personen* sein.)
- Die Feier am Grab kann, innerhalb der Möglichkeiten der jeweiligen Friedhofsordnungen, individuell gestaltet werden, z.B. hat sich ein sterbendes Kind gewünscht, daß die Schulfreunde am Grab Luftballons loslassen.
- Oft ist es möglich, das Grab durch Verwandte und Freunde zuschaufeln zu lassen. Es ist dann nur wichtig vorher um die Bereitstellung mehrerer Schaufeln zu bitten.
- Es ist möglich, das Grab selber mit Blumen, Girlanden und Kränzen schmückend zu gestalten. Aber auch hier ist es ratsam, diesen Wunsch mit den zuständigen Personen der Verwaltung abzusprechen.

Die Kosten

Wird eine Bestattung über ein Bestattungsinstitut ausgeführt, so ist es möglich, jede Dienstleistung oder andere Inanspruchnahme pro Einheit festzulegen und die Kosten ***pro Einheit*** zu erfahren. (Lassen Sie sich nicht zu einer pauschalen Regelung überreden, wenn es Ihnen vielleicht auch im Moment schwerfällt, sich mit jeder Frage einzeln zu beschäftigen.) Es werden sogenannte Auftragsformulare ausgefüllt, die als Vetragsdokument gelten und von beiden Vertragspartnern unterzeichnet werden. Mit der Unterzeichnung ist der Vertrag rechtsgültig.

Dem Friedhof wird als Grundgebühr für die Bestattung und das Nutzungsrecht einer Grabstelle eine einmalige Summe bezahlt.

Die Stadt setzt jährlich die Tarife für die städtischen Friedhöfe fest.

Es folgt hier eine Preisübersicht über die ungefähren Kosten. (Es handelt sich hier nur um ungefähre Richtwerte, die sich laufend geringfügig verändern. Die genannten Summen beziehen sich auf das Jahr 1995.)

- Gebühr für eine Erdbestattung (Tätigkeit der Verwaltung, der Bestattung, der Herstellung und Schließung des Grabes, die Benutzung des Leichenhauses und der sonstigen Friedhofseinrichtungen) für Erwachsene: DM 2510,–;
- Benutzung einer Feierhalle: DM 330,– ;
- Benutzung eines Kühlraumes pro Tag: DM 130,– ;
- Benutzung des Leichenhauses bei Überführungen pro Tag : DM 90,– .

Bei der Erdbestattung gibt es das ***Wahl- oder Familiengrab.*** Das Wort Familiengrab beinhaltet nicht, daß dort nur Mitglieder einer Familie bestattet werden können, sondern es meint, daß in dieser Grabstelle mehrere Tote eines ***Familien- oder Freundschaftsverbandes*** begraben werden können. Dieses Wahlgrab kann von der Lage und dem Platz her ausgesucht werden. Wenn der Nutzungsberechtigte selber verstirbt, kann das Grab an einen anderen weiteren Nutzungsberechtigten überschrieben werden. Die Nutzungsdauer beträgt bei Wahlgräbern 30 oder 20 Jahre.

Ein Einzel- oder Reihengrab kann dagegen nicht ausgesucht werden. Hier liegt die gesetzliche Ruhezeit bei ***15 Jahren*** in Großstädten und bis zu 25 Jahren in kleineren Orten.

Damit Sie sich ein ungefähres Bild der Kosten machen können, nennen wir hier einige Gebühren. Die Angaben stammen aus dem Jahr 1995 und werden sich unter Umständen jährlich ein wenig verändern.
- ***Gebühr für das Nutzungsrecht eines Wahlgrabes*** für Erwachsene 30 oder 20 Jahre, für Kinder 10 Jahre. Sie beträgt für jedes Jahr der Nutzungsdauer 126,– DM. Das hieße also auf die Dauer von 20 Jahren umgerechnet DM 2520,–;
- ***Gebühr für ein Reihengrab*** (einfach belegbar) DM 960,–.

Ist der Verstorbene und seine direkten Angehörigen, die die Bestattungskosten bezahlen müßten, ***Sozialhilfeempfänger,*** so zahlt das Sozialamt die Erd- oder Feuerbestattung. Bezahlt werden: Sterbewäsche und schlichter Holzsarg zu ca. DM 595,–, Grundgebühr für die Erd- oder Feuerbestattung mit Trauerfeier, Überführung zum Friedhof und einfache Gärtnerdekoration zu ca. DM 150,–.

Ist der Verstorbene obdachlos und hat keine Angehörigen, so wird die Bestattung vom Amt für Öffentliche Ordnung angeordnet. Hier ist jedoch nur eine Feuerbestattung mit einer Urnenbeisetzung im Gemeinschaftsgrab möglich. Das Amt für Öffentliche Ordnung bezahlt die Grundgebühr für die Feuerbestattung mit Trauerfeier und einfacher Gärtnerdekoration, und Überführung zum Friedhof.

Bestattungen für Menschen mit anderen Religionszugehörigkeiten

In den verschiedenen Kulturen gibt es ganz unterschiedliche Formen und emotionale Haltungen für den Übergang von Leben und Tod. Diese ergeben sich zum einen aus den religiösen Überzeugungen, die das Leben nach dem Tode betreffen, und zum anderen schlagen sich hier sicherlich auch Mentalitätsunterschiede und nationale Prägungen nieder. Ein Hindu steht zum Beispiel dem Tod ganz und gar anders als ein Christ gegenüber, ein Moslem wiederum ganz anders als ein Mensch mit jüdischer Religionszugehörigkeit.

All diese unterschiedlichen Hintergründe schlagen sich in unterschiedlichen

- emotionalen Reaktionen;
- Sitten und Gebräuchen;
- Zeremonien und Kulten der einzelnen Nationalitäten nieder.

Dies zeigt sich ganz besonders deutlich in den:

- Sterberiten und Sterberitualen;
- dem Umgang mit den Verstorbenen;
- den Beerdigungsformen;
- und den Formen der Trauer und der Pflege des Gedenkens.

Diese kulturell-religiösen Gebräuche und Überlieferungen sind tief in das Wesen und die Persönlichkeit eines einzelnen und auch der Gemeinschaft eingeschrieben.

Das bedeutet sehr oft für Menschen, die in einer fremden Nation und Religion neue Heimat gefunden haben, daß sie sich ganz besonders dann als „Fremde" fühlen, wenn diese ihnen wichtigen zugehörigen Elemente ihres Lebens begrenzend, einengend oder gar respektlos behandelt werden.

Wie mögen sich Menschen fühlen, die gerade einen Trauerfall innerhalb ihrer Familie erleben, die mit ihren Sitten, Gebräuchen und Traditionen keinen Raum innerhalb einer andersartigen Gesllschaft finden oder gar lieblos und verständnislos behandelt werden!

Es wird an uns liegen und für die Grundlagen unserer Kultur sprechen, wie weit wir versuchen, mit Verständnis und in achtungsvoller Haltung auf die Andersartigkeit solcher Formen religiösen Verhaltens zu reagieren.

Auf der anderen Seite ist es sicherlich unumgänglich, daß Menschen einer anderen Religionszugehörigkeit die notwendigen Gesetzgebungen des neuen Heimatlandes akzeptieren und sie nicht als persönliche Kränkung erleben. All diese zwischenmenschlichen Abläufe und Handlungen bedürfen ganz sicher von beiden Seiten einer zugewandten, respektvollen Haltung, die sich bemüht, jeweils auch die Interessen des anderen zu verstehen und zu achten.

Menschen ***jüdischer*** Religionszugehörigkeit haben die Tradition, einen Verstorbenen innerhalb von 24 Stunden zu beerdigen. In Israel wird der Verstorbene ohne Sarg beerdigt. Die Beerdigung ist recht kurz. Man geht zu ihr in den Kleidern, die man bei der Todesnachricht anhatte. Die Beerdigung ist sehr schlicht, aber von auffallend schmerzbekundendem Verhalten geprägt. Es gibt keine Beerdigung im engsten Familienkreis, sie ist öffentlich. Sie findet ohne Musik, ohne Blumen und ohne Gottesdienst statt. Jemand sagt ein paar Trauerworte, dann wird das Totengebet gesprochen, und danach geht man zum Grab, läßt den in ein Leinentuch gehüllten Leichnam in die Erde hinunter, und im Anschluß daran wird das Grab zugeschaufelt.

Das ***muslimische*** Begräbnis hat dagegen eine ganz und gar andere Stimmung und Ausprägung. Die Angehörigen sollen ihren Kummer und Schmerz nur auf „gebührliche" Art zum Ausdruck bringen. Klageschreie zum Beispiel sind nicht statthaft. Ursprünglich befindet sich der Leichnam in Leinentücher gehüllt auf einer Bahre. Wo Behörden darauf bestehen, daß im Sarg beerdigt wird, kann man einen leichten, undekorierten Sarg nehmen. Die Bahre oder der Sarg wird, möglichst abwechselnd, von allen anwesenden männlichen Muslimen getragen. Es ist wichtig, daß bei der Beisetzung das Gesicht des Toten nach Mekka gerichtet ist. Jeder Anwesende hilft mit, das Grab mit Erde zu füllen. Dazu benutzt man beide Hände und beginnt am Kopfende. Muslimische Begräbnisse finden ohne Blumen und ohne Kranzschmuck statt. Man zündet keine Kerzen an. Es gibt keine Mahlzeit für die Teilnehmer am Begräbnis.

Diese beiden Beispiele mögen uns noch einmal verdeutlichen, daß nur mit gegenseitigem Verständnis und Toleranz ein gutes Zusammenspiel zwischen hiesigen Bestimmungen und traditionellen Vorschriften anderer Kulturkreise stattfinden kann. Es wird in jedem Fall zu prüfen sein, welche Vorschriften und Gesetze tatsächlich bindend und wichtig sind und bei welchen man sich auf einen beidseitigen guten Kompromiß einigen kann.

Überführungen

Soll ein Verstorbener in seinem Heimatland beigesetzt werden, ist es unabdingbar, daß ein Bestattungsunternehmen eingeschaltet wird. Es gibt in einem solchen Fall wesentlich mehr Vorschriften und Bedingungen, die eingehalten werden müssen. Der Verstorbene kann als Leichnam nur auf dem Luftweg oder per Auto transportiert werden. Wird der Tote in Deutschland kremiert, dann wird die Urne mit der Post verschickt. Innerhalb Deutschlands entstehen keine Extrakosten. Sie kann nicht durch eine Privatperson im persönlichen Gepäck transportiert werden.

Ist eine Person im Ausland verstorben, kann der Leichnam über ein Betattungsunternehmen im Auto geholt oder mit dem Flugzeug transportiert werden. Der Transport erfordert entsprechende Papiere und die Erfüllung behördlicher Formalitäten. Auch in diesem Fall ist es notwendig und sinnvoll, ein Bestattungsunternehmen in Anspruch zu nehmen.

10. Der irdische Körper wird den Flammen übergeben

Von der Feuerbestattung und der Urnenbeisetzung

Voreingenommen wie wir es gegen den Tod sind,
kommen wir nicht dazu,
ihn aus seinen Einstellungen zu lösen.
(Rilke, *Briefe*)

Ein Ort des Schreckens? Im Krematorium

Kaum eine andere Einrichtung, kaum ein anderer Ort, dürfte so von angstauslösenden und makabren Vorstellungen belastet sein wie das Krematorium. Es ist die Stätte, an die tote Körper, Leichname zu ihrer Verbrennung kommen. Manchen Menschen, besonders älteren, die noch lebendige Bilder unsrer grauenhaften politischen Vergangenheit in sich tragen, mögen sich diese noch beimischen, aber im wesentlichen werden sich viel tiefer sitzende Ängste und magische Vorstellungen, Gedanken und Empfindungen mit dieser Einrichtung verbinden.

Es mag sein, daß gerade das Krematorium alle „schlimmsten" und „dunkelsten" Vorstellungen mit sich verbindet.

„Ein Krematorium? Oh, da geschehen schlimme Dinge!"

„Oh, Gott, da riecht es immer nach Verwesung und verbranntem Fleisch."

„Wie die dort wohl mit den Leichen umgehen? Darüber sollte man gar nicht nachdenken!"

„Da nehmen sie die Leichen aus den Särgen und tun sie einfach in die Öfen."

„Da kann man ja viel Geld sparen und die Särge, die …"

„Na ja, ich möchte nicht wissen … da hat man schon so Sachen von den goldenen Zähnen gehört …"

Solche oder ähnliche Vorstellungen und Befürchtungen haben sicher viele Menschen, und dann eben auch die damit verbundenen angstmachenden, unguten Gefühle.

„Was dann mit meinem Leichnam geschieht, daran möchte ich lieber gar nicht erst denken."

Diese unheimlichen und makabren, Vorstellungen und Phantasien kommen zum einen aus dem Bereich der Sinne, dann aber auch aus Schichten des Seelischen, die von magischen angstbehafteten Bildern bewohnt sind.

„Da stinkt es ekelerregend!"

„Wenn die Kühlung ausfällt, tropft es sicher aus den Särgen."

„Ob da auch schon Scheintote unter den vielen anderen Toten lagen und um Hilfe schrien und niemand hörte sie?"

Zur Klärung und Realisierung der Wirklichkeit helfen uns zwei Einsichten:

1. ***Je ungenauer, diffuser eine Vorstellung ist, um so angsterzeugender ist sie.***
2. ***Informationen über die Wirklichkeit und ihre innere Anerkennung helfen uns, ein klares und faßbares Bild zu entwickeln. Ängste und Zwangsvorstellungen können als solche erkannt und eingeordnet, das heißt bearbeitet und relativiert werden.***

Ein Rundgang durch das „Totenhaus"
Besichtigung eines städtischen Krematoriums.

Ein freundlicher älterer Herr im hellen Anzug begrüßt uns auf der Empore des Krematoriums. Es ist ein herrlicher Oktobertag, die Sonne scheint noch einmal ganz kraftvoll, aber auf den Stufen und in den Nischen der Gebäude sammelt sich, nicht übersehbar, das gelbbräunliche Herbstlaub.

Vor dem Krematorium befinden sich Männer und Frauen in schwarzen Anzügen und Kleidern, sie warten miteinander auf die Öffnung der Türen zur Feierhalle. Um 11 Uhr 15 wird die nächste Beisetzungsfeierlichkeit stattfinden.

Beim Eintritt in das Gebäude kommen wir zuerst zu den Räumen, die der Aufbahrung der Verstorbenen dienen und in denen die Angehörigen bis zehn Minuten vor der Feierlichkeit in der Stille bei ihrem Verstorbenen verweilen können. Diese schmalen, geschmackvoll gestalteten Räume in Grau und sanftem Violett sind leicht gekühlt, es sind etwa 8 Grad Celsius. Der Aufbahrungsraum, die Aufbahrungszellen, wie sie hier genannt werden, sind von indirektem Licht erleuchtet, und es ist möglich, auf den bereitgestellten Stühlen bei den Toten zu sitzen. Eine weitere Station auf unserem Rundgang ist der Kühlraum, in den die Särge mit den Toten gestellt werden, um auf ihre Erd- oder Feuerbestattung in den nächsten zwei oder drei Tagen zu warten. Der Raum ist von beträchtlicher Größe, die Temperatur beträgt etwa null Grad und am heutigen Tag befinden sich etwa fünfzehn Särge hier. Sie stehen auf hölzernen Böcken, und an jedem von ihnen ist entweder ein Zettel angebracht oder mit Kreide der Familienname und der Vorname vermerkt.

Wohin wir auch kommen, welche Räume wir auch betreten, überall fällt auf, daß es hier auffallend sauber und ordentlich ist. Man hat sogar das Gefühl, daß für eine gewisse Ästhetik gesorgt wird. Auch der erwartete unangenehme Geruch ist nicht da, und unser freundlicher Führer erklärt uns nicht ohne Stolz, daß ein ganz besonderes Luftentsorgungssystem für gute Belüftung sorge.

Auf unsere Frage nach sogenannten „Kühlboxen" bekommmen wir zwei davon zu sehen. Es sind kleinere in die Wand eingelassene Fächer, in denen eine Temperatur weit unter null Grad herrscht. Diese Aufbewahrungsbehälter würden relativ selten benutzt, eigentlich nur in Sonderfällen, wenn es irgendwelche Unklarheiten über den Verstorbenen oder seinen Tod gäbe, erfahren wir.

Täglich kommt ein besonders beauftragter Arzt, der die sogenannte Leichenschau abhält und der auch für eventuell notwendige Obduktionen, die hier im Hause stattfinden können, zuständig ist.

Leichenschau wird an jedem Toten, der verbrannt wird, vorgenommen. Sie dient der nochmaligen rechtlichen Sicherung und der Gewähr, daß nicht doch ein Gewaltverbrechen oder eine andere unnatürliche Todesursache vorliegt. Erst nach dieser Besichtigung des Leichnams durch den Amtsarzt kann die Verbrennung vollzogen werden.

Obduktionen, die aus gerichtsmedizinischen Gründen vorgenommen werden, finden immer im Beisein der Polizei statt und geschehen immer nur dann, wenn eine rechtliche Verordnung vorliegt, also nur, wenn der Tote mutmaßlich eines nicht natürlichen Todes gestorben ist.

An den Öfen

Die vier Füße des Sarges werden abgeschlagen, das unzerstörbare Nummerntäfelchen wird auf den Sargdeckel gelegt, mit einer leicht beweglichen Hebelvorrichtung öffnet sich die Tür. In der Öffnung des Kremationsofens sieht man stark aufflammende Feuerwogen, der Sarg mit dem zu verbrennenden Leichnam wird behutsam auf einer Rollschiene eingefahren. Alles geht geübt, schnell und mühelos. Augenblicklich erfassen die Flammen das Holz des Sarges, die Tür des Verbrennungsofens schließt sich lautlos.

Der irdische, verwesliche Körper eines Menschen wurde den Flammen übergeben.

Einige Augenblicke später hat man die Möglichkeit, den Verbrennungsvorgang durch eine Klappe an der Rückseite der Ofenanlage zu betrachten.

Für uns, die wir diesem Vorgang erstmalig beiwohnen, ein erschütternder, aber auch erhabener Moment, der tief ins Seelische hinein für immer seine Spuren zurücklassen wird. Wir erleben die sichtbare Vergänglichkeit und Umwandlung eines menschlichen Körpers. Für einen Augenblick verstehen wir tiefer als sonst, daß auch wir einen vergänglichen Körper haben, der einmal nicht mehr sein wird.

Etwa anderthalb Stunden wird dieser Verbrennungsvorgang in drei Stufen oder Etappen vor sich gehen. Dreistufig ist der Ofen eingerichtet, um auf diese Weise eine immer feinere Verbrennung der Überreste zu erzielen. Nach dem dritten Kremationsvorgang, in immer demselben Ofen, auf nur drei verschieden gelagerten Etagen, werden die nunmehr ganz sauberen, weißlich gräulichen Reste in einer kleinen Blechschublade aufgenommen. Inmitten der Aschen – und feinen Knochenreste liegt die Nummerntafel aus Schamott, in der die Nummer, die der Verstorbene erhielt, eingeprägt ist. Damit ist gesichert, daß auch die Aschenreste auf keinen Fall vertauscht oder verwechselt werden können.

Nachfolgend werden mit einem Magneten alle Eisenteile aus der Asche entzogen, und die so gereinigten Überreste werden einem letzten Zerkleinerungsprozeß in einer Mühle unterzogen. Jeder Arbeitsgang wird sorgfältig getrennt vom anderen durchgeführt, sodaß gewährleistet ist, daß am Ende des gesamten Vorganges tatsächlich die Überreste eines bestimmten Menschen unvermischt in seine Urne kommen. Obenauf liegt die Keramiknummer, die wiederum auch im Urnendeckel eingraviert ist.

Für die Urnen, die mit der Post verschickt werden, stehen schon fertig vorbereitete maßgerechte Kistchen bereit, die einige Tage später an ihren Bestimmungsort versandt werden.

Die Urnen, die auf einen der anderen städtischen Friedhöfe kom-

men, werden mit entsprechenden Versandzetteln bereitgestellt, und auch sie erreichen bald darauf ihren Bestimmungsfriedhof.

Urnen, die zur Beisetzung auf dem anonymen Urnenfeld bestimmt sind, werden in einem Regal bis zum einmal im Jahr stattfindenden Beisetzungstermin aufbewahrt.

Nach dieser Besichtigung hat sich für uns der Begriff eines Krematoriums grundlegend geändert und mit anderen Inhalten gefüllt. Es ist für uns nunmehr kein Ort des unheimlichen, undurchsichtigen Geschehens oder des unwürdigen Umgangs mit Leichen.

Wir haben erfahren: Ein Krematorium ist eine höchst effizient, technisch sachgerechte Einrichtung. In ihr geht es rationell, sauber, human und rechtlich absolut durchsichtig und verantwortlich zu. Es gibt darin keine geheimnisvollen, angsterregenden, verborgenen Vorgänge. Das Krematorium wird, wie andere technische Einrichtungen, verantwortlich betrieben, es steht im Dienste der Gesellschaft und ist ein Teil unserer kulturellen und zivilisatorischen Einrichtungen.

Die Feuerbestattung

Die Kremierung, das heißt die Verbrennung von toten Körpern gab es nachweislich schon vor 3000 Jahren. Es gab verschiedene Arten und Bräuche im Umgang mit der Asche, entweder wurde sie in unterschiedlichste Behältnisse gefüllt und über oder unter der Erde aufbewahrt, oder sie wurde auf das Land oder in Gewässer gestreut.

Im alten Griechenland kannte man die Totenverbrennung, in etruskischer und römischer Zeit kam sie neben der Erdbestattung ebenso vor, und in Indien ist die Verbrennung von alters her bis in die heutige Zeit die vorherrschende Bestattungsform. Der Islam hingegen lehnt die Leichenverbrennung strikt ab.

Auch das katholische Abendland lehnte die Verbrennung der Toten deshalb ab, weil man lange Zeit meinte, daß diese dem Auferstehungsglauben widerspräche.

Ende des vorigen Jahrhunderts wurde die Feuerbestattung jedoch von Freidenkern und Atheisten propagiert. Erst im Jahre 1964 hat auch die katholische Kirche das Verbot der Feuerbestattung aufgehoben.

In heutiger Zeit nimmt die Feuerbestattung in allen Gegenden gegenüber der Erbestattung zu. Die prozentualen Anteile der Einäscherungen sind aber regional sehr unterschiedlich verteilt und erstrecken sich von 25 % bis zu 80 %.

Die Motive der tendenziellen Zunahme zur Kremation mögen unterschiedliche sein. Leider verbirgt sich dahinter aber auch eine vermehrte Einstellung kalter Sachlichkeit, Effizienz und liebloser Nüchternheit. Die gesamte Tendenz unsrer Gesellschaft: schnell, sauber, preiswert, diskret und ohne große Belastungen Dinge abwickeln zu wollen, schlägt sich hier sicherlich nieder. Viele Menschen verstehen vielleicht noch nicht, daß sich mit dieser Lebenshaltung auch ein großer Verlust an Lebendigkeit, Echtheit, Fülle und Tiefe einstellt.

Etwa um 1930 gab es die Möglichkeit, daß bei einer Kremation zwei Angehörige anwesend sein konnten. Aus sogenannten „Pietätsgründen" wurde diese Möglichkeit und Chance aber bald wieder abgeschafft. Wie wir meinen, verbirgt sich hinter dem Wort *Pietät* häufig eine ganz andere als schützende Tendenz. Oft wird mit diesem Wort das Interesse von Unternehmern kaschiert, einen *technisch reibungslosen Ablauf* gewährleistet zu wissen.

Nach unserer Vorstellung läge eine große Chance zur Enttabuisierung und auch zu einer positiven Trauerarbeit darin, wenn eine solche Zulassung der Teilnahme von Angehörigen wieder ermöglicht würde. Mit ihr hätte die Gesellschaft und jeder einzelne die Möglichkeit, sich viel konkreter mit der Sterblichkeit und Endlichkeit auch seines eigenen Lebens auseinanderzusetzen und damit zu einer erneuerten Qualität seines Lebens zu finden. Einen Schritt auf diesem Weg machte das Krematorium in Enschede in Holland. Am 19. November 1994 lud es zu einem Tag der offenen Tür die Bevölkerung ein. 850 Besucher kamen, um sich über das Krematorium und die Arbeitsabläufe zu informieren und sich mit der Verbrennung auseinanderzusetzen. In den USA dürfen auch private Unternehmen Verbrennungen durchführen. Hier ist es Angehörigen möglich, bei der Verbrennung dabei zu sein.

In mehreren anderen europäischen Ländern ist es darüber hinaus möglich, die Asche eines Toten auszustreuen. Bei einem bewußteren Umgang mit Sterben und Tod müßten sich Menschen auch wieder erneut damit auseinandersetzen, ob der sogenannte *Friedhofszwang* wirklich unabdingbar ist und bleibt. In nicht wenigen europäischen Ländern wie Frankreich, Belgien, Dänemark, England, den Niederlanden und Österreich ist es möglich, die Urne mit der Asche eines Toten in einem Park, Garten oder inmitten einer frei gewählten Landschaft beizusetzen.

Bei der Wahl einer Feuerbestattung gibt es wiederum verschiedene Möglichkeiten des Ablaufs.

Möglichkeiten der Gestaltung und notwendige Voraussetzungen:

Jede Kremation muß von der zuständigen Ordnungsbehörde genehmigt werden. Dazu braucht man:
- ***die Todesbescheinigung bzw. die Sterbeurkunde;***
- ***eine ärztliche Bescheinigung des natürlichen Todes;***
- ***eine ortspolizeiliche Bescheinigung, daß keine Bedenken wegen eines wider-natürlichen Todes vorliegen;***
- ***eine Willenbekundung oder andere Verfügung von seiten des Verstorbenen oder seiner Angehörigen***

Jede Leiche wird vor der Kremierung noch einmal amtsärztlich im Krematorium untersucht. Wird ein Verstorbener für eine Kremation eingesargt, kann er persönlichen Kleider tragen. Wegen der noch notwendigen Untersuchung im Krematorium ist es gut, nur ein Hemd anzuziehen, oder das Kleid hinten aufzuschneiden. Eine Einäscherung sollte spätestens am siebten Tage stattfinden, sonst muß der Leichnam gekühlt werden. Es empfiehlt sich, den Beisetzungstermin der Urne gleich festzulegen. Die Regel ist etwa drei Wochen nach dem Sterbedatum. Die Urne wird vom Friedhof gestellt. Man braucht keine weitere „Überurne", diese dient lediglich als Schmuck. Die Urne bleibt im Krematorium so lange stehen, bis sie abgerufen wird. Das heißt, vom beisetzenden Friedhof muß eine Anforderung ergehen. Wenn keine Anforderung von seiten eines Heimatfriedhofes kommt, erhalten die Angehörigen nach drei Monaten vom Friedhofsamt eine Benachrichtigung daß die Urne immer noch da ist. Über die drei Monate hinaus kostet die Aufbewahrung der Urne Gebühren. Eine Urne kann noch bis zu einem Jahr nach der Kremation auf den Heimatfriedhof gebracht werden. Es gibt die Möglichkeit einer Urnentrauerfeier. Die Urne kann aber auch ganz in der Stille beigesetzt werden.

Ablauf einer Urnenbeisetzung:

1. Die Urne wird auf dem Heimatfriedhof zum verabredeten Zeitpunkt am Urnengrab vom Aufseher und den Angehörigen in Augenschein genommen, um Namen und Daten zu überprüfen.

2. Das Grab für die Urne wurde vorher von den Angehörigen gewählt oder es muß bereits eine in Frage kommende Grabstelle vorhanden sein.

3. Die Angehörigen und Freunde gehen gemeinsam mit dem Friedhofsangestellten zur Grabstelle, die bereits ausgehoben wurde.

4. Es ist möglich, daß einer der Angehörigen die Urne selbst trägt und daß sie von Angehörigen ins Grab versenkt wird.

5. Die Beisetzung der Urne ist kein kultischer Akt. Normalerweise ist also kein Priester oder Pfarrer anwesend, um die Handlung zu begleiten. Wünschen Sie es jedoch, so müssen Sie selbst dafür sorgen. Die Begleitung durch einen Priester in ziviler Kleidung ist möglich.

6. Die Angehörigen können aber auch selber rituelle Handlungen vollziehen. So können zum Beispiel Worte aus dem Neuen Testament oder andere Texte gelesen werden, es ist möglich, daß jemand ein paar persönliche Worte spricht und das Vaterunser zum Beispiel bei der Einsenkung der Urne gesprochen wird.

Gerade eine Urnenbeisetzung bietet die Möglichkeit einer ganz persönlichen Gestaltung, eine Chance, die wir nutzen können im Dienst und Gedenken an den Toten. Einige Informationen über die Kosten von Kremation und Beisetzung. (Die Preisangaben sind Richtwerte und beziehen sich auf das Jahr 1995):

- Grundgebühr einer Einäscherung (Verwaltungstätigkeiten, Bereitstellung der Urne, die Kremation, die Urnenbeisetzung auf demselben Friedhof, oder der Urnenversand im Inland, sowie die Benutzungen des Leichenhauses) Erwachsene: DM 1880,– ;
- Leichentransport: DM 520,– ;
- Amtsärztliche Untersuchung: DM 80,– ;
- Benutzung der Feierhalle: DM 330,–;
- Einäscherung ohne Aufbahrung und ohne Trauerfeier: DM 1030,–

Die ***Wahlurnenstelle*** hat eine Nutzungsdauer von 20 und 30 Jahren.
Bei den Wahlurnenstelle gibt es zweierlei Arten:

- Die eine hat eine Größe von 100 cm Länge und faßt bis zu neun Urnen.
- Die zweite ist 70 cm, in ihr haben bis zu vier Urnen Platz.

Der Ort kann gewählt werden.

Die ***Reihenurnengräber*** haben in der Regel eine ***Nutzungsdauer von 15 Jahren*** und sind einfach belegbar.

Damit Sie sich ein ungefähres Bild der Kosten machen können, nennen wir hier einige Gebühren. Die Angaben stammen aus dem Jahr 1995 und werden sich unter Umständen jährlich ein wenig verändern.

- ***Gebühr für eine Wahlurnenstelle***. Sie beträgt für jedes Jahr der

Nutzungsdauer DM 65,–. Das hieße also auf eine Dauer von 20 Jahren umgerechnet DM 1300,– ;

- ***Gebühr für ein Urnengrab*** (einfach belegbar) DM 480,–;
- ***Gebühr für eine anonyme Grabstelle im Gemeinschaftsfeld*** DM 480,– (15 Jahre).

„Ich erinnere mich …

Mit den letzten Takten des Adagios vermischte sich ein leises, aber unüberhörbares, ganz andersartiges, eher mechanisches Geräusch. Voller Erstaunen und seltsam berührt von dem Unvermuteten sah ich, wie die rechteckige Platte unter dem Sarg sich senkte, mit ihr der Sarg. Langsam, langsam, aber unaufhaltsam sank er in die Tiefe. In mir war eine schwache Stimme, die sagen wollte: Halt! Haltet doch an, das kommt doch ganz unerwartet, meine Mutter verschwindet in ihrem Sarg, das geht doch nicht … Und gleichzeitig mußte ich an das Märchen vom Tischleindeckdich denken und wußte in dem Augenblick nicht warum und war verwirrt.

Halbrund gebogene Klappen senkten sich ebenso unbegreiflich und lautlos über die Öffnung, in der der Sarg mit Mutter und all den Blumen verschwand.

Nie werde ich vergessen, die kleine Margerite, die sich nicht in acht nahm. Auf jeden Fall blieb sie in den sich schließenden gewölbten Türplatten eingeklemmt, die sich nun endgültig mit einem kleinen ‚Klick' geschlossen hatten. In diesem Moment, beim Anblick der eingepreßten Blume, wurde mir auch klar: Nun war der Sarg eben auf eine fast lautlose, unauffällige Weise im Unterstock des Gebäudes, im Krematorium, gelandet. Warum nur tat mir all das so weh, warum erschien es mir so unpassend? War es der Abschied, den ich mir so nicht vorgestellt hatte? War es das unauffällig Lautlose, von dem ich fühlte, daß es nicht zu mir und schon gar nicht zu den Gefühlen, die ich in diesem Augenblick hatte, paßte?

Etwa vier Wochen nach dieser Feier auf den Städtischen Friedhof reiste ich noch einmal in meine Heimatstadt zurück. Mutters Asche sollte beigesetzt werden. Das Bestattungsunternehmen hatte mich durch eine Karte davon benachrichtigt, daß am 26.2. die Beisetzung auf dem Südfriedhof stattfinden würde.

Hin und wieder hatte ich mit unklaren und unguten Gefühlen daran gedacht, daß ich ja eigentlich gar nicht wußte, wann denn nun der tote Körper meiner Mutter tatsächlich verbrannt wurde. Lag sie vielleicht nach Wochen noch irgendwo in diesem Krematorium herum? Irgendwie hatte ich das Gefühl, sie einfach im Stich gelassen zu haben. Nein, nicht sie, das dachte ich nicht wirklich, aber wenigstens das, was auf Erden von ihr zurückgeblieben war. Vor ihrem Tod hatte ich mich um diesen Körper so viel bemüht und versucht, ihm Erleichterung zu verschaffen, und dann war er einfach verschwunden. Später gestand ich mir dann zu, daß es für mich eigentlich richtig, vollständig und meinem Verantwortungsgefühl entsprechend gewesen wäre, ich hätte ihn bis zu seiner tatsächlichen Verbrennung begleitet und einfach gesehen, daß alles seine Ordnung gehabt hätte. So aber schlichen manchmal seltsame Vorstellungen und unangenehme Gefühle in mich ein. Hatten ‚sie' denn noch irgend etwas mit dem toten Körper gemacht? War er vielleicht noch lange gekühlt aufbewahrt worden? So undurchsichtig und belastend war das alles für mich, daß ich mir vornahm, mich bei nächster Gelegenheit ganz genau zu erkundigen. Ich erfuhr dann von einem freundlichen und aufklärungswilligen Beamten, daß der Körper zwei Tage nach der Feierlichkeit verbrannt worden sei. Daß er nicht in einem Kühlfach, aber in einem Raum aufbewahrt worden war, der kühl temperiert wurde, damit der Zersetzungsprozeß nicht zu schnell voranschritte. Ja, es war alles in Ordnung gewesen, aber dennoch blieb ein Gefühl in mir zurück, das mir auch heute noch sagt, daß ich mir diesen Ablauf eigentlich anders wünschen würde.

Angekommen auf dem Südfriedhof, begab ich mich zum Seiteneingang des Friedhofsgebäudes, und richtig, dort warteten auch schon zwei Freundinnen meiner Mutter auf mich. Ich hatte sie gefragt, ob sie diesen letzten Weg für meine Mutter, ihre Freundin, noch mit mir gehen wollten, denn ich hatte mir vorgestellt, daß meine Mutter sie sicherlich gerne mit dabei haben würde.

Da war auch schon Herr Schwarz, der Friedhofsangestellte, und bat mich in einen kleinen Raum mit Wandregalen, in denen einige Urnen standen. Er hielt mir eine von ihnen hin, und ich überprüfte Namen und Datum, die auf dem Deckel eingraviert waren. Dann machten wir uns zu viert auf den Weg. Herr Schwarz trug das Gefäß in beiden Händen, die vor der Kälte mit grauen Stoffhandschuhen geschützt waren. Beim Anblick dieser fremden Handschuhe kam mir das Gefühl, es sei eigentlich nicht richtig, daß er Mutters Urne trug. Ich nahm meinen Mut zusammen und bat ihn, die Urne tragen zu dürfen. Etwas befremdet schaute er mich an, aber dann übergab er sie mir, und irgendwie stolz trug ich sie den langen Weg quer über den Friedhof. Die kalten

Hände machten mir gar nichts, das war ja noch, als brächte ich ein ganz ganz kleines Opfer für Mutter. Der halb vereiste Weg machte mir eher Mühe, denn an einigen Stellen hatte ich Angst, die Balance zu verlieren, und ich trug doch etwas Kostbares in Händen.

Dort drüben neben der großen Birke, da war es. Ich kannte ja diese Stelle schon, da es auch das Urnengrab meines Vaters war. Tief hatten sie die Erde ausgehoben. Wie schwer mußte das bei dem Frost gewesen sein. Herr Schwarz nahm mir nun die Urne ab, hakte sie in ein kleines Gerät ein, das er aus seiner Manteltasche befördert hatte und das zum Versenken der Urne in die Erde hilfreich war. Mit einem Blick fragte er die Anwesenden, ob es der rechte Zeitpunkt wäre, wir nickten. An einer Metallkette ließ er langsam das Gefäß in die Tiefe.

In diesem Augenblick durchfuhr es mich schmerzlich: Warum hatte ich nicht wenigstens noch ein schönes Gedicht mitgebracht und es vorgelesen? Warum hatte ich denn außer an das kleine Sträußchen in meiner Hand an gar nichts anderes gedacht? Traurig warf ich meine Blumen in die Tiefe des kleinen Grabes.

In diesem Moment zwitscherte ganz unvermutet ein Vogel in der nahen Birke, und unwillkürlich kam mir die kleine Margerite wieder in den Sinn, und für einen Augenblick hatte ich das Gefühl: Ach, alles war doch gut, so wie es war, auch in seiner Unvollkommenheit und seinen Mängeln."

Das anonyme Grab, das Urnenfeld

„Hiermit möchte ich festlegen und darum bitten, mich nach meinem Tode zu verbrennen und mich in einem anonymen Urnenfeld beizusetzen.
Stuttgart, den ...."

Es gibt wiederum viele unterschiedliche Beweggründe, die Menschen dazu veranlassen, sich für diese Beisetzungsform zu entscheiden.

Da mögen funktionale, materielle Gesichtspunkte oder aber auch ideale, weltanschauliche sich ausdrücken. Tatsache ist, daß in den letzten Jahren auch diese Beisetzungsform in verstärktem Maße gewünscht wird.

Besonders in einer Zeit, in der sich die familiären Bindungen immer mehr auflösen, in der viele Menschen alleine oder in freien partnerschaftlichen Beziehungen leben, lockern sich auch die Traditionen, die traditionell übernommenen Verpflichtungen, wie sie sich zum Beispiel in der persönlichen Grabpflege ausdrücken.

Oftmals befinden sich die nächsten Angehörigen weit entfernt, oder Menschen erleben, daß sie alle näheren Verwandten und Angehörigen überlebt haben.

Vielleicht drückt sich in dem Wunsch nach einer anonymen Totenruhe auch hin und wieder eine neu erwachte Spiritualität aus, die die Verbindung mit den Verstorbenen viel mehr im Geiste und daheim in der Stille als auf dem Friedhof, in der Öffentlichkeit, an einem Grab pflegen möchte. Vielleicht sind die Menschen heute wieder viel stärker von einem Bewußtsein oder einer Art des Empfindens erfüllt, daß der „Verstorbene" sich ja nicht in diesem Grabe befindet, sondern eine neue geistige Heimat bewohnt, daß die Möglichkeit, ihm zu „begegnen", eben nicht an die Stätte des Grabes gebunden ist.

Seit den 70er Jahren kam diese Form der Beisetzung zu uns aus den skandinavischen Ländern. Bei der Bestattung in einem ***Gemeinschaftsfeld*** handelt es sich immer um ein Urnenbegräbnis.

In der Regel finden diese Beisetzungen ***einmal jährlich statt***.
Das Feld, in das eine Urne beigesetzt wird, ist auf einem Lageplan eingezeichnet, in dem die Nummer der Urne dann verzeichnet wird.

Diese jährliche Beisetzung findet ohne Feierlichkeit, aber im Beisein eines Geistlichen statt. Wenn Angehörige es wünschen, können Sie dabei sein.

Eine Urnenstätte im Gemeinschaftsfeld ist auf eine Zeit von ***15 Jahren*** eingerichtet.

Bei Obdachlosen, die keine Verwandten haben, ordnet das Amt für Öffenltiche Ordnung eine Bestattung im Gemeinschaftsfeld an.

Alfred Mack
2. April 1995. Städtischer Friedhof. Kleine Feierhalle oben. 9.00 Uhr.
Kremationsfeier auf Anordnung des Amtes für Öffentliche Ordnung.

Nach einem flüchtigen Blick auf einen kleinen Zettel sagt mir der Friedhofsangestellte: „Sie finden den Verstorbenen in Zelle 42, der Sarg ist allerdings auf Anordnung verschlossen." Ich nicke, bedanke mich und gehe den Weg zu Zelle 42.

Hier in dem Aufbahrungsraum liegt Herr Alfred Mack, von dem ich nicht viel mehr weiß, als daß er ein Wohnsitzloser ohne Angehörige war. Ich öffne die Tür, trete ein und schalte das größere Licht ein. Kühl ist es. Nach der frühlingshaften Sonnenwärme fröstelt es mich hier im ersten Moment.

Da steht der Sarg auf dem Rollwagen, obenauf ein Zettel, auf dem steht, daß er verschlossen bleiben soll.

Ich setze mich, komme zu mir und auch zu Herrn Mack, den ich ja gar nicht kenne. Welches Leben, welches Schicksal mag Herr Alfred Mack gehabt haben? Leicht war sein Leben sicherlich nicht. Wohnsitzlos! Was mag sich hinter diesem Wort an Schwerem und an Leid verbergen? Kalte Winter, körperliche Beschwernisse, Kummer ... und sicherlich vieles, vieles mehr. Nun hat er es geschafft, denke ich. Achtung und Verbundenheit spüre ich da zu ihm hin, den ich gar nicht kenn. Ein Mensch, der es sicherlich nicht leicht hatte. Ob ich ihm ein Vaterunser beten soll? Ob er einverstanden wäre? Oder hatte er ein schwieriges Verhältnis zu „dem Vater im Himmel"? Ich weiß es nicht, werde es nie wissen, aber ich tue es, vielleicht tut es ihm einfach gut, daß ein Mensch an ihn denkt.

Es ist einfacher, braun gestrichener Holzsarg, in dem er nun liegt. Den zahlt das Amt für Öffentliche Ordnung, erinnere ich mich. Ja, es ist in Ordnung so. Er liegt in Würde dort in seinem einfachen Sarg, und einer aus heller Eiche würde wohl kaum einen Unterschied machen.

Nach einer Weile des stillen Gedenkens erhebe ich mich, sage ihm noch einmal ade und verlasse den kleinen Raum.

In fünf Minuten wird die Kremationsfeier für ihn stattfinden. Eine Feier „in aller Stille", denke ich und weiß noch nicht, wie wahr dieser Gedanke ist.

Der Raum im Oberstock ist wunderschön. Frisch restauriert blicken die ernsten Stuckhäupter herab, vor ihnen blinkt ein fünfzackiger Stern in frischem Blattgold. In Weiß und Gold ist der Raum gehalten, und vor den Stuhlreihen sind viele Blattpflanzen im Halbkreis hinter dem Sarg aufgestellt. Die Pflanzen haben ein schönes, gesundes Grün, niederes Efeu, großfiedriger Farn und hohe Sträucher des Ficus benjamina. Das gefällt mir. So ganz im Grünen, das würde ich mir für meine Beisetzungsfeier auch wünschen; nur Grün und ganz üppig.

Der Sarg mit Herrn Mack steht schon da. Wir beide warten auf die Feierlichkeit. Nach einer Weile kommt der Organist durch eine Seitentür und sagt, er warte auf den Pfarrer, der sich wohl verspätet habe. Er ginge nun, ihn anzutelefonieren. Nach einigen Augenblicken kommt er zurück und bedauert, daß da wohl eine Benachrichtigung schief gelaufen sein müsse.

Nun, dann muß es auch so gehen! Er setzt sich an die kleine Orgel, spielt ein Stück, und mit den letzten Takten senkt sich der Sarg lautlos in die Tiefe.

Ich stehe auf und gehe leise hinaus, trete wieder in die Strahlen der wärmenden Sonne. Noch einige Momente denke ich an den Toten. Ob auch diese Feier so wie sein ganzes Leben gewesen war? Immer hatte etwas gefehlt, war nicht ganz so abgelaufen, wie es den Regeln der menschlichen Gesellschaft entsprach. Aber, vielleicht war es auch nicht nur Mangel, was sich da ausgedrückt hatte, sondern einfach die Schönheit der Andersartigkeit.

Still war diese Feier wahrlich gewesen. Es hatte keine Einhaltung von Konventionen gegeben; das, was da gewesen war, war schön und echt. Die Pflanzen, das Spiel des Organisten und meine Gedanken zu ihm hin. Vielleicht hatte gerade diese Form einer Beisetzungsfeier zu Alfred Mack gepaßt.

Und trotzdem, setzte ich meine Gedanken beim Hinausgehen aus dem Friedhofsgelände fort, ich wünsche es mir, daß all die Obdachlosen, die nach ihm sterben, eine „ganz richtige und vollständige" Feierlichkeit bekommen werden.

Die Seebestattung

Seit 1973 gibt es auch noch die Seebestattung.

Auch hierbei handelt es sich um eine Urnenbeisetzung.

Es geht dabei also nicht um die Ausstreuung der Asche ins Meer oder, wie es zu früheren Zeiten Sitte war, einen Verstorbenen als Leichnam dem Meer zu übergeben.

Die Position, in der die Urne versenkt wurde, wird auf einer Seekarte verzeichnet. Diese Seebestattungen werden über ein Bestattungsunternehmen des Heimatortes geregelt. Imformationen über Ablauf und Kosten werden am besten von einem Bestattungsunternehmen eingeholt.

11. Stein und Efeu
Von Friedhöfen und Gräbern

Am Kirchhof zu Königsaal
(Aula regis)

Auf schloß das Erztor der Kustode.
Du sahst vor Blüten keine Gruft.
Der Lenz verschleierte dem Tode
das Angesicht mit Blust und Duft;
da stieg wie eine Todesode
ein Trauermantel in die Luft.

Wir sahn ihn beide und wir schwiegen …
Rings feierte Mittsommerlicht,
in den Syringen summten Fliegen. –
Da lag ein Schädel vor uns dicht;
aus seinen leeren Augen stiegen
verkümmerte Vergißmeinnicht.
(Rainer Maria Rilke, *Gedichte*)

Friedhöfe

„Neben Gräberfeldern außerhalb der Dörfer trifft man mitunter auf menschliche Skelette innerhalb der Siedlungen." (Bestattungswesen und Totenkult in ur- und frühgeschichtlicher Zeit)

Archäologen und Völkerkundler weisen uns durch ihre Forschungen auf die Tatsache hin, daß schon seit der Jungsteinzeit ein gemeinschaftliches Bestattungswesen vorhanden war. Bis in diese fernen Zeiten drückt sich also das menschliche Bedürfnis nach gemeinschaftlichem Beisammensein auch über den physischen Tod hinaus aus. Niemand kann sagen, ob dieses Grundbedürfnis nicht schon zu allen Zeiten menschlichen Seins und Erlebens vorhanden war.

„Mit Beginn längerer Seßhaftigkeit an einem Platz – also im allgemeinen seit dem Neolithikum (6. Jahrtausend) – entstanden die ersten Grabfelder. Daß solche überhaupt angelegt wurden, unterstreicht das

Gemeinschaftsbewußtsein der Menschen, das auch nach dem Tode sichtbar gemacht werden sollte. Die Verstorbenen verblieben in der Gemeinschaft" (Bestattungswesen und Totenkult in ur- und frühgeschichtlicher Zeit).

Das, was im heutigen Sprachgebrauch als „Friedhof" bezeichnet wird, hat im Laufe der Zeiten verschiedene sprachliche Wandlungen erlebt. In diesen unterschiedlichen Bezeichnungen drücken sich veränderte Sichtweisen und Schwerpunkte aus. Da gab es den *Totenacker,* den *Gottesacker,* den *Kirchhof* oder nun den *Friedhof,* wobei das Wort „Fried" hier im Sinne von umfriedet, also geschützt, begrenzt und eingefaßt verstanden wird.

Etwa mit dem 2., 3. Jahrhundert nach Christus tritt der Friedhof in der Form, wie wir ihn heute noch kennen, auf. Und zwar entstanden in dieser Zeit zunächst Friedhöfe innerhalb der Stadt. Auf dem Lande wurden die Beisetzungsplätze eher nach draußen, daß heißt außerhalb der dörflichen Siedlungen gelegt.

Dann, vom 4. bis 6. Jahrhundert, drückt sich eine ganz wesentlich veränderte Einstellung in der Wahl des Bestattungsortes aus. Die Toten wurden regelrecht verbannt und außerhalb der menschlichen Lebensgemeinschaften bestattet. Beisetzungsstätten liegen in dieser Zeit weit entfernt von den Siedlungen inmitten der Landschaft.

„Der Friedhof ist da, wo das Dorf nicht ist."
(Philipp Ariés, *Bilder zur Geschichte des Todes*)

Bis zum 5., 6. Jahrhundert hielten die Menschen eine gewisse Distanz zu den Toten. Sie galten in antik-heidnischen Vorstellungen als unrein und wurden deshalb gemieden. Mit einer sich verändernden Einstellung der Menschen zum Tod und zu den Toten verwandelte sich dann auch der Umgang und das Verhältnis von Nähe und Distanz. So entstand das Bedürfnis, die Verstorbenen möglichst in der Nähe eines Heiligen, Märtyrers oder wenigstens einer heiligen Stätte wie Kloster oder Kirche beizusetzen. Damit hatte der Verstorbene des frühen Christentums teil an der Fürsprache und Fürbitte der heiligen Männer und Frauen.

„Neben der Bischofskirche in den Städten, gab es bald jeweils eine zweite Kirche über dem Grab eines Märtyrers, die Versammlung der Christen in den Kirchen über den Gräbern, wie auch die Ausbreitung der Städte bis hinaus um die Friedhöfe führten zur ‚Eingemeindung' der Friedhofsbezirke.

So waren die Toten bald ‚die ersten Bewohner‘ der neuen Stadtteile. Nun hatten sie ihren Platz mitten unter den Lebenden. Dort sollten sie ihn behalten bis ins 19. Jahrhundert hinein.“ (Peter Naytsers und Karl Heinz Schmidt, *Denn sie werden getröstet werden*)

Ja, im Mittelalter waren die Friedhöfe geradezu Plätze des Lebens, des Handels und Wandels. Hier fanden Märkte und Jahrmärkte statt, es fand dort ein reges gesellschaftliches Leben statt, man tanzte und spielte sogar so ganz in der Nähe der Toten.

Neben den Friedhöfen im Stadtzentrum in unmittelbarer Nähe der Kirche gab es sogenannte Ordensfriedhöfe in der Nähe der Klöster sowie Pfarrfriedhöfe, Spital- und Pestfriedhöfe. Die Friedhöfe außerhalb der größeren Ortschaften besaßen häufig eigene Kapellen, die sehr oft dem heiligen Michael, dem „Seelengeleiter“ geweiht waren.

Die kirchliche Weihe eines Friedhofs schloß ungetaufte tote Kinder, Andersgläubige, Exkommunizierte, Selbstmörder, Uneheliche und „öffentliche Sünder“ aus.

Rilke hat mit der Sensibilität eines großen Dichters sein Empfinden über dieses religiös-unmenschliche Denken und Verhalten bildhaft dichterisch ausgedrückt, wenn er schreibt:

…
Sie senden Palmen heut und Rosen;
der Gärtner ordnet sie mit Sinn –
und kehrt zum Eck der Glaubenslosen
die alten, welken Blumen hin.
(Rainer Maria Rilke, *Gedichte*)

Heute finden wir zwei Arten von Friedhöfen: den städtischen und den konfessionellen.

Die konfessionellen Friedhöfe umfassen katholische, evangelische, jüdische und islamische.

„Im Laufe des 19. Jahrhunderts verschwinden die alten Friedhöfe im Umkreis der Kirche …

Der Friedhof liegt außerhalb der Stadt, in einer pittoresken Umgebung. Er ist als Park, als öffentlicher Garten entworfen, der dem Spaziergänger zugänglich ist …

Die Gräber liegen dort im Rasen verstreut; zum Ausdruck kommt eine ganz andere Konzeption des Todes, die weniger mit der Religion und enger mit dem privaten und öffentlichen Leben verknüpft ist …

Dieses Leitbild hat sich seit dem 19. Jahrhundert nicht gewandelt; dennoch ist seine Ästhetik nicht intakt geblieben, und in vielen Fällen hat der Friedhofspark seine Grünfläche dahinschwinden sehen. Sie sind bis zum letzten Fleck mit Grabsteinen gefüllt ...“ (Philippe Ariés, *Bilder zur Geschichte des Todes*).

Rechte und Pflichten

Das früher von den Kirchen geregelte Friedhofs- und Bestattungsrecht ist seit 1900 durch das Bundesgesetzbuch (BGB) geordnet.

Für die Regelungen und Benutzungen der Friedhöfe gelten heute die Friedhofsordnungen, die Bestimmungen über Anlage und Pflege der Gräber, über die Dauer des Benutzungsrechtes, die Benutzung der Leichenhalle usw. beinhaltet. Diese Friedhofsordnungen können zur eigenen Information und Orientierung eingesehen werden.

Ausblick

Eine, wie wir meinen, sehr schöne und humane Anlageform für Friedhöfe ist der sogenannte *Waldfriedhof*. Der Waldfriedhof hat zum Ziel: eine landschaftsgebundene Gestaltung des Friedhofs, die durch jeweilige künstlerische Gestaltung nicht nur zu einem landschaftlichen, sondern auch künstlerischen Erlebnis für den Besucher wird. Da diese Anlagen großer Bodenflächen bedürfen, ist diese erfreuliche Entwicklung seit einiger Zeit aus städtebaulichen Gründen jedoch schon wieder verlassen worden.

Leider hat sich die Chance, durch solche Friedhöfe erholungsbedürftigen Städtern eine Oase der Ruhe und Besinnung, der Natur und Schönheit zu bieten, bisher nicht genügend durchsetzen können.

Ein Spaziergang über den Waldfriedhof

Herrlich singen die Vögel in den hohen, alten Bäumen. Der Gesang der vielstimmigen Kehlen erinnert an einen Chorgesang in einer Kathedrale. Zartes, erstes Grün der Blätter bildet ein luftiges Gewölbe über dem frühabendlichen Himmel. Immer stiller wird es nun auf dem Friedhof, es ist zu spüren, daß es Abend wird und die meisten Besucher sich auf den Heimweg machen.

Prall stehen die Knospen an den üppigen Rhododendronsträuchern, weitverzweigter Flieder scheint nur noch mit Mühe sein Blühen zurückzuhalten. Grabsteine in ungeahnter Vielfalt, Plastiken und Figuren, Gedenkplatten und kleine Monumente sind im üppigen Grün ver-

steckt. Hier und da zwischen den Sträuchern und Stämmen taucht ein Engel aus Bronze oder Stein aus dem Grün, oder das moosbewachsene Dächlein eines alten schmalen Grabsteines schimmert im Licht auf. Viele Inschriften sind nur noch schwer zu entziffern, weil überall Blätter, Ranken und Moos die Steine und Platten wieder überwachsen oder überranken. Menschliche Gestaltung und naturhaftes Wuchern begegnen einander.

An einer Wegbiegung liegt nun ein weites freies Feld mit im Halbkreis angeordneten niederen Kreuzen. Der Sodatenfriedhof! Wie angenehm ist der Eindruck, daß nun wenigstens die Gräber nicht stramm in Reih und Glied stehen müssen.

Weit dahinter geht zwischen den Stämmen der Kiefern in der Ferne die orangerote Sonnenscheibe am Horizont unter. Oben in den Wipfeln wird es stiller, die Abendkühle verbreitet sich und mahnt an den Rückweg.

Am großen Torweg treffen sich vereinzelte letzte Spaziergänger. Entspannte, heitere Gesichter, Menschen miteinander ins leise Gespräch versunken, junge Paare, die Arme umeinander gelegt, eine Großmutter mit ihrem Enkel und dem Puppenwagen.

Bei Sonnenuntergang wird der Waldfriedhof geschlossen. Ein freundlich grüßender alter Mann steht lächelnd mit einem großen Schlüsselbund am Ausgangstor.

Zur Geschichte der Gräber

Ein Maienabend. – Und der Himmel flittert
vor lauter Lichte. Seine Marken glühn.
Die grauen Gräbersteine, moosverwittert,
deckt jetzt der Frühling mit dem besten Blühn;
so legt die Waise – und ihr Händchen zittert –
auf Mutters totes Antlitz junges Grün.
(Rainer Maria Rilke, *Gedichte*)

Vielfältig und ganz unterschiedlich ist das Verhältnis der Menschen zu Grabstellen, zur eigenen und auch zu denen geliebter naher Menschen.

„Mein eigenes Grab? Ach, das ist mir ziemlich egal, ich habe ja doch niemanden, für den es eine Bedeutung hätte."

„Jeden Tag gehe ich zum Grab meines verstorbenen Mannes. Das ist

nun schon über fünf Jahre so. Aber es ist mir immer, als ginge ich ihn besuchen. Dann ist er mir ganz nah, und ich unterhalte mich mit ihm über alles und ich erzähle ihm ... von den Vögeln und von der Natur und sogar vom Wetter."

„Friedrich ist für mich nicht in dem Grab, das da auf dem Friedhof ist. Ich habe einfach das Gefühl, daß seine Seele dort nicht ist."

„Mit unserer Tochter, die jetzt sechs ist, gehe ich hin und wieder zum Grab ihrer Oma. Sie hatte die Oma sehr lieb gehabt, und wenn wir dann das Unkraut herauszupfen oder etwas einpflanzen, spricht sie viel von ihr oder fragt mich über das Leben der Oma und über den Tod und das Leben so ganz allgemein."

„Mein Grab, hätte ich so gerne in unserem Garten, so einfach inmitten des Rasens und mit vielen Gänseblümchen ... die mag ich so gern. Und meine zwei Buben könnten dann auf dem Rasen spielen, und ich wäre für sie noch irgendwie da."

Ganz unterschiedliche Vorstellungen, Wünsche, Befürchtungen und Bilder verbinden sich mit den Gräbern. Es gibt ihnen gegenüber Empfindungen und Gefühle, die sich aus den Wesenseigenarten und den verschiedenen Lebensformen jedes einzelnen bilden. Für den einen ist ein Grab eher etwas Unheimliches, mit dunklen, traurigen und schweren Gefühlen verbunden. Für den anderen ist es ein Ort der Nähe, der Zusammengehörigkeit, ein Stückchen Heimat und Hoffnung auf eine gemeinsame Zukunft über den Tod hinaus.

Wieder andere Menschen werden die Grabstelle mit ihrem Gedenkstein als eine Art Ehrung oder Zeugnis betrachten, die Zeichen und Symbol ihrer Existenz auf Erden darstellen. Diese Art von Ehrung und Würdigung von Persönlichkeit, Rang und Namen ist besonders in Inschriften etwa der Jahrhundertwende und noch früherer Zeiten abzulesen. Da ruht der Kommerzienrat neben seiner verdienstvollen Gattin, da finden wir Inschriften von Würdenträgern, bis hin zu den Benennungen der Ehren, Verdienste, Ränge und Titel.

Gegenwärtig zeichnet sich eine ganz andere Tendenz in den Inschriften auf Gräbern ab. Viel häufiger lesen wir Texte, Zitate oder Hinweise, die etwas mit der ganz persönlichen, individuellen Person, mit ihren Werten und Überzeugungen, mit ihren inneren Einstellungen und Vorlieben zu tun haben.

Bei den Naturvölkern finden wir vorwiegend die Form der ***Gemeinschaftsgräber*** und ganz selten das ***Einzelgrab***. Was es aber zu allen Zeiten und in allen Kulturen gleichermaßen gegeben hat, sind die Erkennungszeichen für eine Grabstelle in der Form von ***hölzernen Pfählen,*** großen ***Natursteinen,*** den sogenannten ***Menhiren***, oder auch figürliche Gestalten, ***Plastiken***, die entweder vom Verstorbenen oder vom Reich der Toten Zeugnis ablegen.

Oftmals werden über den Toten eine Art ***Hütte*** oder ***Schutzdach*** gebaut. In Ägypten kennen wir die besondere Grabbaukunst der ***Pyramiden*** über den Königsgräbern.

Es gibt die Grabform des ***Aushubs*** von Erde mit unterschiedlicher Tiefe oder auch das sogenannte ***Hochgrab***, eine Grabstelle auf oder über der Erde. Die Gräber werden entweder mit ***Erdhügeln*** oder mit ***Steinen, Ziegeln*** oder schweren ***Steinplatten*** *bedeckt*.

Aus dem westlichen Kleinasien kommen freistehende hausartige ***Sarkophage***.

Bei den Etruskern gab es die monumentalen „tumuli", ***Kammer- und Felsengräber***, eindrucksvolle Zeugnisse etruskischer Architektur und Malerei. In Rom entstanden die spätantiken Rundmonumente, deren gewaltigste: das ***Mausoleum*** des Augustus und Hadrian.

In frühchristlicher Zeit folgte man in den Bestattungsformen anfänglich erst einmal den landschaftlichen Bedingungen, in denen man lebte. Ab dem 3. Jahrhundert erscheint daneben auch der Sarkophag, der in kleineren Grabbauten aufgestellt wurde. Allerdings fanden in solchen prächtigen Grabmonumenten nur Mitglieder fürstlicher Familien, hochgestellte Persönlichkeiten oder Heilige ihre „letzte Ruhe".

Seit dem Mittelalter wurden Grabstellen im Umkreis von einer ***Kirche oder Kapelle*** mit ***Kreuz*** und ***Namen*** versehen. Für „höherstehende Persönlichkeiten" wurden Gräber im ***Kircheninnenraum*** in den Boden eingesenkt und mit ***Grabplatten aus Stein*** oder ***Bronze*** bedeckt. Ebenso gab es ein ***Wandnischengrab*** mit einem Relief- oder Tafelbild versehen.

Seit dem Ende des 18. Jahrhunderts wurden Gräber nur noch selten in Kirchen errichtet.

Von der Grabkultur

Bei der Beschäftigung mit Grabbauten, Grabanlagen und Grabdenkmälern wird deutlich, daß wohl an keiner anderen Stelle unserer Kultur das Verhältnis der Menschen einer bestimmten Zeitepoche zu Sterben, Tod und nachtodlichem Dasein so erkennbar wird wie in ihr. Die Grabkultur ist auch heute noch wie ein Spiegel, der die inneren Einstellungen, die Werte, Hoffnungen und Ängste der Menschen im Verhältnis zum Tod sichtbar macht.

Eine „Kulturgeschichte" der Grabmäler legt Zeugnis ab von Sitten, Religion und Spiritualität, den Werten eines Stammes, eines Volkes oder Landes. (Heute vielleicht erstmalig spricht sie von einem fast global ähnlichen Verhältnis der Menscheit zum Tod.)

Im antiken Griechenland schufen Künstler und Bildhauer Plastiken und Reliefdarstellungen für Gräber von großer Schönheit, ohne Pathos, von gelassener Bewegtheit, Götter und Menschen. Themen wie Abschied vom Geliebten und die Verbundenheit mit den ewigen Göttern fanden auf den sogenannten Stelen, reliefartigen Standplastiken, künstlerisch vollendeten Ausdruck.

Die andere Seite der Grabkunst, die Gefährdung zu übergroßem Luxus und Pomp, wurde allerdings auch schon im 4. Jahrhundert vor Christus durch eine begrenzende Verordnung deutlich. Besonders in Zeiten des beginnenden kulturellen Verfalls hören wir immer wieder die Klagen über die Maßlosigkeit in der Grabmalkunst. Pomphaft erhöhte Darstellungen und Selbstdarstellungen wurden in diesen Epochen zu vordergründigen Motiven künstlerischer Gestaltung. Damit wurde von Personen über ihren Tod hinaus eigene Geltungssucht, Machtstreben, Wohlhabenheit und Selbstverehrung erstrebt. Oder auch Nachfahren schufen sich über diese steingewordenen Monumente Anerkennung und Ehrung.

Bei den Etruskern und Römern blühte die Grabkunst noch einmal auf. Grabkammern wurden verziert, Portraits der Verstorbenen gemalt oder in Stein gehauen, Architekten und Bildhauer schufen Kunstwerke hohen Ranges. Aber auch in dieser Epoche der Menschheitsgeschichte kam es alsbald zu einer Verflachung.

Im christlichen Mittelalter wendete sich das Kunstschaffen zuerst einmal den Sarkophagen, den Kreuzen und Grabplatten zu. Religiöse Motive aus der Heilsgeschichte kamen zur Darstellung. Sie dokumentierten, daß der Verstorbene Anteil hatte an der Kraft der Erlösung vom Tode durch den „großen Tod“ Jesu Christi auf Golgatha. Viele Grabdenkmäler sollten gleichzeitig Todesruhe und Auferstehung andeuten.

Mit den Jahrhunderten traten dann persönliche Aspekte, wie Klage und Gebet, Fürbitte und Erhörung immer mehr in den Vordergrund der plastischen Gestaltungen. Besonders in Zeiten großen Leids und verstärkten Endlichkeitsbewußtseins wurden die Aspekte der Vergänglichkeit aufs drastischste dargestellt. Skelette, von Würmern bevölkerte Tote, Schädel und Knochen kamen sehr häufig zur Darstellung.

In dieser Epoche der Menschheitsgeschichte fand sich weiter Raum, der die Darstellung des Erschreckenden, Makabren, Ekelerregenden und Beängstigenden zuließ. Das *„memento mori“*, was so viel heißt wie: ***gedenke des Todes***, stand zu bestimmten Zeiten auch in Kunstrichtungen, die nicht unmittelbar mit Gräbern zu tun hatten, im Vordergrund. Auf diese Weise hatten Menschen dieser Zeit die Möglichkeit, sich auch mit der „Schattenseite“ des Todes intensiv auseinanderzusetzen.

Neben diesen Szenen wurden häufig auch Plastiken geschaffen, die den Toten in der Position der Aufbahrung darstellten. Neben ihm standen Engel, oder andere Zeichen einer zukünftigen Erlösung wurden angebracht.

Nicht lange Zeit später veränderte sich aber auch diese Tendenz, den Toten auf seinem Totenbett, gerade erst verstorben, ohne Anzeichen von Leiden und Verfall darzustellen. Die Dargestellten, die eigentlich Toten, wurden nun „Lebende“, in Schönheit und in der Fülle ihrer Kraft wiedergegeben. Vergänglichkeit und Verfall kamen nicht weiter zum Ausdruck. Diese Ausrichtung der Grabmalkunst gibt es bis heute vereinzelt, und häufig hat der unbeteiligte Betrachter das Gefühl, daß sich in diesen Plastiken und Figuren eine seltsame Form der Sentimentalität, des Kitsches und der Unehrlichkeit ausdrücken. Hin und wieder stehen wir vielleicht sogar seltsam bewegt vor weiblichen Figuren, manchmal sogar ganzen Szenen, die erotische oder stark emotionale Darstellungen „verewigen“. Ein nachdenklicher Betrachter mag an diesen Bildnissen die schwer zu erfassende Verbindung von Lebenstrieb und Todestrieb in sich verspüren.

Seit dem 19. Jahrhundert wird das Bild der Friedhöfe aber wieder vorwiegend durch Grabsteine in Form von Kreuzen oder einfachen Steinen mit Inschriften geprägt. An manchen finden wir religiöse Zeichen oder Symbole wie den Stern, den Fisch, eine Rosette oder die griechischen Buchstaben Alpha und Omega. Aber das gesamte Bild hat sich eher wieder vereinfacht, ist schlichter im Ausdruck und Aufwand geworden.

Eine gegenwärtig häufig gewünschte Form ist die Wahl eines Grabsteines, der in mehr oder weniger naturhafter Form belassen ist und damit vielleicht Gedanken oder Einstellungen des Verstorbenen vermitteln soll. Oder es mag auch sein, daß sich in der Wahl eines solchen Steines das Bedürfnis nach einem natürlichen, echten Umgang mit dem Tod und den Toten ganz verhalten ausdrückt.

Tendenzen

Viele Menschen sind gegenwärtig auf der Suche nach neuen Formen und Möglichkeiten im Vollzug von Sterben und Tod. Eine veränderte Sensibilität im Umgang miteinander, im Umgang mit Bräuchen und Ritualen und auch in unserer Beziehung zu Natur und Umwelt bringen uns dazu, alte, überlieferte Verhaltensweisen zu hinterfragen und auf ihre Werte hin zu überprüfen.

Aus England kommt ein Anstoß zu uns, auch die Art und Weise der Beisetzungen zu überdenken.

Aus der Ökobewegung im südenglischen Brighton hat sich die Einrichtung eines *Ökofriedhofs* entwickelt.

„... Pappe statt lackierter Eiche, Ulmen und Kiefern anstelle von Kreuzen und Steinen heißt das Programm ...“ (Greenpeace, 1/1995)

Nach einem Zeitungsbericht (Stuttgarter Zeitung, 4. Mai 1995) gibt es auch in Bensheim an der Bergstraße eine Vertriebsgesellschaft für Särge, die aus Altpapier hergestellt werden.

Eine ganz andersartige Tendenz kommt aus der „Szene der HIV-Infizierten“. Das Bemühen darum, den Tod mit Gelassenheit, ja Humor zu betrachten, schafft hier neue Ausdrucksformen der Trauer oder auch des Gedenkens.

Wieviele dieser Bestrebungen und Tendenzen sich durchsetzen und erhalten werden, ist heute schwerlich abzusehen. Am wesentlichsten scheint uns, daß sich in diesen neuen Tendenzen Denkanstöße und eine beginnende innere und äußere Auseinandersetzung um die Formen der Beisetzung abzeichnen.

Diese sowohl kritischen wie auch konstruktiven Auseinandersetzungen schaffen einen Ausgleich zu der immer stärker werdenden Tendenz, all diese Fragen nur mehr mit wenig innerer Beteiligung, funktional, materialistisch zu behandeln.

Es ist die Hoffnung, daß diese neuen Impulse die Auseinandersetzung auf vielen und verschiedenartigen Ebenen weiterhin befruchten werden, denn nur so wird es möglich sein, ein neues Bewußtsein für eine Beisetzungs- und Grabkultur zu fördern und zu verwirklichen.

Wichtig ist hierbei, daß die Würde des Menschen, die Achtung vor seiner Individualität und ein diesem Menschen gemäßer Ausdruck seines Lebens, seiner Werte oder Einstellung beachtet wird.

Zum Abschluß möchten wir hier noch einen Bericht über eine ganz andersartige Form der Beisetzung zitieren. Er ist aus dem beeindruckenden Buch „Wer stirbt?" von Stephen Levine. Diese Beschreibung vermittelt eine ganz andere Qualität einer Bestattung.

„Wir haben in Montana einen Freund, dessen Arbeit als Tischler darin besteht, Wiegen und Särge herzustellen. Er hält auch sehr einfache Beerdigungen ab.

In abgelegenen Landstrichen gräbt man oft eine Grube und läßt den Leichnam, der in einem schlichten Kiefernsarg liegt oder einfach nur in ein gebatiktes Tuch gewickelt ist, in die Erde hinab. Anstelle eines Grabsteins wird ein Obstbaum auf dem Grab gepflanzt. Die Wurzeln nähren sich von der Rückkehr dieses Körpers in die Erde, die sein Leben erhalten hatte."

Die Nelken für meinen Sohn ...

In einem Taxi fährt eine ältere weißhaarige Frau zu einem der großen Friedhöfe, wie sie in den USA häufiger zu finden sind. Das Taxi hält am Eingangsgebäude des Friedhofs, heraus kommt, wie auf den Augenblick verabredet, ein Friedhofsangestellter und steigt zu der Dame im Taxi. So fährt der Wagen nahezu lautlos mit geringer Geschwindigkeit über die schmale Asphaltstraße, biegt an verschiedenen Abzweigungen einmal links, zweimal rechts ab, bis die kleine Gesellschaft an einer bestimmten Grabstelle angelangt ist. Der Taxifahrer stellt den Motor des Wagens ab und die beiden Insassen halten, jeder auf seine Weise, eine Zeit des schweigenden Gedenkens ab.

Der Blick der alten Dame geht durch die Windschutzscheibe hinaus zum Grab. Ja, es ist wirklich gut in Ordnung gehalten, die Platte im Bo den ist von Moos befreit, und ein üppiger Nelkenstrauß steht in einer Erdvase am linken Eck der Grabplatte. Die Inschrift besagt nur ganz kurz: Bryan Dean und in der Zeile darunter die knappen Daten 1973–1993.

Auf einen Wink der alten Dame läßt der Fahrer behutsam den Motor wieder anspringen, und im Schrittempo gleitet der Wagen wieder zurück zum Eingang des Friedhofs.

Die alte Frau wirft einen Blick in den Rückspiegel und redet daraufhin den Friedhofswärter an, er sähe so betroffen und traurig aus, was denn heute mit ihm los wäre.

„Ja", antwortet der Mann und bekommt mit einem Male einen ganz lebendigen Gesichtsausdruck:

„Wissen Sie, es hat mir immer so leid getan, all die Jahre, ich habe immer die Blumensträuße, die Sie ja regelmäßig für jede Woche beauftragt und bezahlt hatten, dort zum Grab Ihres Sohnes gebracht. Es war schon in Ordnung, aber wissen Sie – hier zögerte der Mann – es hat mir immer so weh getan ... es gibt doch so viele Menschen, die ... Hier verstummte der Angestellte, und im Wagen bleibt es ganz still bis auf das Summen des Motors.

Am Eingang des Friedhofs hält die Limousine für einen Moment. Der Mann steigt heraus, setzt dienstfertig seine Mütze auf den Kopf, geht zum vorderen Wagenfenster, um den Scheck für die Blumen der nächsten Wochen in Empfang zu nehmen.

Das Gesicht der Dame ist ernst, verschlossen und eher abweisend. „Ich bin zur Zeit im Krankenhaus. Ich habe Krebs", sagt sie hastig. Und dann fügt sie, als habe sie es mit einem Male eilig, hinzu: „Die Ärzte haben mir noch einen Monat gegeben. Ja, ich schicke Ihnen den Scheck. Sie hören von mir." Und mit einer knappen Bewegung der Hand, die gleichzeitig dem Fahrer bedeutet weiterzufahren, verabschiedet sie sich von dem Wärter.

Lange Zeit, ein halbes Jahr oder länger, vergeht. Immer wieder denkt der Mann vom Friedhof an seine letzte Begegnung mit der alten Dame. Er fühlt sich nicht gut mit seiner Erinnerung. Hätte er doch nichts gesagt! Es hatte ihm doch gar nicht zugestanden. Was hatte er denn schon von der Frau und ihrem verstorbenen Sohn gewußt! In der ganzen Zeit kommt der angekündigte Scheck nicht. Ist nicht auch das ein Zeichen, daß er Unrecht getan hatte mit seiner Bemerkung?

Nach einem Dreivierteljahr, im Spätsommer, steht eines Tages wieder ein Taxi am Eingangstor. Behende klettert eine alte Dame aus dem Sitz und kommt auf ihn zu. Ja, sie ist es! Kaum kann er es fassen. Frisch und gesund sieht sie aus, und – sie lächelt ihn herzlich bei der Begrüßung an.

„Wissen Sie, ich verdanke Ihnen viel. Ja, Sie haben mich damals wie aus einem Traum gerissen. Ich denke, seit dem Tod meines Sohnes hatte ich auch mit dem Leben abgeschlossen. Und dann kam der

Krebs, und ich hatte, glaube ich, so das Gefühl: Na ja, das ist gerade recht ...

Ich sah dann Ihr Gesicht im Rückspiegel, ihre Augen, sie waren so voller Trauer und" – sie zögert – „und Resignation. Ich fuhr dann zurück ins Krankenhaus. Am selben Nachmittag kaufte ich einen Nelkenstrauß und brachte ihn – einer Frau. Es war eine mir unbekannte Frau in einer ganz anderen Abteilung. Ach, sie freute sich so sehr. Ich weiß noch, sie hatte Tränen in den Augen, denn sie hatte in der Stadt keine Verwandten und war immer allein. Nun, und dann habe ich das öfter gemacht und eine Zeitlang jeden Tag ... Und mein Leben hat sich von Grund her verändert seitdem. Ich hatte einfach etwas verstanden ..."

„Und der Krebs?" fragte der Mann, unsicher und auch bewegt.

„Ja, der Krebs", sann die Frau für einige Momente nachdenklich, „ich weiß es nicht ... nach vier Wochen sagten meine Ärzte, ich sei gesund, ganz und gar gesund, ich könne in einer Woche nach Hause gehen ..."

(Freie Nacherzählung einer Notiz aus einer amerikanischen Zeitung)

Mein Lebensstein ...

Mein Name ist Claude. Meine Eltern kamen beide aus dem Elsaß und lebten später in Deutschland.

In diesem Jahr bin ich vierzig geworden. Im neununddreißigsten Lebensjahr habe ich mich sehr viel mit dem Tod auseinandergesetzt. Mein Vater und ein Bruder von mir waren gestorben. Ich denke, ich habe da in relativ kurzer Zeit begriffen, daß auch ich sterben werde.

Im Sommer dieses Jahres bin ich dann nach Frankreich gefahren, habe meine Familie zu Hause gelassen und eine bestimmte Gegend, die ich besonders liebe, aufgesucht. Ich hatte oft darüber nachgedacht, ob ich nicht gerne in Frankreich beerdigt sein möchte. Aber, ich glaube, es würde nicht stimmig sein. Für meine Frau, wenn ich sie überleben sollte, und auch für die Kinder und Freunde nicht. Also, doch Deutschland! Und dann kam mir eine Idee.

Ich machte also Urlaub an einem sehr schönen, ganz lebendigen und vielgestaltigen Fluß in Frankreich, an der Durance. Tagelang wanderte ich in dem zu zwei Dritteln ausgetrockneten Flußbett. Und eines Tages hatte ich ihn: einen wunderschönen, fast runden Geröllkiesel, so groß, daß ihn meine Arme gerade noch umfassen konnten. Mühsam und abenteuerlich war das, bis ich ihn im Auto hatte. Ein paar Tage später brach ich auf nach Deutschland, nach Hause. Daheim brachte ich den wunderschönen Granit zu einem befreundeten Bildhauer. Wir sprachen lange und genau über die Höhlung, die Mulde, die ich in dem Stein haben wollte. Sanft sollte sie sein und ungefähr so tief wie meine Hand, rund und glatt. Nach einigen Monaten war es dann so weit. Der Stein hatte sich nun gewandelt, man spürte, daß er so etwas wie eine Aussage, eine Botschaft über sich selbst hinaus mitbekommen hatte. Dieser Stein ist mein Grabstein.

Ich möchte keine weitere Aufschrift oder Bezeichnung an meinem Grab haben als diesen Stein. Er spricht für mich, er sagt etwas darüber aus, wer ich war, mehr vielleicht als mein Name, mein Geburts- und Sterbedatum.

Die Höhlung wird nach oben weisen. Regen und Schnee, kleine Blätter und Samen werden in sie fallen. Manchmal wird Wasser in ihr stehen und den Himmel widerspiegeln, oder ein Vogel setzt sich an den Rand der Mulde und tunkt seinen Schnabel ins Wasser. Das ist es, was ich möchte. Diese Vorstellung macht mich glücklich. Mehr brauche ich nicht. Jeder, der mich gekannt hat, wird mich an diesem Stein wiedererkennen.

12. „Es segne Dich …“
Bräuche und Rituale

Ich habe seinem Angedenken eben ein paar
gerade aufgeblühte Narzissen geholt
und sie hingestellt auf den Altar
der verlassenen ländlichen Kapelle.
(Rainer Maria Rilke, *Briefe*)

Sie kamen also und nahmen seinen Leichnam ab. Aber auch Nikodemus kam, der erstmals des Nachts zu ihm gekommen war, und brachte eine Mischung von Myrrhe und Aloe, etwa hundert Pfund. Sie nahmen nun den Leichnam Jesu und banden ihn samt Spezereien mit Leinenbinden, wie es bei den Juden Begräbnissitte ist (Johannesevangelium 19/39 und 40).

Viele Menschen erleben Geborgenheit und Trost in der Teilnahme an Bräuchen und Ritualen, so wie sie von den verschiedenen Konfessionen angeboten und zelebriert werden. Durch ein persönliches, lebendiges Verhältnis zur Gemeinde, dem Pfarrer, den kirchlichen Festen wurden Vertrauen und Gemeinschaft erlebt, die dann auch in der Zeit von Sterben und Tod ihre Kraft und Wirksamkeit entfalteten.

Da kommt zum Beispiel der Pfarrer zum Trauerbesuch ins Haus und unterstützt die Hinterbliebenen durch Rat und Tat. Er vollzieht eventuell eine Aussegnung zu Hause beim aufgebahrten Verstorbenen. Gemeindemitglieder bieten ihre Hilfe an, andere finden sich vielleicht im Gebetskreis zusammen und bitten für den Verstorbenen und seine Angehörigen. Am Tage der Beerdigung wird für den Verstorbenen eine Messe gelsen, oder der erste Teil einer Beisetzungsfeier findet in der Kirche in Form eines Gottesdienstes statt. Pfarrer und Pfarrerinnen, Priester, Diakone oder Diakoninnen führen die Trauer- oder Beisetzungsfeiern durch und begleiten trauernde Hinterbliebene, wenn diese es wünschen, auch noch in der Zeit der Trauer.

Die Totenwache, das Ritual der Aussegnung, das Totengeleit zum Friedhof, Zuspruch und Gebet, Fürbitte und Segen, die Durchführung der Totenmesse, der Wortgottesdienst, das Singen und miteinander das Abendmahl-Feiern sind Rituale und Bräuche der christlichen Tradition. Menschen, die ein ungebrochenes Verhältnis zu den Traditionen ihrer Kirche haben, nehmen diese Angebote sicherlich dankbar an und fühlen in ihnen Nähe, Geborgenheit, Tröstung und Zuversicht.

Die mögliche Reihenfolge einer solchen ***Aussegnung***, entweder zu Hause, im Krankenhaus, Alten- oder Pflegeheim.

Anrufung:

Im Namen Gottes des Vaters und des Sohnes und des Heiligen Geistes. Amen.

Gebet:

Ehe der tote Körper des oder der, unseres oder unserer … nun von uns fortgeht, wollen wir gemeinsam beten:

Herr,
lehre uns bedenken,
daß wir sterben müssen,
auf daß wir klug werden.
Schenke uns die Gewißheit,
daß wir nicht endgültig dem Tode
ausgeliefert sind,
sondern in deiner Hand bleiben,
im Leben und im Tode. Amen

Gemeinsames Beten des Vaterunsers:

Vater unser im Himmel!
Geheiligt werde dein Name.
Dein Reich komme.
Dein Wille geschehe,
wie im Himmel, so auf Erden.
Unser tägliches Brot gib uns heute.
Und vergib uns unsere Schuld,
wie auch wir vergeben unseren Schuldigern.
Und führe uns nicht in Versuchung,
sondern erlöse uns von dem Bösen.
Denn dein ist das Reich und die Kraft
und die Herrlichkeit in Ewigkeit. Amen.

Abschiedssegen zum Verstorbenen hingewandt gesprochen:

Es segne dich Gott, der Vater,
der dich nach seinem Bild geschaffen hat.
Es segne dich Gott, der Sohn,
der dich durch sein Leiden und Sterben erlöst hat.
Es segne dich Gott, der Heilige Geist,
der dich zum Glauben gerufen und geheiligt hat.
Gott der Vater und der Sohn und der Heilige Geist
geleite dich durch das Dunkel des Todes
und gebe dir Frieden und ewiges Leben.
Amen.

In der gegenwärtigen Zeit haben aber viele Menschen den Zugang und das Verständnis für die traditionell gepflegten Rituale und kultischen Handlungen im Rahmen der Kirche verloren. Die Traditionen und die mit ihnen verbundene Geborgenheit haben sich vielerorts besonders in großstädtischen Bevölkerungskreisen immer mehr aufgelöst. Damit ist Entfremdung zwischen uns und den kultischen Handlungen eingetreten und das damit verbundene Gefühl des Befremdlichen ihnen gegenüber.

Andererseits können wir aber auch feststellen, daß es in vielen Menschen eine neu erwachte Sehnsucht nach lebendigen und erfüllten Ritualen gibt.

Das bedeutet:
daß es einerseits zu einer Erneuerung des Verständnisses von Ritualen und andererseits ein erneuertes Bewußtsein von seiten derer geben sollte, die kultische und rituelle Handlungen vollziehen.

Wir erleben oft, daß gerade in solchen Zeiten tiefer Erschütterung, wie sie Sterben und Tod mit sich bringen, die Sensibilität für Echtheit und Tiefe und die Aufnahmefähigkeit für die „heilende" Wirkung solcher Handlungen besonders gesteigert ist.

Das heißt also, daß rituelle Handlungen auch in der Zukunft hilfreich, sinnstiftend und ordnend sein und damit Kraft und wirklichen Trost spenden können, wenn sie erfüllt und wahrhaft mitvollzogen werden. Wir meinen, daß Trauer und wirkliche Verzweiflung nicht durch Zeremonien und Traditionen zugedeckt und verdrängt werden sollten, daß durch sie nicht eine Verpflichtung entstehen sollte, „tapfer zu sein" oder „getröstet“ wo dieses noch gar nicht sein kann oder sogar Drohungen von Strafe, Verdammnis, Schuld und Sünde uns nicht noch zu unserer ohnehin schon schweren Last des Verlustes auferlegt werden. Glauben darf nicht gleichgesetzt werden mit einer unechten Haltung, die meint, daß der Schmerz ja gar nicht so groß sein dürfe. Vielmehr wünschen wir, daß es uns wieder vermehrt gelingt, religiöses Handeln und Erleben so zu gestalten und zu erfahren, daß wir in ihnen eine ganzheitliche Ordnung und Geborgenheit empfinden und erfahren können. Eine Ordnung, in der wir uns *mit* unserem Schmerz, unserer Wut, unserer Trauer und der Vielfalt unserer Gefühle aufgehoben erleben.

Wir wünschen uns eine zukünftige Gestaltung der Bräuche und Rituale, die aus echtem Empfinden kommt und vollzogen wird und uns behutsam zu Vorstellungen des nachtodlichen Seins hinführt und uns Handlungen zeigt, die uns in die geistig-seelische Nähe der Verstorbenen bringen können.

Der ursprüngliche Sinn ritueller Handlungen war der, daß Menschen durch solches Tun ihren Hoffnungen, Wünschen, Ängsten, Gefühlen und Gedanken Ausdruck geben konnten, sie verdichteten, ihnen Form gaben und sie erhöhten. Profanes und Alltägliches wurde in einem erhöhten, besonders klaren und liebenden Bewußtsein vollzogen. Sie wurden in einer ganz und gar aufmerksamen und zugewandten Art und Weise ausgeführt, das heißt zelebriert. Die so ausgeführten Handlungen verändern sich in ihrem Charakter und werden zu kultischen Handlungen. Dadurch, daß Handlungen auf solche Weise vollzogen werden, kann sich das ursprünglich nur chaotische, schmerzhafte Empfinden klären und ordnen und eine heilende Form des Ausdrucks finden.

Ritus und Kultus schenken uns die Verbindung zum Heilenden und Heiligenden in uns und außerhalb von uns.

Viele Menschen mag die Frage bewegen, was denn eigentlich Heilung oder auch Linderung bewirkt. Darüber hinaus beschäftigt uns vielleicht die Frage, welche Bedeutung die Rituale, über uns selbst hinaus, denn tatsächlich auch für den Verstorbenen haben. Was können wir über diese Vorgänge und Kräfte, über die Wirkung solch kultischer Handlungen in heutiger Zeit verbindlich aussagen?

Rituelles und sakramentales Geschehen haben immer eine *Dimension,* die sich auf den religiösen, kosmischen, übersinnlichen, spirituellen Zusammenhang ausrichtet. Das bedeutet, daß Menschen, denen ihr Eingebettetsein in ein höheres, sinnvolles Ganzes nicht mehr zugänglich ist, eben auch von der inneren Bedeutung kultischer oder ritueller Handlungen entfremdet sind.

Andererseits können wir immer wieder feststellen, daß Menschen, die in das Erleben von Sterben und Tod gestellt sind, oft einen ganz neuen Zugang, eine ganz neue Öffnung zum Religiösen, Spirituellen erleben. Manchmal kann es sogar geschehen, daß Menschen durch solche Handlungen, die in großer Liebe und Bewußtheit vollzogen werden, wieder eine Ahnung einer religiösen Dimension erfahren.

So sagte uns eine Mutter, die durch die areligiösen Lebensgewohnheiten der ehemaligen DDR geprägt war, nach einer Feierlichkeit für ihren an Krebs verstorbenen Sohn:

„Ich spürte plötzlich so etwas Besonderes im Raum, und ich hatte das Gefühl, daß Ralph an all dem, was da geschah, teilnahm und er dadurch bei uns war."

Im Ritual werden an und für sich unsichtbare Kräfte durch Worte im Gebet, Körperhaltungen, Düfte zum Ausdruck gebracht, oder es wird darum gebeten, daß diese unsichtbaren, geistigen Kräfte zur Entfaltung und Wirkung kommen mögen. Das, was unsichtbar erscheint, kann durch Handlung etwas in die Sichtbarkeit kommen. So kann zum Beispiel das Bitten und das Empfangen durch Gesten lebendig werden, Verehrung kann sich durch eine bestimmte Körperhaltung ausdrücken, Kraft und Segen kann empfangen und gespendet werden, und innerlich Erlebtes, Gefühle, Lasten und Fragen können ausgedrückt oder überantwortet werden.

Im rituellen Geschehen ist oft das Element der Wiederholung enthalten. Wir können dann erleben, daß bewußt Wiederholtes und wiederholt Erlebtes uns ein starkes Gefühl der Ordnung, des Schutzes und der Geborgenheit vermitteln.

Andererseits erfahren wir, daß Inhalte, die mit Hingabe wiederholt vollzogen werden, immer neu und verändert erscheinen, daß das eigentlich Wirkende sich auf immer neue Weise in ihm ereignet. Das regelmäßig Wiederholte erfahren wir dann als verwandelnd und heilend.

Grundlagen des rituellen Handelns

Alle kultisch-rituellen Handlungen haben ihre Grundlage in den profanen Handlungen des menschlichen Lebens. Sie werden im Ritual dann allerdings mit größerer Bewußtheit und in einem Wissen um den tieferen Sinn vollzogen. Dieser tiefere Sinn hat die Weisheit zur Grundlage: daß alles Sichtbare nur ein Gleichnis eines unsichtbaren Höheren ist. Das eine ist gleichsam das Symbol des anderen. Werden Tätigkeiten nun in diesem Wissen mit Liebe und Hingabe vollzogen, bilden sie ein „Gefäß" in dem sich das Unsichtbare auf seine ihm entsprechende Weise manifestieren kann.

Ausgangshandlungen sind:
die Bewegung;
die Geste;
das Schreiten;
der Tanz;
die Körperhaltung.

Das Wort in gesprochener oder musikalisch erhöhter Form.

Licht, Farbe, Klang, Geruch, Form, Takt und Rhythmus können Ausdrucksträger des Rituellen sein.

Ebenso werden Objekte, Gegenstände und Gefäße sowie Kunstwerke zu kultischen Objekten erhöht.

Brot, Wasser, Wein und Öl sind traditionell gebrauchte Elemente kultischen Geschehens. Aber viele andere „Lebens-mittel", „Reinigungs-mittel" oder „Schönheits-mittel" könnten symbolische Träger solchen Geschehens werden.

Vorstellbar wären zum Beispiel:
Milch, Früchte, Blumen und Blüten, Körner, Steine, Muscheln, Säfte und Gerüche, Kräuter und Essenzen, Feuer und Rauch, Töne oder Silben und vieles andere mehr.

Opfer, Anrufung und Gebet sind zentrale Ausdrucksmittel zeremoniellen Handelns.

All diese Handlungen beziehen sich auf eine ***Kommunikation*** oder ***Kommunion*** mit einer göttlichen Wirklichkeit. Bei den Beisetzungs- und Trauerritualen wird der Verstorbene oder werden auch die Trauernden in unmittelbare Gegenwart zu diesem „Göttlichen" gestellt.

Im Überdenken kultischer Praktiken müssen wir sicherlich auch immer wieder nachdenken, welchen Hintergrund unsere Wünsche und Handlungen haben, die solche Rituale gestalten. Viele kultische Handlungen tragen magische Elemente in sich wie die Bannung, das „Milde-Stimmen", die Abwehr des Negativen, die Bitte um die Erfüllung bestimmter persönlicher Wünsche.

- Die kultische Reinigung,
- das Geleit,
- die Aufstellung,
- das Aufstehen, Niederknien oder sich flach auf den Boden legen,
- das An- oder Ausziehen von Kleidern, oder auch das Zerreißen,
- das Schmücken oder Verunstalten,
- der Tanz,
- die Stille,
- Essen, Trinken oder Fasten

sind weitere rituelle Handlungen, die besonders auch in außerchristlichen Kulturen weite Verbreitung haben.

Es gibt besondere, geheiligte Zeiten und Stätten, Berge, Bäume, Quellen und jede nur vorstellbare Form von Kultbildern, die als anbetungs- und verehrungswürdig erscheinen und im Zusammenhang mit den Toten stehen.

Rituelle Handlungen werden entweder durch weise Männer und Frauen wie Priester, Schamanen oder auf eine andere Weise eingeweihte Personen durchgeführt.

Diese Personen bereiten sich in besonderer Weise auf die durchzuführenden Handlungen vor und unterziehen sich selbst oft gewissen Reinigungsübungen wie zum Beispiel das Schweigen und Fasten.

Sie übernehmen entweder den gesamten Ablauf der zeremoniellen Handlungen, oder sie leiten und führen die teilnehmende Gemeinschaft, das Volk, den Stamm, die Sippe, die Gemeinde zum Handeln an. Oftmals finden wir die Abfolge wechselseitiger Handlungen, in denen einmal der Priester und dann die Gemeinde tätig werden. Möglicherweise hat sich durch eine Vereinseitigung dieses Geschehens, das heißt eine zu geringen Möglichkeit der Beteiligung von seiten der „Laien" mit der Zeit eine gewisse Verständnislosigkeit und damit in der Folge ein Desinteresse eingeschlichen.

Der Zugang zu neuen Ritualen

Manchen Menschen entspricht es, daß sie in der Begleitung eines Verstorbenen nicht mehr auf die herkömmlichen Brauchtümer und Traditionen zurückgreifen möchten. Sie wollen entweder neue oder auch persönlichere Formen des Handelns für sich finden.

Wir wünschen uns, daß wir durch die folgenden Abschnitte solchen Menschen, die für ihre Verstorbenen und auch für sich selber neue Rituale und zeremonielle Handlungen vollziehen möchten, Mut und einige Anregungen geben können.

Durch diese „Zurücknahme" solchen Handelns in die Kraft der eigenen Gestaltung wird einerseits ein Großteil der Entfremdung gegenüber Ritualen und die Tabuisierung gegenüber Sterben und Tod überwunden, andererseits kann es den Hinterbliebenen ein Gefühl tiefer Befriedigung schenken, das ihnen auch im Prozeß der Trauer hilft.

Auf der Suche nach solchen Formen haben wir eine noch gar nicht ausgeschöpfte Quelle in den Bräuchen und Traditionen anderer Völker und Kulturen. Da gibt es die Sitte:

- den Toten selber zu richten und zu schmücken;
- Sarg- oder Grabbeigaben mitzugeben;
- die Totenwache auf eine gemeinschaftliche Art und Weise durchzuführen, wie zum Beispiel mit den Mitbewohnern eines ganzen Hauses;
- die Feierlichkeiten auf unterschiedlichste Weise zu gestalten;
- das Niedersenken des Sarges selber zu übernehmen;
- das Grab selber zuzuschaufeln;
- das Grab gemeinschaftlich zu schmücken;
- besondere Essenszubereitung;
- und andere Formen eines längeren Beisammenseins und Begleitens in den Tagen nach der Beisetzung.

Paul Tillich schreibt in seinen Religionsphilosophischen Schriften:

„Kultus ist der Inbegriff derjenigen Handlungen, durch die das Unbedingte (das Ewige – Göttliche – Transzendente / Anmerkung der Verfasserinnen) im Praktischen realisiert werden. Alles religiöse Handeln ist kultisches Handeln. Religiöses Handeln aber ist gläubiges Handeln. Alles gläubige Handeln ist darum kultisches Handeln! …

Für den Glauben kann es keinen (!) praktischen Akt geben, der nicht durch ein Symbol hindurch auf das Unbedingte gerichtet wäre …

Der Kultakt ist nichts als die höchst konzentrierte Form gläubigen Handelns" (Paul Tillich, *Hauptwerke Band 4*).

Wir möchten das für uns in folgender Weise ausdrücken:
Jede Handlung kann zu einer kultischen Handlung erhoben werden.
Um eine profane Handlung zu einer kultischen Handlung werden zu lassen, bedarf es:
- ***der Gerichtetheit auf das Göttliche,***
- ***die konzentrierte Hingabe an das Geschehen***
- ***und die Reinheit der Motive und der Ausführung.***

Wenn wir in dieser äußeren und inneren Haltung Handlungen vollziehen, haben sie einen kultisch-rituellen Charakter.

Alle Beteiligten sollten solche Rituale mit wachem und liebenden Herzen vollziehen oder nachvollziehen, dann werden sie selber die Bedeutsamkeit und Kraft eines solchen Tuns erfahren. Das kann für einen einzelnen Menschen gelten oder auch für eine Gruppe von Menschen, die sich in diesem gemeinsamen Anliegen miteinander verbinden. Das ganz persönliche Erleben kann in solch gemeinschaftlichem Tun als eine uns allen gemeinsame Lebenserfahrung erlebt werden, damit kann der eigene subjektive Schmerz als „normal" allen Menschen gemeinsam, eingebettet, erlebt und verstanden werden. Auf diese Weise kann das Leiden ein Stück weit begreifbarer werden.

Alles, was einen Weg des Ausdrucks, eine Form oder Gestaltung findet, erfährt damit schon Wandlung im Sinne von Heilung.

Inwieweit solche rituellen Handlungen unsererseits auch für den Verstorbenen „positiv", das heißt hilfreich und wichtig sind, kann in solchen Situationen ahnend erfahren werden. Wir haben dann vielleicht in unserem eigenen Inneren das Erleben, daß etwas „lichter" oder „leichter" um den Verstorbenen wird, oder wir haben möglicherweise das Gefühl, daß sich etwas Fehlendes zu einem Ganzen schließt, abrundet und vollendet. Wenn wir den Verstorbenen sowohl in seiner Lebensgeschichte als auch in der Tiefe seines Wesens kannten, können wir in solchen Handlungen eine Übereinstimmung mit seinen Wünschen erahnen, oder wir erleben, daß wir in uns das ganz deutliche Gefühl haben, noch etwas in seinem Sinne für ihn vollzogen zu haben.

Im Umkreis eines Toten

Der letzte, endgültig letzte Atemzug eines Menschen ist getan.

Stille breitet sich um den Verstorbenen aus. Oft können wir am Bett eines Verstorbenen empfinden, wie „tief“ diese Ruhe, diese Stille nun ist, welche „jenseitige Qualität“ in ihr ist.

Dieser ***Stille*** können wir in Andacht und Ehrfurcht begegnen, wir können sie hüten und bewahren, wir können ihr eine bewußt festgelegte Zeit schenken, wir können diese Stille zelebrieren. Wir können auch für uns selber bewußt an dieser Stille teilnehmen, und es wird uns vielleicht geschenkt, wahrzunehmen, wie sich im Umkreis um den Toten eine „andere Dimension“ entfaltet und empfindend an ihr teilnehmen.

Irgendwann, entweder gleich nach den Eintreten des Todes oder etwas später, kommt der „rechte Zeitpunkt“, in dem ein dem Verstorbenen nahestehender Mensch das Bedürfnis verspürt oder die Aufgabe übertragen bekommt, dem Toten die Augen zu schließen. Auch diese Handlung können wir entweder als profane oder aber als sakrale Handlung ausführen.

Die Art unsrer Bewußtheit, unserer Liebe und Achtsamkeit wird es ausmachen, ob diese Tätigkeit einen rituellen Charakter erhält.

Es mag uns bei diesem Tun bewußt sein, daß sich nun der Blick eines Menschen dem Schauen einer anderen Welt zuwendet. Vielleicht drückt auch das ganze Antlitz dieses „Schauen“, dieses intensive, manchmal staunende Betrachten einer anderen Wirklichkeit aus.

Mit innerer Achtsamkeit werden wir erspüren, ob es für den Verstorbenen die rechte Form ist, daß wir ihn so liegen lassen, wie er starb, oder ob wir ihn im Bett gerade hinlegen.

Nach einiger Zeit mag es uns dann ein Bedürfnis sein, ihn noch einmal zu waschen, ihn vielleicht noch zu salben oder zu ölen und ihn in eine bestimmte Kleidung zu hüllen.

Das Bett oder der Umkreis, auf dem der Tote liegt, kann auf die vielfältigste Weise geschmückt und gestaltet werden.

In all diesen Handlungen kann ein sakrales, auf das Göttliche gerichtetes Element sein, es kann symbolisch ein Größeres spiegeln. Bei diesen Handlungen und letzten Liebesdiensten ist es manchmal naheliegend, an die uns bekannten Menschen des Neuen Testamentes zu denken: an Maria-Magdalena, an die Fußwaschung am Gründonnerstag, an Josef von Arimathia, der den Leib Jesu erbat und ihm seine Grabstätte gab. Mit unserem Tun können wir uns im Bewußtsein dem damaligen Heilsgeschehen nahe empfinden. Die Bekleidung des Verstorbenen kann uns das Gefühl geben, als kleideten wir ihn zu seiner „Himmlischen Hochzeit" oder zu „seiner Reise ins Heilige Land".

All die Stunden einer gemeinschaftlich verbrachten Totenwache können uns viele Möglichkeiten ritueller Gestaltung geben. Das Schmükken des Raumes und des Toten, die Beleuchtung durch Kerzen, das Erfüllen des Raumes mit Duft, das Spielen von Musik, das Lesen, Sprechen oder Beten von Texten, all das können wir im Bewußtsein der Heiligkeit und Schönheit tun. Auch für uns, die wir teilhaben dürfen, kann sich in dieser Zeit „das Auge oder Ohr öffnen", so daß wir zutiefst erlebend mit hineingenommen werden in eine ganz besondere Zeitqualität und Atmosphäre.

Eine junge Frau berichtet:

„Ich war alleine mit meiner verstorbenen Freundin, die noch für einige Stunden zu Hause in ihrer geliebten Wohnung blieb und dort aufgebahrt war.

Plötzlich hatte ich den Impuls, in der Küche ein verschlossenes Glas, in dem Irmgard immer verschiedenartigste Körner verwahrte, zu holen. Ich nahm die Körner aus dem Glas in meine Hand und streute sie mit großer Liebe und Sorgfalt in einem Kreis um den Sarg, in dem sie lag, herum. Irmgard hatte in ihrem Leben immer wieder von der Bedeutsamkeit des Korns gesprochen. Korn war ein ganz wichtiges Element ihres Lebens und Denkens gewesen. Und vor etwa zwei Wochen hatte sie gesagt: ‚Weißt Du, es wird einfach so sein, wie mit den Samenkörnern, die in die Erde fallen …' Und dann hatte sie geschwiegen, und ich hatte nicht gewagt, dieses Schweigen mit einer Frage zu stören."

Ein Mann, der seine Frau ein paar Wochen zuvor verloren hatte, berichtete:

„Ich bin dann in den Garten gegangen, habe die Gartenschere mitgenommen und ganz viele blühende Zweige von den Sträuchern geschnitten. Es war ja Mai, als meine Frau starb. Diese Blütenzweige habe ich einfach überall, auf das Bett und den Boden ringsum gelegt. Meine verstorbene Frau sah dann aus wie eine junge Braut in einem Meer von Blüten, und ich dachte für mich: Sie wollte doch unbedingt noch den Frühling erleben, und nun ist er ganz und gar bei ihr."

Aussegnung steht traditionell der Taufe eines Menschen gegenüber, und vielleicht können wir sie auch als eine solche vollziehen oder erleben.

Eine Menschenseele verläßt die irdische Existenz und zieht in eine nachtodliche Daseinsbene ein. Aus- und Eingang werden jeweils gesegnet. Für Menschen, die der christlichen Tradition der Aussegnung durch einen Geistlichen nicht folgen möchten, bietet sich vielleicht an, selber im Kreis der Familie oder unter Freunden ein solches oder ähnliches Ritual zu vollziehen.

Für diese Zeremonie bieten sich die verschiedenen Elemente an wie: Wasser, Feuer, Rauch oder Licht, Musik, Lesen, Sprechen und Beten oder auch verschiedene Formen des Umschreitens. Bilder oder Objekte, die im Zusammenhang mit dem Verstorbenen oder dem Göttlich-Geistigen stehen oder die etwas auf symbolische Weise ausdrücken, können unseren Blick auf das Wesentliche richten.

Durch all diese Handlungen können wir unsere Verbundenheit und Dankbarkeit ausdrücken. Dankbarkeit der Schöpfung und dem Leben gegenüber, die es uns schenkten, mit diesem Menschen verbunden gewesen zu sein. Ebenso können wir in ihnen unsere Dankbarkeit dem Verstorbenen gegenüber ausdrücken, diesem einmaligen Menschen, der uns nahe und wichtig war und vieles in uns durch sein Dasein anrührte und bewegte.

Wir können für ihn bitten und ihn den liebenden und bewahrenden Mächten anheimgeben. In all dem wird nicht entscheidend sein, wie viel wir tun oder wie perfekt und fehlerlos wir es tun, das Entscheidende wird sein, ob wir es mit innere Wärme und Aufmerksamkeit vollziehen.

Manchmal mag es auch angebracht sein, daß wir ganz in der Stille in unserem Herzen den Verstorbenen begleiten, indem wir lebendig bei ihm sind und ihm weiterhin unsere Liebe schicken.

Alle anderen Feierlichkeiten, Beisetzungs- und Gedenkfeiern können in ähnlicher Weise und Haltung gestaltet werden. Alle Tätigkeiten können daraufhin betrachtet werden, ob sie sich für eine rituelle oder zeremonielle Handlung eignen, und wir können miteinander die rechte Form der Ausführung suchen.

Noch einmal die wesentlichen Punkte, die uns die Sicherheit im Finden und Umgehen mit neuen Ritualen geben:

- Die Echtheit gegenüber dem Verstorbenen, der Inhalte und der eigenen Beweggründe;
- Die Aufmerksamkeit und liebende Hingabe, mit der wir sie tun;
- Die Angemessenheit der Dinge, die wir tun.

Es folgen zum Abschluß noch einige wenige Texte, die sich nach unserem Empfinden gut zum Lesen, gemeinsamen Sprechen oder Beten eignen.

- Das Lesen des Johannesevangeliums;
- Das Beten oder gemeinschaftliche Sprechen von Psalmen;
- Das Beten des Vaterunsers;
- Das Beten des Rosenkranzes.

Aus der Bhagavad Gita

So wisse denn: Unsterblich ist der Geist,
Der alles Lebens Kraft und Ursach' ist.
Er kann nicht untergehen, niemand kann
Des Daseins Grund, das Ewige vernichten.
Die flücht'gen Schattenleiber nur, die wir
Des Geistes Tempel nennen, die vom Geist
Bewohnt und überschattet werden, sterben.
...
Veränd'rung ist das Los von allen Dingen.
Sieh! Im ew'gen Sein
Ist jedes Ding unoffenbar enthalten.
Dann kommt's zum Vorschein und beim Tode kehrt's
Dorthin zurück, woher's gekommen war.
(Fändrich, *Die Bhagavad Gita*)

Von Kahlil Gibran

Vom Tode
... Ihr möchtet wissen um das Geheimnis des Todes.
Doch wie solltet ihr es entdecken, so ihr nicht danach forschet im Herzen des Lebens?
Die Eule, deren auf die Nacht beschränkte Augen am Tage erblinden, vermag nicht, das heilige Geheimnis des Lichtes zu entschleiern.
So ihr wahrhaftig den Geist des Todes erschauen wollet, öffnet weit euer Herz dem Leib des Lebens.
Denn Leben und Tod sind eins, so wie Fluß und Meer eins sind.
In der Tiefe eures Hoffens und Wollens liegt euer stillschweigendes Wissen um das Jenseits;

Und dem Samen gleich, der unter dem Schnee träumet, so träumt euer Herz von dem Lenze.
Trauet euren Träumen, denn das Tor der Ewigkeit ist darin veborgen.
Eure Furcht vor dem Tode ist nur das Zittern des Hirten, so er stehet vor dem König, dessen Hand sich als Zeichen des Wohlwollens auf ihn legt.
Ist der Hirt unter seinem Zittern nicht der Freude voll, daß er das Zeichen des Königs tragen darf?
Und dennoch, ist er sich nicht mehr seines Zitterns bewußt?
Denn was bedeutet Sterben anders als nackt im Winde stehn und in der Sonne zerfließen?
Und was bedeutet das Stocken des Atems anders als dessen Befreiung aus den rastlosen Fluten, auf daß er sich erhebe und entfalte und Gott suche, unbeschwert?
Erst so ihr trinket aus dem Flusse des Schweigens, werdet ihr wahrhaft singen.
Und erst so ihr den Gipfel des Berges erklommen, werdet ihr anfangen zu steigen.
Und erst, so die Erde ihren Anspruch erhoben auf eure Gliedmaßen, werdet ihr wahrhaft tanzen.
(Kahlil Gibran, *Der Prophet*)

Wie Schatten flüchtig
gleiten die Menschengeschlechter über die Erde,
sie blühn und vergehen
und singen dabei das hohe,
das niemals verstummende
Lied unsterblichen Lebens!
(Ludendorff)

Ich sag es jedem, daß er lebt
und auferstanden ist,
Daß er in unserer Mitte schwebt
und ewig bei uns ist.

Ich sag es jedem, jeder sagt
es seinen Freunden gleich

Daß bald an allen Orten tagt
Das neue Himmelreich.

Er lebt und wird nun bei uns sein,
wenn alles uns verläßt
Und so soll dieser Tag uns sein
Ein Weltverjüngungsfest.
(Novalis, in: Krolow, K., *Deutsche Gedichte*)

Die Blätter fallen, fallen wie von weit
als welkten in den Himmel ferne Gärten;
sie fallen mit verneinender Gebärde.
Und in den Nächten fällt die schwere Erde
aus allen Sternen in die Einsamkeit.
Wir alle fallen. Diese Hand da fällt.
Und sieh die andere an: es ist in allen
Und doch ist Einer, welcher dieses Fallen
unendlich sanft in seinen Händen hält.
(Rainer-Maria Rilke, *Gedichte*)

Die Dahingegangenen bleiben mit dem Wesentlichen
womit sie auf uns gewirkt haben,
mit uns lebendig, solange wir selber leben.
Manchmal können wir sogar
besser mit ihnen sprechen,
uns besser mit ihnen beraten
und uns Rat von ihnen holen
als von den Lebenden.
(Hermann Hesse, *Mit der Reife wird man immer jünger*)

Gebet für einen Toten

Oh Du, der Du bist
die Ursache und Wirkung
des ganzen Weltalls,
die Quelle, aus der wir hervorgehen
und das Ziel, dem wir alle entgegen streben:
Nimm die Seele des Toten
in Deine göttlichen Vaterarme.
Möge sein Herz durch Deinen

verzeihenden Blick geheilt werden.
Umgib ihn mit dem Licht
Deines eigenen Geistes.
Führe ihn zum Himmel empor,
wo seine wahre Heimat ist.
Wir bitten Dich, verleihe ihm den
Segen Deiner erhabenen Gegenwart.
Möge das Erdenleben der nun erwachten
Seele zu einem Traum werden
und laß ihre dürstenen Augen
Dich, Strahlender, schauen.
(Gebet eines indischen Sufis)

13. Ohne Dich

Das Leben mit den Verstorbenen

Ich habe Tote, und ich ließ sie hin
und war erstaunt, sie so getrost zu sehn,
so rasch zuhaus im Totsein, so gerecht,
so anders als ihr Ruf. Nur du, du kehrst
zurück; du streifst mich, du gehst um, du willst
an etwas stoßen, daß es klingt von dir
und dich verrät.
(Rainer Maria Rilke, *Gedichte*)

Schmerz und Klage sind unsere erste natürliche Antwort auf den Verlust eines geliebten Menschen. Sie helfen uns durch die erste Trauer und Not, sie genügen aber nicht, um uns mit dem Toten zu verbinden.

Das tut auf primitiver Stufe der Totenkult: Opfer, Grabschmuck, Denkmäler, Blumen.

Auf unserer Stufe aber muß das Totenopfer in unserer eigenen Seele vollzogen werden, durch Gedenken, durch genaueste Erinnerung, durch Wiederaufbau des geliebten Wesens in unserem Innern.

Vermögen wir dies, dann geht der Tote weiter neben uns, sein Bild ist gerettet und hilft uns, den Schmerz fruchtbar zu machen.
(Hermann Hesse, *Mit der Reife wird man immer jünger*)

Die ersten Tage, Wochen, vielleicht auch Monate sind vergangen, seit wir einen geliebten Menschen durch den Tod verloren hatten. Für viele Menschen ist dies eine schwere Zeit, in der erst langsam die Endgültigkeit dieses Verlustes begreifbar wird.

In uns erwacht das Bedürfnis, dem Verstorbenen einen Platz in unserem Leben einzurichten, einen Platz in unserem Herzen und Erinnern, wir empfinden das Bedürfnis, mit dem Verstorbenen verbunden zu bleiben und seiner zu gedenken.

Wir spüren vielleicht schon, daß das Leben unerbittlich weitergeht, uns sogar überrollt und daß wir eine gewisse Festigkeit oder Regelmäßigkeit brauchen, damit wir auch im Alltag genügend Zeit und Raum schaffen, um die Verbindung mit dem Verstorbenen pflegen zu können.

Wir spüren in uns vielleicht Angst oder auch eine große Sehnsucht, den Verstorbenen nicht ein zweites Mal durch unsere mangelnde Kraft des Erinnerns zu verlieren. Die Treue zu den Verstorbenen wird uns zum Bedürfnis.

Für ältere Menschen, die einen langjährigen Lebensgefährten verloren haben, mag das eine alltägliche Selbstverständlichkeit sein: der Gang zum Friedhof, die Pflege des Grabes, die Zwiesprache mit dem Verstorbenen, das Leben mit den Bildern des geliebten Menschen. Bei diesen älteren Menschen haben wir oft das Gefühl, als lebten sie nun die letzten Jahre in einer anderen Form des Beisammenseins mit ihren Lebenspartnern: der eine noch hier auf der Erde, der andere schon vorausgegangen. Für sie ist die Zeit des Lebens oft nurmehr eine Zeit, auf den eigenen Tod hin gelebt, in der Hoffnung auf das Wiedersehen mit dem geliebten Menschen. Ihnen ist die Pflege des Gedenkens eine Selbstverständlichkeit und fraglose Alltagstätigkeit.

Aber auch Menschen, die selber nicht so unmittelbar ihren eigenen, schon bald kommenden Tod vor Auge haben, ist es ja ein Bedürfnis, mit dem geliebten Toten verbunden zu bleiben. Vielleicht spüren wir auch, daß in dieser Pflege der Verbundenheit sich eine Qualität unsres Lebens, unserer Person und unserer Werte ausdrücken und daß sich unsere Liebe und Verbundenheit weiterhin darin ausdrücken kann.

Ebenso mag es für manche Menschen empfindbar sein, daß sie mit den Verstorbenen verbunden, in einer zwar nicht direkt faßbaren, deshalb eber nicht weniger wirklichen Weise, sich mit einer geistigen Dimension, mit einer geistigen Welt, in Beziehung und Verbindung bringen.

Wir ahnen dann, daß dieses Gedenken zu einer Art Brücke werden kann, die uns mit einer Daseinsebene verbindet, der auch wir eines Tages angehören werden. Über diese Brücke kann es uns, auf ganz zarte Weise möglich werden, eine Art Geben und Nehmen stattfinden zu lassen zwischen den Menschen, die schon vor uns gegangen sind und uns, die wir eines Tages auch diese jenseitige Daseinsebene betreten werden.

Manchmal begegnen uns die Vertorbenen dann in Träumen, oder wir spüren sie während eines Zwiegesprächs mit einem Male ganz nah, oder es wird uns möglich, ihnen Fragen, Probleme oder Bitten vorzulegen, und hin und wieder erleben wir, manchmal auf eine ganz andere, unerwartete Weise, daß wir Antwort oder Erfüllung erfahren.

Von dieser lebendigen Verbundenheit spricht R. M. Rilke in seinem Gedicht:

Der Tod der Geliebten

Er wußte nur vom Tod was alle wissen:
daß er uns nimmt und in das Stumme stößt.
Als aber sie, nicht von ihm fortgerissen,
nein, leis aus seinen Augen ausgelöst,

hinüberglitt zu unbekannten Schatten,
und als er fühlte, daß sie drüben nun
wie einen Mond ihr Mädchenlächeln hatten
und ihre Weise wohlzutun:

da wurden ihm die Toten so bekannt,
als wäre er durch sie mit einem jeden
ganz nah verwandt; er ließ die andern reden

und glaubte nicht und nannte jenes Land
das gutgelegene, das immersüße –
und tastete es ab für ihre Füße.
(Rainer Maria Rilke, *Gedichte*)

Der Toten Gedenken

Einmal eignen sich hierfür alle Tage, Wochen, Monate oder Jahreszeiten, die in irgendeinem rhythmischen Verhältnis die Wiederkehr eines bestimmten Tages bezeichnen:
... der 27. Mai war der Tag, an dem du ins Krankenhaus kamst.
... am 6. Oktober hast du mir gesagt, daß du sterben wirst.
... am 12. Dezember haben wir voneinander Abschied genommen.

Oder andere konkretere Gedenktage:
... dein Geburtstag
... unser Hochzeitstag
... dein Sterbetag
... der Tag deiner Beerdigung
... der Tag deiner Urnenbeisetzung
... unser letztes Weihnachten usw.

Jeder wird aus der gemeinsamen Lebensbiographie Daten, Erinnerungen und vielleicht auch ganz persönliche Gedenktage finden, die ihn mit dem Verstorbenen verbinden. All diese Erinnerungen an den Toten schenken uns ja die Möglichkeit, seiner zu gedenken und uns ihm in einer feiernden Gestaltung des Tages nahe zu fühlen.

Eine andere Form, mit der wir uns vielleicht sogar regelmäßig mit dem geliebten Menschen verbinden können ist die, daß wir eine bestimmte Zeit am Tage ganz allein ihm schenken.

Das kann zum Beispiel sein, indem wir uns vor dem Einschlafen immer noch dem Verstorbenen zuwenden oder einige Minuten nach dem Erwachen am Morgen uns ganz auf ihn einstellen. Oder wir legen eine bestimmte Zeit am Tage oder Abend fest, in der wir uns für eine Weile ganz auf ihn hin ausrichten, zum Beispiel:

- im Gebet;
- in der Meditation;
- in der andächtigen Betrachtung seines Bildes;
- im Sprechen zu ihm hin;
- vielleicht auch, indem wir an ihn schreiben;
- oder auch im Vorlesen eines Textes, von dem wir spüren, daß er einerseits uns mit dem Toten verbindet und andererseits das Gelesene den Verstorbenen berühren könnte.

Eine junge Frau, die ihren Mann sehr plötzlich verlor, erlebt es so:

„In der schweren Zeit nach dem plötzlichen Tod meines Mannes, in der Zeit, als es immer stiller um mich herum wurde, haben mir in meinem Alltagsleben häufig Rituale des Gedenkens geholfen, mich immer wieder aufs neue mit meinem Mann zu verbinden.

Im ersten Jahr nach seinem Tod konnte ich nicht so gut schlafen und erwachte jeden Tag schon um fünf Uhr. Am Anfang habe ich einfach nur unter der Schlaflosigkeit gelitten, bis ich sie dann annahm und nutzte, um für diese ersten zwei Morgenstunden mit ihm zusammen zu sein.

Ich habe im Innern mit ihm gesprochen, habe ihm von mir erzählt und ihm gesagt, wie ich ihn vermisse. Ich habe ihm immer wieder gesagt, daß ich so sehr wünsche, daß es ihm jetzt gut geht, und dann habe ich einfach noch in der Stille verweilt und in mich hineingespürt. In dieser Zeit wurde ich dann immer ganz ruhig und spürte ihn ganz nah.

Ein anderes Ritual für den Abend war, daß ich mich hinsetzte und überlegte, was es denn Schönes oder Gutes für mich an diesem Tag gegeben hatte. Ich habe dieses Schöne dann auch als ein Geschenk von ihm an mich verstanden und angenommen, denn ich spürte, durch seinen Tod war ich auch ganz besonders sensibel oder empfänglich für Eindrücke, zum Beispiel der Natur gegenüber, oder auch in der Begeg-

nung mit Menschen oder einfach, wenn etwas, was ich mir vielleicht mühevoll vorgestellt hatte, mit einem Male ganz leicht und wie von alleine ging.

Immer wieder habe ich auch Orte, zum Beispiel unserer gemeinsamen Urlaube, oder andere Orte, an denen wir etwas Bestimmtes erlebt hatten, oder die uns miteinander verbanden, aufgesucht. Ja, ich war damals immer wieder unterwegs, um an diesen Orten auch meinen Erinnerungen deutlicher und tiefer zu begegnen, und oft hatte ich das Gefühl großer Dankbarkeit in mir für das, was wir alles hatten miteinander erleben dürfen."

In all dem Tun erscheint es uns wichtig, daß wir es aus dem inneren Bedürfnis unseres Herzens heraus tun, und daß es eine gewisse Stimmigkeit für den anderen und auch uns hat.

Nach dem ersten Jahr der Trauer um ihren Mann schrieb eine Frau ein ganz einfaches, aber sehr persönliches Gedicht zu seinem Gedenken:

Mein lieber Heinz
ein Jahr ohne Dich
ein Jahr, das mir scheint wie eine Ewigkeit
ein Jahr, das mir scheint wie ein Wimpernschlag
ein Jahr voll von Traurigsein
ein Jahr voll von Leid
ein Jahr der Einsamkeit
ein Jahr nicht mehr zu zweit
ein Jahr, ich weiß nicht, wie es doch verging
ein Jahr – und ich frage weiterhin: wozu und was ist der Sinn
ein Jahr, in dem ich Dir für Deine Liebe danke
ein Jahr, in dem ich immer wieder hoffe – worauf –
auf ein Jahr, das mit Deiner Hilfe anders wird
auf ein Jahr, das leichter wird, auch ohne Dich.

Das Gedenken zusammen mit anderen

Oftmals sterben Menschen aus einem sehr nahen und dichten Familien- oder einem Freundesverband heraus.

Der Vater einer „fünfköpfigen" Familie stirbt; die Freundin eines großen Freundeskreises; die Großmutter, die drei eigene Kinder und neun Enkel hatte; der Onkel, der sich rührend um die ganze „Sippe" kümmerte …

Da haben wir dann das Gefühl, der Verstorbene „gehört" nicht nur uns allein, sondern eigentlich ist er ja mit mehreren Menschen innig verbunden. All diese Menschen, die nun aus dieser Verbundenheit heraus das Bedürfnis haben, des Verstorbenen zu gedenken, können sich dann unter der ihnen gemäßen Form zu verschiedenen Anlässen treffen, um des Toten zu gedenken und ihn auf diese Weise zu ehren.

Das können Familienfeste sein; da können sich Freunde hin und wieder versammeln, oder innerhalb der engeren Familie werden besondere Zeichen oder Handlungen des Gedenkens eingerichtet.

So erzählte uns eine Mutter:

„Uns allen war es ein Bedürfnis, den Platz, den mein Mann und der Vater unserer Kinder am Eßtisch immer eingenommen hatte, ihm weiterhin als den seinen zu erhalten. Am Anfang wollten die Kinder sogar, daß ich immer auch für ihn noch mitdeckte. Es tat mir zwar sehr weh, den gedeckten Platz zu sehen, und – ‚er' würde nicht kommen, aber auch daran gewöhnte ich mich und nach ein paar Monaten verlor sich bei den Kindern das Bedürfnis."

Ein Vater berichtete:

„Jeden Abend beim Gute-Nacht-Sagen wollte unsere Tochter Marlies, daß ich das Foto ‚ihrer Mutti' von der Wand nahm, mich an ihr Bett setzte und von ihr sprach. Es war ein richtiges kleines Ritual, das ich einhalten mußte, sonst schlief Marlies nicht ein. Am liebsten war es ihr, wenn ich ihr erzählte, was ich von ihrer Mutter wußte, als sie noch ganz klein, noch Kind war."

Das Wissen von seelischen Vorgängen lehrt uns, wie heilsam es ist, wenn die Verstorbenen in einem Familiensystem ihren Platz bekommen und nicht verschwiegen oder ausgeklammert werden. Mit diesem: die Toten ein Stück weit mitleben lassen, das heißt also ihrer gedenkend weiterleben, haben wir die Möglichkeit, tiefgreifende Wunden und Schmerzen langsam, auf gleichsam natürliche Weise heilen zu lassen. Diese Schmerzen der ungelebten Trauer brauchen dann nicht „verdrängt" und „abgekapselt" zu werden und als kaum bekannte und wahrgenommene seelische Last in den Tiefen weiterzuleben.

Für dieses Gedenken der Verstorbenen gibt es vielerlei Möglichkeiten, die vielleicht auch zu verschiedenen Zeiten unterschiedliche Funktionen erfüllen:

– das Aufstellen von Fotos;

- der Umgang mit einer Totenmaske;
- das Schmücken von Bildern, Objekten oder Orten, die mit dem Verstorbenen in Verbindung stehen;
- das Auflegen von Briefen oder Schriften des Verstorbenen;
- der ehrende Umgang mit besonderen Objekten, die dem Verstorbenen wichtig waren oder die einen bedeutsamen Bezug zu seiner Person hatten;
- das Weiterverschenken von Gegenständen des Verstorbenen zu verschiedenen Zeitpunkten;
- bestimmte Plätze so zu belassen, wie sie für ihn bedeutsam waren;
- bestimmte Plätze, die für ihn eine Bedeutung hatten, aufzusuchen;
- noch bestimmte Handlungen in seinem Sinne oder seiner Nachfolge zu tun;
- von ihm zu berichten oder zu schreiben.

Für jede Beziehung zu einem Menschen werden andere und hier nicht erwähnte Dinge und Handlungen des Gedenkens die richtigen sein. Sie ergeben sich aus der ganz individuellen Persönlichkeit und der Beziehung, die er zu seinen ihm nahestehenden Menschen hatte.

Die Kultur des Gedenkens

So, wie wir erfahren, daß eine Kultur des Sterbens und eine Kultur des Todes unser Leben reicher und tiefer gestalten kann, können wir auch erleben, daß das Alltagsleben sehr viel reicher und erfüllender wird, wenn es uns gelingt, eine Kultur des ***Totengedenkens***, ein „Leben mit den Verstorbenen" zu pflegen.

Mit diesen Gedanken ist keine pessimistische Todesverherrlichung, Lebensflucht oder einseitige Faszination des Jenseits gemeint. Vielmehr erleben wir in dieser Lebensgestaltung, die eines Toten gedenkt, ein Gefühl der Ganzheit, eine Verheißung der Unteilbarkeit des Lebens. Es kann sein, daß uns selber mit diesem Tun die Hoffnung auf ein Jenseits immer stärker zur Gewissheit wird.

Wir spüren dann eine bestimmte Qualität unseres eignen Lebens und Daseins, die uns aus der Treue zu den Menschen, mit denen wir schicksalmäßig verbunden sind, erwächst, die uns tief erfüllen kann. Und wir spüren eine Verbundenheit über Zeiten, Räume und Grenzen hinweg. Wir beginnen zu empfinden, daß wir für immer mit diesen Menschen verbunden sein werden. Dieses Empfinden mildert den Schmerz der

Trennung und macht ihn mit der Zeit annehmbarer in dem Gefühl, daß es eine Zeit geben wird, in der wir mit den geliebten Menschen auch wieder auf der gleichen Daseinsebene leben werden.

Manchmal hilft der Gedanke, daß wir nun noch auf der Erde bleiben; der andere vorausgegangen ist und wir für eine Zeit die Erde und das Erleben auf ihr auch noch ein wenig für den Toten miterleben.

Oft klagen Menschen darüber, daß sie das Gefühl haben, daß ihrem positiven Gedenken etwas im Wege steht. Das kann alte Schuld sein, die wir an uns erkennen, oder aber auch Verletzungen, die wir durch denjenigen erfahren haben, der gestorben ist, und keine Lösung mehr hat stattfinden können. Das sind belastende Gefühle, die uns zu dem schon vorhandenen Schmerz noch den hinzufügen, daß wir keinen rechten „Kontakt" zu dem Verstorbenen hin pflegen können.

Da hilft es dann im Gespräch mit uns selber oder auch mit anderen hilfreichen Menschen, all das Belastende auszusprechen, noch einmal das Geschehene genau zu betrachten, es vielleicht auch aus dem Blickwinkel des anderen zu sehen, oder zu erkennen, was uns das „Schlimme" auch an Positivem gebracht hat. Solche Gespäche können alte Wunden reinigen und zur Annahme bringen, und es kann uns so möglich werden, dem anderen und auch uns zu verzeihen.

Nach einem solchen Erleben des Verzeihens können wir oft ganz deutlich spüren, daß nun „alle Wege wieder frei geworden sind" und wir uns gerne gedenkend dem anderen zuwenden.

Johann Wolfgang von Goethe hat diese Kunst des Verzeihens kurz, aber wesentlich formuliert, er sagte:

Höher vermag sich niemand zu heben, als wenn er vergibt.

(Goethe, *Reinecke Fuchs*)

Abschiednehmen von den Toten

Trennung

Nun habe ich den Gipfel des Berges erreicht, und mein Geist schwebt in einer Atmosphäre von Freiheit und Erlösung.

Ich bin weit weit entfernt von euch, Freunde.

Nebel bedeckt die Gipfel der Berge und entzieht sie meinen Blicken.

Die Weite der Täler ist eingetaucht in ein Meer des Schweigens, und die Hand des Vergessens hat die Wege und Pfade verwischt; Wiesen und Täler verbergen sich hinter Fantomen, die weiß wie Frühlungswolken sind, gelb wie Sonnenstrahlen und rot, wie der Himmel beim Sonnenuntergang.

Die Lieder der Wellen des Meeres sind verklungen – ebenso wie das Plätschern des Baches in den Feldern.

Die Stimmen der Menschen sind verstummt, und ich höre nichts als die Hymne der Ewigkeit,

die sich der Sehnsucht meiner Seele zugesellt.

(Khalil Gibran, *Eine Träne und ein Lächeln*)

Auch das Gedenken, das Leben mit den Verstorbenen, hat seine Rhythmen und Gezeiten. So wie auch das Verhältnis zu den Lebenden immer wechselvoll durch verschiedene Epochen der Nähe oder auch Entfremdung gehen kann, ebenso geht es uns mit den Toten.

Jede Beziehung, jedes Verhältnis zu einem Verstorbenen hat seine ganz eigene Prägung, die auch seine Tiefe, Verbundenheit und Dauer kennzeichnet.

So hören wir manchmal von Menschen, die sich ein Leben lang von einem längst verstorbenen Großelternteil begleitet fühlen. Diese Großeltern starben vielleicht schon, als der heute erwachsene Mensch selber noch Kind war.

Oder jemand berichtet:

„Jahrelang hatte ich gar keinen inneren Zugang zu meiner verstorbenen Freundin, und seit ein paar Monaten ist sie mir wieder so nah wie früher im Leben."

Es erscheint uns wichtig, daß wir lernen, auch diese Verhältnisse zu den Toten „mit wahrhaftigen Augen" zu betrachten und sie auf eine echte, stimmige Art und Weise zu leben. Das, was uns wirklich aus dem Herzen kommt, wird in uns die Sehnsucht wachrufen, es zu pflegen und zu erhalten. Wir sollten uns aber im anderen Fall, wenn wir spüren: es ist einfach nicht mehr an der Zeit für uns, es hindert uns vielleicht sogar daran, offen das Leben zu erleben, nicht mit Vorwürfen quälen, wenn wir die Pflege des Gedenkens nicht immer mit gleicher Intensität oder nicht für immer aufrecht erhalten können.

Manchmal ist es richtig und auch notwendig, Abschied vom Begleiten der Toten zu nehmen. Vielleicht können wir auch für diesen Akt des Abschiednehmens ein Ritual finden, in dem wir den Verstorbenen bitten, uns zu verstehen, und es uns so möglich wird, uns auf eine nicht belastende Art für eine Zeit voneinander zu trennen.

Besonders für Menschen, die viel im Umkreis des Todes erleben und arbeiten, wird es von Zeit zu Zeit wichtig und notwendig werden, sich von den Toten zu lösen. Hier heißt das Abschiednehmen dann nicht: „verlassen" oder gar „im Stich lassen". Wir können die Verstorbenen dann im Vertrauen auf eine viel größere und höhere Geborgenheit der „großen Gemeinschaft" der Verstorbenen anvertrauen und überantworten. Gerade für Begleiter und Helfer ist es wichtig, auf die Stimme ihrer eigenen Seele zu achten, damit auch in ihr alles seine rechte Zeit und sein rechtes Maß findet und sich nicht eine übermäßige Last, Schuldgefühle oder ein Gefühl der Treulosigkeit oder Nachlässigkeit einschleichen.

Zu diesem Gefühl des Verbundenseins und auch Abschiednehmen-Könnens können uns vielleicht die prophetischen Worte Khalil Gibrans helfen.

Dann laßt mich allein, Freunde!

Laßt mich allein, und entfernt euch mit leisen Schritten – wie das Schweigen in den weiten Tälern!

Laßt mich allein, und trennt euch von mir in aller Stille, wie sich die Blüten der Mandel- und Apfelbäume zerstreuen, wenn der Aprilwind vorüberzieht!

Kehrt in eure Häuser zurück, und dort findet ihr, was der Tod mir und euch nicht wegnehmen kann!

Verlaßt diesen Platz nun, denn der, den ihr sucht, hat sich weit entfernt aus dieser Welt.

(Khalil Gibran, *Eine Träne und ein Lächeln*)

14. „Nach meinem Tod wünsche ich mir …“

Von der Vorsorge

Sei allem Abschied voran, als wäre er hinter dir, wie der Winter, der eben geht.
(Rainer Maria Rilke, *Gedichte*)

Wenn wir uns wünschen, daß unsere Angehörigen oder Freunde eines Tages nicht so hilflos und unter Druck nach unserem Tod sein sollen oder wenn Sie alleinstehend sind, ist es sinnvoll, sich frühzeitig darüber Gedanken machen, was nach unserem Sterben sein soll.

Treffen Sie schon viel früher bestimmte Regelungen und Vorsorgen.

Wir alle scheuen uns vor solchen Schritten. Mit einem Mal wird der eigene Tod oder der von geliebten Menschen für Momente so wirklich, rückt näher, wird mit einem Mal konkret vorstellbar.

Diese Auseinandersetzung kann uns erschüttern und starke Gefühle verursachen. In ihr liegt aber auch eine große Chance der Bewußtwerdung und damit die Chance einer veränderten Einstellung zum Leben, zu uns oder anderen Menschen.

Durch solche „frühen“ Schritte können Sie sich und Ihren Angehörigen viel Angst, Unsicherheit und Unruhe für die Zukunft nehmen.

Vielleicht möchten Sie jetzt in ihrem Terminkalender einen festen Termin eintragen, an dem Sie sich diesen Vorsorgeregelungen zuwenden?

Welche Vorsorgeregelungen möchten und können Sie schon jetzt treffen?

– Sie können eine sogenannte ***Patientenverfügung*** ausfüllen. (zu bestellen beim Hospiz-Dienst Stuttgart, Stafflenbergstr. 22, 70184 Stuttgart). Sie können diese Patientenverfügung dahingehend erweitern und ergänzen, daß Sie schriftlich festlegen, wie Sie während ihres Sterbeprozesses begleitet werden möchten.

Z. B. Während meines Sterbens möchte ich das Vaterunser hören und von meinen Freunden ermutigt werden loszulassen, diesen Körper loszulassen. Es wäre schön, wenn sie mir durch ihre Worte helfen würden, mich nicht so anzustrengen, sondern mich Gott anzuvertrauen, mich dem Geschehen zu übergeben.

- Sie können schriftlich festlegen, ob Sie einer Organentnahme zustimmen oder nicht.
- Sie können die Art ihrer Bestattung festlegen, ob Sie eine Erd- oder Feuerbestattung wünschen.
- Sie können alle Wünsche und Gedanken niederschreiben, die die Zeit unmittelbar nach ihrem Tod betreffen: Totenbegleitung, Einsargung, Trauerfeier und Bestattung usw.

Einige Beispiele:

Nach meinem Tod möchte ich, wenn möglich, die ersten 24 Stunden nicht verändert werden. Ich stelle mir vor, daß meine Seele und mein Körper diese Ruhe brauchen.

Ich würde mir wünschen, zu Hause im Wohnzimmer aufgebahrt zu werden. Am ersten Tag sollen nur die ganz nahen Freunde und Angehörigen kommen. Ich bitte darum, daß in dem Raum, wo ich liege, die erste Zeit Stille ist oder Gebete gesprochen werden oder Lieder gesungen werden.

Es ist mir nicht wichtig, was mit meinem Körper nach meinem Tod geschieht.

Es wäre mein Wunsch, daß auf meine Brust ein Bild von P. Y. gelegt wird. Ich fände es schön, wenn die Menschen, die mir ganz nahe standen, mir jeweils eine kleine Gabe, ein Zeichen, ein Bild oder einen Brief mit in den Sarg legten.

Für meine Traueranzeige wünsche ich mir den folgenden Text von Saint-Exupery:

„Es wird aussehen, als wäre ich tot, und das wird nicht wahr sein … Und wenn du dich getröstet hast, wirst du froh sein, mich gekannt zu haben. Du wirst immer mein Freund sein. Du wirst manchmal dein Fenster öffnen, gerade so, zum Vergnügen … Und deine Freunde werden sehr erstaunt sein, wenn sie sehen, daß du den Himmel anblickst und lachst.“

- Sie können eine Abschiedsrede an die Hinterbliebenen schreiben.
- Sie können Briefe an die Menschen, die Ihnen nahe stehen, schreiben. Diese Briefe werden nach ihrem Tod dann den entsprechenden Menschen übergeben.

Hinterlassener Brief an einen Bruder:

Lieber Karl,

wir haben uns lange nicht mehr gesehen. Vor vielen Jahren ist viel Ungutes und Unschönes zwischen uns geschehen und gesagt worden. Heute denke ich, daß wir beide in der Situation nicht anders konnten. Ich wollte Dir aber auf diesem Weg noch mitteilen, daß es mir leid tut, wie alles gekommen ist und daß ich mir heute wünschen würde, es hätte für uns einen anderen Weg gegeben.

Ich möchte Dir sagen, daß Du ja trotz allem mein Bruder bist, daß ich Dich über alles Trennende hinweg lieb habe und Dir ein gutes Weiterleben wünsche.

Vielleicht kannst Du für mich beten,
Deine Schwester Klara

- Sie können festlegen, welche Personen Geschenke und Andenken von Ihnen bekommen sollen oder was mit Ihren persönlichen Sachen, wie z. B. Kleidern, Büchern, Papieren usw. geschehen soll.
- Sie können ein Testament machen.
- Sie können einen Erbvertrag aufsetzen.
- Sie können Ihre Wünsche für das Grab, einen Grabstein und die Gestaltung ihres Grabes festlegen.
- Sie können für die Grabpflege eine bestimmte Gärtnerei benennen und für diese auf einem eigens dafür vorgesehenen Konto Geld anlegen.
- Sie können viele der obengenannten Punkte dadurch festlegen, daß Sie bei einem für sie vertrauensvollen ***Bestattungsunternehmer einen sogenannten Vorvertrag*** abschließen, der dann im Falle Ihres Todes zur Grundlage genommen wird.

All die oben genannten Punkte können Anregungen für Ihre eigenen Gedanken und Wünsche sein. Durch individuelle, persönliche Unterschiede wird diese Auflistung vielleicht nicht für jeden vollständig sein.

Überlegen Sie, welche weiteren Regelungen und Handlungen *für Sie* noch wichtig wären.

Sie können Ihre Vorstellungen und Bitten entweder niederschreiben oder mündlich vermitteln. Ihre Wünsche und ihr Testament sind ohne notarielle Beglaubigung wirksam, wenn Sie sie handschriftlich geschrieben haben und mit Datum und Unterschrift versehen haben.

Zur Vereinfachung bieten wir Ihnen hier eine sogenannte *Checkliste* an, die es Ihren Angehörigen oder Freunden oder auch sonstigen Personen wesentlich erleichtern wird, Ihren Wünschen gemäß zu handeln. Vielleicht kopieren Sie sich den Fragebogen, wenn Sie ihn hier nicht im Buch ausfüllen mögen.

Meine Wünsche für mein Sterben

Ich möchte gerne / ich würde mich freuen :	JA	NEIN
1. … daß jemand bei mir ist und mir hilfreich zur Seite steht, während ich sterbe	○	○
2. … daß mich jemand berührt, während ich sterbe	○	○
3. … daß diejenigen, die bei mir sind, laut/leise für mich beten, singen, vorlesen oder leise musizieren	○	○

(unterstreichen Sie im fortlaufenden Text einfach das von Ihnen Gewünschte)

4. … andere Vorschläge zur Begleitung meines Sterbens
....

5. ... daß folgende Personen bei mir wären
....

Meine Wünsche, wenn ich gestorben bin:

Ich möchte gern / ich würde mich freuen		
1. … für 1 / 2 / 3 / 6 / 12 oder mehr Stunden unberührt so liegen zu bleiben, wie ich gestorben bin	○	○
2. … bald gewaschen und gerichtet werden	○	○
3. … in meinem Bett zu bleiben	○	○

oder ....

		JA	NEIN
4.	… daß das Zimmer aufgeräumt und schön gestaltet wird	○	○
5.	… daß ich in meinem Sarg aufgebahrt werde	○	○
6.	… folgende Kleidung angezogen zu bekommen		
7.	… daß noch ein Foto von mir gemacht wird (Schwarz/Weiß oder Farbe?)	○	○
8.	… daß, wenn es möglich ist, noch eine Totenmaske von mir gemacht wird (Angaben hierzu finden Sie in diesem Buch)	○	○
9.	… eine Totenwache für 12 / 24 / 36 Stunden	○	○
10.	… während dieser Totenwache Stille	○	○
	Vorlesen von	○	○
	Beten	○	○
	Musik...	○	○
	anderes..	○	○
11.	… folgende Personen die Totenwache halten:		
12.	… daß entfernter stehende Menschen erst nach: 1 / 2 / 6 / 12 / 24 / 36 / 48 Stunden von mir Abschied nehmen können	○	○
13.	… daß mich entfernter stehende Menschen nicht mehr sehen	○	○
14.	… andere, hier nicht aufgelistete Wünsche		

Meine Wünsche für die Totenfeier/n:	JA	NEIN
Ich möchte gerne / ich würde mich freuen:		
1. … eine Feier zu Hause	○	○
2. … eine Aussegnung	○	○
durch		
in einer Trauerhalle oder an einem	○	○
anderem Ort		
am offenen Sarg	○	○
am geschlossenen Sarg	○	○
3. … Sarg mit Blumenschmuck	○	○
4. … Kränze	○	○
5. … lieber wenig Blumenschmuck, dafür Spenden	○	○
an		
6. … Trauerrede	○	○
Pfarrer / Pfarrerin / freien Sprecher / Wunschredner/in		
....		
7. … Lesen von Texten		
....		
....		
8. … Musik		
....		
....		
9. … Aufstellen eines Fotos	○	○
10. … andere Rituale oder Handlungen		
....		
....		
11. … Sarg selbst getragen wird	○	○
wer		
12. … Rede/n am Grab	○	○
wer		
13. … Musik am Grab	○	○
welche		

	JA	NEIN
14. … Einsenken des Sarges durch wen	○	○
15. … Blumenwurf ins Grab	○	○
16. … Erdwurf ins Grab	○	○
17. … Zuschaufeln des Grabes durch wen	○	○

18. … Sonstige Wünsche und Bemerkungen:
....
....
....

Meine Wünsche für ein anschließendes Essen und Gedenkfeier:

Ich wünsche mir / ich würde mich freuen

1. … eine anschließende Bewirtung der Trauergäste	○	○
2. … zu Hause / bei Freunden / Gaststätte / Hotel sonstiger Ort	○	○
3. … Andenken für die Gäste	○	○

4. … Gestaltung dieses Beisammenseins
....
....
....

5. … Art der Bewirtung
....
....
....

Die oben abgedruckten Fragen und Auflistungen können Ihnen auch ohne Eintragungen hilfreich sein, wenn Sie vor der Situation stehen, daß der Verstorbene keine oder wenige oder ungenaue Anweisungen oder Wünsche hinterlassen hat.

Hinterlegen Sie Ihre schriftlichen Wünsche und Bitten zusammen mit anderen diesbezüglichen Unterlagen an einen ***Ort, der leicht zu finden ist.***

Informieren Sie Freunde und Angehörige hierüber und/oder hinterlegen Sie eine Kopie dieser Aufzeichnungen noch bei ein oder zwei weiteren Personen.

Vielleicht mögen Sie eine Mappe oder einen Ordner anlegen, in dem alle Papiere, die mit dem Thema Sterben und Tod zu tun haben, ihren Platz finden.

Sie können diese Mappe auch bei einem Anwalt oder in einem Schließfach bei der Bank hinterlegen, oder Sie übergeben sie an eine andere Vertrauensperson, einen Verwandten oder Freund.

Was in einem solchen Ordner sein kann oder sollte:
- Patientenverfügung;
- Dokument, das Ihre Einstellung zu einer möglichen Organspende ausdrückt;
- eine Wunsch- oder Willenserklärung, Ihr Sterben betreffend;
- eine Wunsch- oder Willenserklärung, Ihren Tod und Beerdigung betreffend;
- Anmerkungen und Wünsche an die hinterbleibenden Angehörigen und Freunde (Briefe und nachgelassene Botschaften);
- Hinweise für diejenige Person, die Ihren Nachlaß zu regeln hat, eventuell entsprechende Vollmachten;
- Testament. Es kann ein privates oder öffentliches Testament sein. Für ein öffentliches Testament ist die Beihilfe eines Rechtsanwaltes oder Notars in Anspruch zu nehmen. Ein privates Testament zählt nur, wenn Sie alles handschriftlich niedergeschrieben haben und es mit dem Datum und ihrer Unterschrift versehen ist;
- Namensliste der Personen, die im Falle Ihres Todes benachrichtigt werden sollen;
- alle Urkunden, wie Familienbuch, Geburtsurkunde, Heiratsurkunde, Urkunden über kirchliche Akte;
- Urkunde über bestehende Grabstätte oder einen Bestattungsvorvertrag;
- alle Urkunden und Dokumente, die Ihren Besitz angehen;
- alle Urkunden und Dokumente über Einkünfte und abgeschlossene Versicherungen;
- alle Verträge wie Mietverträge, Pachtverträge, Ratenverträge usw.

Durch diese Vorsorge machen Sie es den Personen, die nach Ihrem Tod Entscheidungen treffen, Handlungen vornehmen und Formalitäten erledigen müssen, wesentlich einfacher. So können Sie auch das beruhigende Gefühl haben, daß Ihre Beerdigung und Totenbegleitung nach Ihren Wünschen geschieht.

Zum Abschluß dieses Kapitels möchten wir Ihnen noch den Entwurf zu einem Freundschaftsvertrag anbieten. Vielleicht mögen Sie diesen oder einen von Ihnen gestalteten an Ihre Freunde weitergeben. Es kann für Sie eine Beruhigung sein, wenn Sie wissen, daß Ihre Freunde Ihren Wunsch nach einer Begleitung kennen. Auch für einen Freund oder eine Freundin kann es von tiefer Bedeutung sein, diese Wertschätzung von Ihnen zu erfahren.

FREUNDSCHAFTSVERTRAG

Hiermit möchte ich Dich, liebe, lieber ....

fragen, ob Du Dir vorstellen könntest, in der Zeit meines Sterbens in irgendeiner Form für mich da zu sein.

Diesen letzten Dienst haben mir noch weitere Personen zugesagt, nämlich:

.... *Telefon* ....

.... *Telefon* ....

.... *Telefon* ....

Ich danke Dir von ganzem Herzen für Deine Bereitschaft

Deine, Dein ....

Ort:.. Datum ....

15. Vom würdigen Umgang mit den Verstorbenen
Nachwort

Noch ist die Welt voll Rollen, die wir spielen.
Solang wir sorgen, ob wir auch gefielen,
spielt auch der Tod, obwohl er nicht gefällt.
(Rainer Maria Rilke, *Gedichte*)

Während wir an dem vorliegenden Buch arbeiteten, Materialien sammelten, Gespräche führten und uns selber diesen Erlebnissen im Umgang mit den Verstorbenen zuwendeten, bekamen wir Eindrücke und Erfahrungen, die uns sehr stark ergriffen und auch erschütterten.

Wir hatten uns selber diesem „inneren Einlassen" auf das Thema verpflichtet und waren bereit, uns von seiner ganzen Schwere und Tragweite berühren zu lassen. Dieser Entschluß kam uns aus der Einsicht, daß nur so, indem wir uns selber diesem Thema auf echte Weise stellen, eine wirklich hilfreiche Darstellung dieses Umgangs mit den Toten entstehen könne.

Diese Haltung fiel uns nicht immer leicht. Wir kamen der Wirklichkeit des Todes noch einmal von einer ganz realistischen, konkreten Weise viel näher. Auch uns erhellte sich Tabuisiertes und eigenes Verdrängtes. Uns wurde deutlich vor Augen geführt, daß letztendlich nichts von unserem Körper übrigbleibt. Alles Körperliche, an dem wir normalerweise so hängen, vergeht.

Die Situation von Menschen, die beruflich in diesen Themenbereich gestellt sind, wurde uns in ihrer Schwere und ihrem Ausmaß viel deutlicher. In alten Kulturen wurde der Umgang mit den Toten in die Hände von Priestern oder geistig besonders geschulten Menschen gelegt. Ein innerer, seelisch-geistiger Schulungsweg gab ihnen ein Fundament, auf dem sie diesen Beruf in *innerer Stärke und Ausgeglichenheit* ausüben konnten. In dieser Haltung wurde der Umgang mit den Verstorbenen zu einem eigenen *Schulungsweg* des Menschen. Für ihn war *sein Tun Auseinandersetzung mit der Endlichkeit und Einweihung in eine jenseitige, geistige Welt.*

Wir begegneten tatsächlich auch Menschen, die eine besondere Form der Abgeklärtheit und Ruhe im langjährigen Umgang mit den Toten gewonnen hatten. Ein Friedhofsangestellter, der ein Jahr vor seiner Pensionierung stand, formulierte es für sich so:

„Ich habe diese Arbeit gerne gemacht. Ich hatte viel Zeit nachzudenken. Ja, das ist schon so, man lernt viel über das Leben und auch über die Menschen in diesem Beruf, und ich denke immer wieder, womit sich die Leute das Leben unnötig schwer machen. Am Ende steht doch der Tod. Und der macht uns alle gleich. Niemand kann was mitnehmen. Das habe ich wirklich verstanden. Eines Tages liegt jeder von uns da ... und wir hätten es doch so viel besser haben können, einfach menschlich sein, das ist es, was ich denke, was wichtig ist."

Auf seine Weise drückte dieser Mann wohl aus, was auch Anne-Marie Tausch zu ihrer Erkenntnis bewegt haben mag:

„Die Auseinandersetzung mit dem Sterben führt mich hin zum Leben" (Anne-Marie Tausch, *Gespräche gegen die Angst*).

Wir möchten an dieser Stelle aussprechen, wieviel Achtung wir denjenigen Menschen gegenüber empfinden, denen wir im Umfeld des Todes begegneten. Sehr häufig erlebten wir ein aufrichtiges Bemühen ihrerseits, ihre unterschiedlichen Tätigkeiten im Umgang mit den Leichen auf eine würdige, bewußte und achtungsvolle Weise zu tun.

Durch die Arbeit an diesem Buch sind uns einige Erkenntnisse und Wege bewußt geworden, die es ermöglichen, daß langsam wieder eine Kultur des Umgangs mit den Toten entstehen könnte:

– Menschen, die mit Toten und Leichnamen zu tun haben, sind ganz extremen und belastenden Eindrücken ausgesetzt, die erkannt und verarbeitet sein wollen. Nur allzuleicht schleicht sich sonst als Form einer „Scheinbewältigung" eine Haltung der „Abgebrühtheit", der Desensibilisierung oder des Zynismus und der Resignation ein.

Darum halten wir bestimmte „Hilfen" für notwendig, die es diesen Menschen ermöglichen, mit den schweren und oftmals auch schockierenden Eindrücken auf seelisch gesunde Weise umzugehen. Dazu gehört die Möglichkeit, die Erlebnisse und Eindrücke durch Aussprache, Austausch und eine psycho-sozialen Begleitung zu verarbeiten.

– Durch die allgemeine Tabuisierung, erleben diese Menschen häufig schon eine Art „Ausgeklammertsein" gegenüber Menschen mit „normalen Berufen". Die Würdigung und Achtung ihrem alltäglichen beruflichen Tun gegenüber, ihre Erfahrungen als einen wichtigen und dienenden Teil unserer Gesellschaft anzunehmen und aus ihren Erfahrungen zu lernen, wäre eine ausgleichende und gerechte Haltung. Über diese Menschen hätte unsere Kultur die Chance, wichtige und bereichernde Aspekte unserer menschlichen Existenz zu integrieren.

Hier schließt sich ein weitreichender Gedanke an: Wir meinen, daß wir, das heißt unsere Gesellschaft, sehr viel lernen könnte, daß wir unser Leben ganz anders führen würden, wenn wir alle, vielleicht am Ende der Schulzeit, eine Woche im Krankenhaus, beim Rettungsdienst, im Krematorium oder in einer Leichenhalle gearbeitet hätten. Wir würden durch diese Erfahrungen verändert und würden mit unserem Leben und auch mit dem Leben anderer Menschen anders umgehen.

– Alle diejenigen, die über eine lebendige Religiosität, über einen Halt in positiven nachtodlichen Bildern und Vorstellungen verfügen, haben es meist leichter, ihre Arbeit mit Hingabe und in einer positiven Grundhaltung auszuführen. Sie erleben, daß sie einen tragenden Grund ihres Seins spüren, der sie vor den Gefahren der Verhärtung und der Negativität schützt.

– Unsere Hoffnung ist es, daß wir rechtzeitig unsere Wünsche für den Umgang mit unserem toten Körper festlegen und uns nach einem Beerdigungsinstitut erkundigen, das unseren Wünschen und Werten entspricht. So würden Bestattungsunternehmer lernen, Angehörigen nicht besonders teure Ausgaben für die Beerdigung aufzudrängen, sondern die Wünsche ernst zu nehmen.

– Wir würden uns wünschen, daß berufliche Helfer Angehörige ermutigen, von dem Verstorbenen Abschied zu nehmen und sich dabei Zeit lassen dürfen.

– Die Frage der Organtransplantation halten wir für so bedeutsam, daß jeder Bürger ab achtzehn Jahren die Möglichkeit wahrnehmen sollte, sich mit dieser Frage für sich auseinanderzusetzten und seine Entscheidung durch einen besonderen Ausweis festzulegen.

– Auch in der Pathologie würden wir uns wünschen, daß mit dem toten Körper achtungsvoller umgegangen und nicht, daß die „Brauchbarkeit von einzelnen Organen" im Vordergund stehen würde. Auch sollte es Angehörigen, die dies möchten, möglich sein, bei der Obduktion eines nahen Menschen dabei zu sein.

Manche Gedanken und Hoffnungen gehen sehr weit, erscheinen vielleicht derzeit utopisch. Aber wenn wir dieses Gebiet des Todes wieder in das Leben zurückholen wollen, müssen wir nach Wegen suchen. Um wieder ein tieferes Verständnis von Sterben, Tod und Leben zu bekommen, müssen wir wieder eine ***Kultur im Umgang mit den Toten*** entwickeln.

Zum Abschluß des Buches möchten wir eine Geschichte mit Ihnen teilen, eine Geschichte, die auf einer anderen, zeitlosen Ebene die Gedanken des Gesagten noch einmal in sich widerspiegelt.

Der Zerstörer der Nichterkenntnis

Es lebte einmal
ein Mönch und Einsiedler,
ein Asket und Büßender,
am Rande der Wüste,
im Unwegsamen,
am Rande der Zeit,
weit draußen,
da, wo sich Raum und Zeit
fast schon durchdringen.
Wo sie beginnen,
in einer tiefen Stille
einander aufzulösen
indem sie ineinanderfallen,
ineinanderstürzen.
Aber immer war etwas,
immer war ein Weniges
das noch fehlte,
das ihm noch fehlte,
die Grenze gänzlich
zu überschreiten
und ins Einssein hinabzutauchen.
Lange schon bewohnte er
diesen Platz,
lange schon wußte er,
daß es ein Ziel gab,
ein einziges,
in unendlicher Gestalt:
die Aufhebung
nannte er es,
oder auch
die Vereinigung,
oder auch
den Tod,
die große Verwandlung.
Und immer wieder
stellte er fest,
so sehr er sich auch mühte
und strebte
noch immer traf er den Punkt
nicht.
Er meinte, daß es
ein Punkt sei,
ein einziger,
den es zu treffen gälte,
ein Punkt, der irgendwo
am Rand dieser Zeitlosigkeit
liegen müsse,
den es zu finden gälte,
um das Tor ins Unermeßliche
zu durchschreiten.
Alles hatte er gegeben,
alles schon versucht,
alle heiligen Riten und Bräuche
vollzogen.
Das lange verzehrende Fasten,
die Kasteiung des Leibes geübt.
Von vielem, das er getan
vermochte er zu erkennen,
daß es ihn seinem Ziel
näher gebracht hatte
und dennoch,
gleichzeitig schien es ihm,

als rücke es mit einem
lautlosen Lachen immer tiefer,
immer weiter zurück
in die Grundlosigkeit
von Zeit und Raum,
verbarg sich unerkennbar
hinter diesem Lachen
und entzog sich ihm.
Lange schon hatte er sich
befreit,
hatte sein Haus und seine Sippe
verlassen,
er hatte Kleidung und Schuhwerk
abgelegt,
hatte sich daran gewöhnt
im gänzlich Unbequemen
zu hausen.
Auch Nahrung war ihm
gleichgültig und unwesentlich
geworden,
hin und wieder nahm er einen
Trunk Wasser,
oder er biß in eine Frucht,
oder er aß einen süßen Kern.
Das war alles,
was er, fast schon
ohne erkennendes Bewußtsein
zu sich nahm.
Aber in seinem Herzen
wuchsen Schmerz und Scham,
wie eine wild wuchernde Pflanze,
die sich Tag um Tag
nährte und gedieh
vom verzweifelten Herzen.
Alles,
alles war ihm elend geworden
und Überdruß,
nur das eine, nach dem es ihn
verlangte
und das er in Wahrheit nicht
kannte,
das er von ganzer Seele
ersehnte,
das entzog sich ihm.
So saß er da,
Tage um Tage
glitten unterschiedslos dahin.
Er bewegte sich kaum,
saß so am Rande,
einer längst erkalteten Feuerstelle
und daß diese einmal
voll funkensprühenden Lebens
aufgeglüht war,
daran konnte er sich kaum erin-
nern,
so weit war er auf dem Strome der
Zeit
hinab in die Vergessenheit
gesunken.
Seine Augen blickten
blicklos vor sich hin,
kaum sahen sie die Frucht,
die vor ihm lag
und auch sie war schon lange
keine Frucht mehr,
sie war schon seit Zeiten,
in Verfall und Verwesung
übergegangen
und nun fanden Ameisen,
Maden und Würmer in ihr
die Stätte ihres Lebens.
Aus ihm,
dem Eremiten und Sucher
klang es immer immer einmal
wieder
lautlos, tonlos, unhörbar
für Ohren, die dem Raume und der
Zeit
geöffnet waren,
so rief es immer und immer wieder
in ihm:
„Rudra" –
und später wieder:
„Rudra!"
mit Nachdruck und Verzweiflung,
so als riefe
ein Untergehender
nach seinem Retter.
Mit diesem Namen,
das wußte er noch deutlich,

rief er den Gott,
den Gott
der Zerstörung der Nichterkenntnis,
den Gott des Wissens
und der Weisheit an,
den,
dem nichts verborgen ist,
der selbst die Klarheit
der Geisterkenntnis ist.
Und es war als riefe er:
„So komm doch
und unterweise mich,
lehre mich das Tor
zu durchschreiten,
das ich ohne deine Hilfe
nicht durchschreiten kann.
Ach, lehre mich das Wesen
aller Dinge zu begreifen,
laß mich die Wahrheitswirklichkeit
erkennen.
So komm! Ich gebe dir,
was immer du verlangst!"
Und da, –
mit einemmale,
in einem gewaltigen Augenblick
stand Mara vor ihm,
Mara, der Gott des Todes
und der Vernichtung.
„Was willst du,
eitler Tor,
was suchst du,
ohne den Preis
dafür zahlen zu wollen?
So wie die Frucht,
die einstmals
vor dir lag,
sich zum Opfer,
zum Preis,
zur Nahrung
sich gab,
so tue auch du –"
und er lachte,
ein tonloses
und doch erschreckendes Lachen.
„Und dann,
ja ich sage dir,
dann – und erst dann,
wirst du das letzte Wissen,
die endgültige Einsicht
erlangen.
Gib dich,
laß Fäulnis und Verwesung
dich verzehren,
deine Hände und Füße,
deine Augen und Ohren,
gib dich ganz
und bedingungslos,
laß deinen Leib
von Maden und Würmern
verzehren,
gib ihnen Heimat und Behausung."
Da erfaßte
den Suchenden die Angst
und das Entsetzen.
Das also war die Tür,
die er
zu durchschreiten
gesucht hatte,
das Geheimnis der letzten Ergebung.
Und neben aller Furcht
und allem Entsetzen
wußte er,
nichts anderes blieb ihm,
gerade dieses war es,
das es zu tun galt.
Plötzlich erinnerte er sich:
ja vor Zeiten,
vor lange, lange
vergessenen Zeiten,
hatte er hierzu
sein Einverständnis gegeben,
war bereit gewesen
und hatte – JA – gesagt,
zu dieser letzten
aller Möglichkeiten.
Noch einmal sprach Mara zu ihm
und diesmal
lächelte sein todloses Gesicht:

„erkenne nun,
daß alles Seiende
einander Nahrung und Speise ist.
Eines opfert sich dem andern
in einer zeitlosen Kette des Dienens.
Du, du bist Speise
den Göttern,
sie essen
die Essenz deines Lebens.
Gib dich also
den Göttern, den Engeln,
vorbehaltlos dahin
und lasse dich wandeln."
Noch einmal preßte die Angst
und höchste Verzweiflung
das Herz
und die Seele
des Einsamen,
aber dann,
richtete er sich auf,
streckte das Rückgrat –
und gab sich –
gab sich ganz,
er schenkte sich
und ließ sich fallen,
mit einem klaren JA,
wie eine reife Frucht,
durch alle namenlose Angst hindurch
fiel er,
fiel endlos,
wie es ihm schien,
fiel aber,
und das leuchtete ihm
im gleichen Augenblicke auf,
zusammen mit einem
unsagbar strahlenden Leuchten,
er fiel in die Zeitlosigkeit,
fiel in die Ewigkeit
und es war ein helles Fallen
und es war kein Fallen mehr,
sondern,
ein immerwährendes Angekommensein.
Er wußte nun,
daß die Wirklichkeit
Wandlung heißt,
ewiges, unendliches
Spenden und Verzehren.
Während er sah,
daß sein irdischer Leib
von Tausenden
von Maden und Würmern,
unzähligen kleinen Tieren,
begierig verzehrt wurde,
daß selbst noch das Gebein
sich zur Nahrung der Erde gab,
da verstand er,
daß die einzige Wirklichkeit
ewiger Geist ist,
unzerstörbar
ewig sich fortzeugend
von Daseinsform
zu neuer Daseinsform,
unendliches Spiel
von Formen und Figuren.
Ach, nun lachte auch er,
lachte beim Anblick
seines fast schon gänzlich
verfallenen Leibes
und ein Leuchten kam
aus diesem Verfall,
Strahlen und Sein
trat aus den Dingen hervor
die vergingen
und er wußte:
ewiges Sein,
unendliche Heimat
war in diesem
Leuchten und Strahlen.
(Lis Bickel, 1995)

Literaturliste

Ariés, Ph.: Bilder zur Geschichte des Todes. Hanser Verlag, München/ Wien, 1984.

Ariés, Ph.: Geschichte des Todes. Hanser Verlag, München/Wien, 1980.

Ammann, Th.: Organspende: Keine Ruhe für die Toten, ARD Brennpunkt, 1992.

Baum, S.: Der verborgene Tod. Auskünfte über ein Tabu. Fischer, Frankfurt, 1976.

Bestattungswesen und Totenkultur in ur- und frühgeschichtlicher Zeit. Akademie Verlag, Berlin, 1991.

Castaneda, C.: Reise nach Ixtlan. Fischer Taschenbuch, Frankfurt.

Die Zeit, Nr. 47, 19.11.93

Krolow, K. (Hrsg.): Deutsche Gedichte. Insel Verlag, Frankfurt, 1983.

Der Spiegel, 1994, Nr. 52.

Die Bibel.

Duden: Bedeutungswörterbuch. Dudenverlag, Mannheim, 1970.

Emmerling, D.: Leserbrief in der FAZ, 15.10.94.

epd-Dokumentation. Gemeinschaftswerk der evangelischen Publizistik, 2/95.

Erklärung der Deutschen Bischofskonferenz und des Rates der Evangelischen Kirchen in Deutschland. Organtransplantation. Bonn/Hannover, 1990.

Fändrich, H.: Die Bhagavad Gita. Bücher der Schatzkammer, Schatzkammer Verlag, Calw.

Franz, M.-L.: Traum und Tod. Kösel, München, 1984.

Gibran, K. Der Prophet, Walter Verlag, Olten, 1977.

Gibran, K.: Eine Träne und ein Lächeln, Walter Verlag, Olten, 1992.

Goethe, J.W.: Reinecke Fuchs, in: Puntsch, E.: Das neue Zitaten Handbuch. Weltbild Verlag, Augsburg, 1994.

Greenpeace Magazin. 1/95.

Hesse, H.: Klein und Wagner. Suhrkamp Taschenbuch 116, Frankfurt am Main, 1977.

Jaffé, A.: Erinnerungen, Träume, Gedanken von C. G. Jung, Walter, Freiburg i. Breisgau, 1982.
Kyber, M.: Die drei Lichter der kleinen Veronika, Heyne Taschenbuch, München,1992.
Lamerton, R.: Sterbenden Freund sein. Herder, Freiburg, 1991.
Levine, S.: Wer stirbt. Context, Bielefeld, 1991.
Lutz, G. u. Künzer-Riebel (Hrsg.): Nur ein Hauch von Leben. Ernst Kaufmann, Lahr, 1989.
Neytsers, P. u. Schmidt, K. H., Kösel, München, 1993
Nuland, S. B.: Wie wir sterben. Kindler, München 1994.
Rilke, R.-M.: Gedichte. Vom mönchischen Leben. Insel, Frankfurt, 1993.
Rilke, R. M: Briefe, Insel, Frankfurt,1980.
Rückert, F.: Die Kindertotenlieder, Insel Taschenbuch, Frankfurt, 1988.
Sonntag Aktuell. Nr. 47/94, 20. 11. 94.
Stuttgarter Zeitung, 4. Mai, 1995.
Tausch, A.-M.: Gespräche gegen die Angst. Rowohlt, Reinbek, 1982.
Tillich, P.: Hauptwerke, Band 4. Evang. Verlagswerk, Berlin - New York, 1987.
Heindrichs, U., Heindrichs, H.-A. und Kammerhofer, U. (Hrsg.): Tod und Wandel im Märchen, Erwin Röth Verlag, Regensburg, 1991.
Tolstoi, L. N.: Der Tod des Iwan Iljitsch. Nymphenburger Verlag.
Wellendorf, E.: Mit dem Herzen eines anderen leben. Kreuz, Stuttgart, 1993.
Wilber, K.: Mut und Gnade. Scherz, 1992.

Todesbescheinigung

Die Todesbescheinigung wird benötigt für die Überführung des Verstorbenen in eine Leichenhalle sowie seine Bestattung und Beförderung. Sie ist dem Standesamt vorzulegen und danach - bei einer Erdbestattung - der Verwaltung des Bestattungsplatzes zu übergeben. Für die Anmeldung des Sterbefalls möglichst Geburts- und Heiratsurkunde, Auszug aus dem Familienbuch (Familienstammbuch) sowie Personalausweis des Verstorbenen zum Standesamt mitbringen.

Familienname (bei Frauen auch Mädchenname) **Vorname**

Geburtsdatum (nicht bei Totgeburten)

Geschlecht

männl. ☐ weibl. ☐

Geburtsort (Gemeinde und Kreis)

Wohnort (Gemeinde und Kreis) **Straße und Hausnummer**

Ort des Todes/der Totgeburt (Gemeinde und Kreis, Straße und Nr., ggf. Name des Krankenhauses)

Zeitpunkt des Todes/der Totgeburt (Tag, Monat, Jahr) **Uhrzeit**

__________________________________ Uhr

Anhaltspunkte für nicht natürlichen Tod: ja ☐ nein ☐

Es besteht Ansteckungsgefahr: ja ☐ nein ☐

Der Arzt

Ort, Datum — Name und Anschrift (deutlich schreiben oder Stempel) — Unterschrift

Die Erdbestattung kann auf Grund dieser Todesbescheinigung frühestens 48 Stunden nach dem oben angegebenen Todeszeitpunkt erfolgen.

Der Sterbefall wurde in das Sterbebuch eingetragen am ________________

Der Standesbeamte

(Siegel) ________________

Fehlt dieser Vermerk des Standesbeamten, so darf die Erdbestattung nur mit Genehmigung der Ortspolizeibehörde erfolgen.

Die Erdbestattung ist erfolgt am ________________

auf ________________________________

Die Verwaltung des Bestattungsplatzes

(Stempel) ________________

Diese Todesbescheinigung ist von dem Träger des Bestattungsplatzes für die Dauer der Ruhefrist aufzubewahren.

Antrag auf Erlaubnis der Feuerbestattung

An Landeshauptstadt Stuttgart
Friedhofamt

1. Fertigung für 76-3.1

Feuerbestattungs-verzeichnis Nr.	Tag und Uhrzeit der Einäscherung

Antrag auf Erlaubnis zur Feuerbestattung

Zu- und Vornamen (Geburtsname - freiwillige Angabe)	Beruf (freiwillige Angabe)
Wohnort (Stadtteil, Straße, Haus-Nr.)	Zugehörigkeit zu einer Kirche (freiwillige Angabe)
Zeitpunkt des Todes (Tag, Monat, Jahr), Uhrzeit	Sterbeort: Straße und Haus-Nr., ggf. Name des Krankenhauses: Stuttgart-
Geburtsdatum und -ort, Standesamt und Nummer	Familienstand: ☐ ledig ☐ verh. ☐ verw. ☐ gesch. seit:

soll in der städtischen Feuerbestattungsanlage in Stuttgart eingeäschert werden. Eine Willensbekundung der (des) Verstorbenen über die Bestattungsart ☐ liegt bei. ☐ liegt nicht vor.

Angeschlossen sind die Todesbescheinigung, die Sterbeurkunde, eine Bescheinigung des Amtsarztes u. d. behandelnden Arztes.

Bei auswärts Verstorbenen ist außerdem eine Bescheinigung der Ortspolizeibehörde des Sterbeorts, daß keine Anhaltspunkte für einen nicht natürlichen Tod bekannt sind, notwendig. In Fällen eines nicht natürlichen Todes werden diese Bescheinigung und die ärztlichen Bescheinigungen nach §§ 10 und 16 der BestattungsVO durch die Feuerbestattungsgenehmigung der Staatsanwaltschaft oder des Amtsgerichts ersetzt.

Antragsteller (Zuname, Vorname, Anschrift)		**Friedhofamt** Datum, Unterschrift
Verwandtschaftsverhältnis zum Verstorbenen	Datum, Unterschrift	

Landeshauptstadt Stuttgart
☐ **Friedhofamt**
☐ **Amt für öffentliche Ordnung**

Die beantragte Feuerbestattung wird nach § 35 des Bestattungsgesetzes vom 21.7.1970 in der Feuerbestattungsanlage der Landeshauptstadt Stuttgart erlaubt.
Gebühr: 30,— DM (§ 1 VGS)

Datum, Unterschrift

Dienstsiegel

Landeshauptstadt Stuttgart
Gesundheitsamt

Amtsärztliche Bescheinigung

Aufgrund der Leichenschau hat sich kein Verdacht ergeben, daß der Verstorbene eines nicht natürlichen Todes gestorben ist.

Datum, Unterschrift

Dienstsiegel